Corina Lendfers

Vierzehn Füsse
segeln weiter

Über den Atlantik nach Südamerika

Bibliografische Information der Deutschen Nationalbibliothek:
Die Deutsche Nationalbibliothek verzeichnet diese Publikation in
der Deutschen Nationalbibliografie; detaillierte bibliografische
Daten sind im Internet über http://dnb.dnb.de abrufbar.

ISBN: 9783752670615
© 2020, Corina Lendfers
      Bahnhofstrasse 88
      D-88682 Salem
      www.corinalendfers.com

Covergestaltung: Corina Lendfers
Foto Vorderseite: Michael Berndonner
Foto Rückseite: Seraina Lendfers
Foto Autorin: Miriam Lendfers
Herstellung und Verlag: BoD - Books on Demand,
Norderstedt

Inhaltsverzeichnis

Vorwort

2013 haben wir die Schweiz verlassen, um einen anderen Lebensstil zu finden – einen, der besser auf die Bedürfnisse unserer großen Familie abgestimmt ist. Seit fünf Jahren leben wir nun auf unserer Segelyacht PINUT. Wir, das sind Corina und Michael mit Saskia (Jg. 2004), Seraina (Jg. 2005), Rahel (Jg. 2007), Ursina (Jg. 2008), Jonas (Jg. 2011) und Andri (Jg. 2018) mit unserem Spanischen Wasserhund Guia und den beiden südamerikanischen Reisfinken Ricki und Lilli.

Gestartet sind wir in Portugal. Unser Reisetempo ist gemächlich, wir haben viel Zeit in den verschiedenen Ländern verbracht. Zwischenzeitlich haben wir Europa verlassen, auf den Kapverden in Afrika gelebt, den Atlantik überquert, die Regenzeit in Südamerika kennengelernt und ein Baby in der Karibik geboren.

Und noch immer sind wir nicht reisemüde! Auch nach Flauten und kräftigen Winden nicht, nach Generalstreik in Französisch-Guyana und Ärger mit Beamten in der Karibik, nach Schimmel im Schiff und Bananenmatsch an Deck – wir wünschen euch unterhaltsame Lesestunden!

Corina Lendfers
Mai 2018, Trinidad, Karibik

www.segel-vision.com

Kapverden, wir kommen!

Kanaren - Kapverden, Juli 16

„Direkt vor einem Törn frage ich mich immer, warum wir uns das alles antun." Ich stehe Ute gegenüber und seufze laut auf.

Sie grinst mich an und streicht sich eine lange, braune Haarsträhne aus dem Gesicht, die ihr der Wind hartnäckig über die Schulter bläst. „Weil wir eine tolle Zeit auf den Kapverden verbringen wollen!"

„Hoffen wir's!" Die Nervosität kribbelt in meinen Fingerspitzen, und mein Magen rumort, obwohl ich noch immer auf dem Steg in der kleinen Marina La Restinga auf El Hierro, der kleinsten und letzten Insel unserer Kanarenrunde, stehe. Die Sonne leuchtet am wolkenlosen Himmel, vor uns schaukeln die Masten der Segelyachten. Es riecht nach Fisch.

Wir sind startklar.

Ute zieht mich zu sich, und wir umarmen uns schweigend. Es ist der erste mehrtägige Törn, den Michael und ich alleine mit unseren fünf Kindern und Hündin Guia auf der PINUT zurücklegen. Bisher haben wir für längere Schläge professionelle Skipper oder Freunde mitgenommen. Nun bin ich froh, dass wir die Reise zu den Kapverden gemeinsam mit der FELBA zurücklegen werden. Ute und Valentin, die beiden Wiener Ärzte, sind unsere lieben Freunde und treuen Begleiter, die seit drei Jahren unseren Weg immer wieder kreuzen und mit denen wir viele schöne Erlebnisse teilen.

Die FELBA bezeichnen wir als "große Schwester der PINUT". Sie ist ebenfalls eine Stahlketsch, nur noch schwerer, tiefer, breiter und schwerfälliger als unser Boot. Eigentlich wäre sie besser für uns geeignet, da sie über zwei Achterkajüten verfügt. In der PINUT wohnen zwei Kinder in der Vorschiffkajüte, eins in der Hundekoje mittschiffs, zwei in einer neugeschaffenen Kajüte, die wir aus dem Vorratsgang gebaut haben, und Michael und ich teilen uns die Achterkajüte. Alles auf zwölf Metern Länge und max. 3,6m Breite. Noch geht es, aber allmählich wird es eng. Leider wächst das Schiff nicht mit den Kindern mit.

„Mama, wann starten wir?" Saskia sitzt am Ende des Stegs, eine Fotokamera in der Hand. Eine Handvoll Möwen tront auf der imposanten Hafenmauer, erhebt sich in regelmäßigen Abständen in die Lüfte, um sich laut kreischend auf die Fische im Hafenbecken niederzulassen. Ein ideales Fotomotiv.

„Sobald der Wind ein wenig nachlässt und uns nicht mehr an den Steg drückt."

„Okay." Sie steht auf und klettert an Deck der PINUT. Für unsere zwölfjährige Älteste ist die Seglerei ein notwendiges Übel, das sie eisern in ihrer Koje, mit Kopfhörern im Ohr und dem e-Reader in der Hand, hinter sich bringt.

„Mama, Ute, können wir noch ein Foto von allen machen, bevor wir ablegen?" Seraina und Rahel kommen auf den Steg gerannt. Ihre Wangen glühen vor Aufregung.

„Warum nicht? Der Wind ist sowieso noch zu stark."

Wir holen Saskia und treffen kurz darauf auf den Rest unserer Crews. Ursina balanciert auf der Mauer der kleinen Hafenpromenade. Ihr blondes Haar leuchtet in der Sonne. Als wir vor drei Jahren in unser Abenteuer gestartet sind, war sie knapp fünf Jahre alt.

Jonas sitzt bei Horst auf dem Schoß. Schon damals, auf dem Trockendock in Faro, wo wir Horst kennengelernt haben, ist er als Zweijähriger Knirps gerne bei ihm auf seinem Schiff gewesen und hat sich mit Schokomilch füttern lassen. Inzwischen hat Horst hat sein eigenes Schiff verkauft und begleitet gemeinsam mit seiner Lebenspartnerin Gudrun die FELBA auf diesem Törn.

Ebenfalls mit dabei sind unsere beiden kanarischen Hunde, unsere Guia, Spanischer Wasserhund aus Gran Canaria, und Churro, der kleine schwarze Mischling aus La Palma, der bei Ute und Valentin sein neues Zuhause gefunden hat. Insgesamt sind wir sechs Erwachsene, fünf Kinder und zwei Hunde auf zwei Stahlyachten, die sich an diesem 2. Juli 2016 auf den rund 700sm langen Weg zu den Kapverdischen Inseln vor Senegal machen.

„Wenn das so weitergeht, sind wir in einer Woche schon auf den Kapverden!" Ich sitze im Cockpit, lasse mir die Sonne aufs Gesicht scheinen und freue mich über fast sechs Knoten Fahrt. Der Start ist geglückt, bereits die ersten Stunden sind Segeln vom Feinsten. Die FELBA befindet sich steuerbord von uns, noch steht der Funkkontakt.

Leider geht es nicht so weiter. Bereits nach sechs Stunden schläft der Wind ein.

„Tja, die Prognose trifft exakt zu." Michael zieht die Augenbrauen in die Höhe. Das schwarz gelockte Haar hat er zu einem Pferdeschwanz zusammengebunden.

„Sieht ganz so aus. Schade." Ich betrachte die flatternde Genua. „Und gedreht hat der Wind auch. Wir haben ihn nun genau von achtern."

„Vorsicht, der Baum!" Blitzschnell holt Michael die Großschot dicht und verhindert eine Patenthalse. „So geht das nicht, wir müssen abfallen."

„In welche Richtung?" Ich rümpfe die Nase. Wenn die Windrichtung so bleibt, werden wir im Zickzackkurs zu den Kapverden segeln müssen. Wir hatten eigentlich auf etwas mehr Ostwind gehofft.

„Ich schlage vor, dass wir erst mehr West machen, damit wir nicht zu nah an der Landnase von Nouhadibou vorbei segeln. Dort ist windmäßig ziemlich was los."

„Wir sind zwar noch lange nicht dort, aber du hast Recht. Also Kurskorrektur um 30°." Ich drücke auf den Plusknopf der Autopilotanzeige, und der Bug richtet sich weiter nach Westen. Sofort steht die Genua wieder, das Schlagen des Segels hört auf.

„Das wird wieder so ein Schaukelkurs werden", seufzt Rahel. Die Wellen kommen von steuerbord achtern und wiegen die PINUT hin und her.

„Ja, leider." Ich mag Segelkurse mit eindeutiger Krängung lieber.

„Das Groß steht schlecht. Vielleicht sollten wir es ganz fieren und eine Pulltalje legen."

„Ja. Dann lass uns den Baum aber nach steuerbord nehmen und den Schmetterling machen."

„Einverstanden, meine Skipperin!" Michael lacht, drückt mir einen Kuss auf die Lippen und verschwindet auf dem Vordeck.

Nach dem Segelmanöver machen wir zwar immerhin 3,5 Knoten Fahrt, das Schaukeln ist aber anstrengend. Erschöpft lasse ich mich auf die Cockpitbank fallen. Michael verschwindet in der Küche, und kurz darauf ziehen duftende Kaffeeschwaden durchs Schiff.

Noch bevor die Sonne hinter einem Wolkenstreifen im Meer versinkt, haben wir die FELBA aus den Augen verloren.

„Eigentlich erstaunlich", sagt Michael nachdenklich, den Blick auf den Horizont gerichtet, „unsere Schiffe verfügen über ähnliche Segeleigenschaften, und trotzdem sind wir schon nach wenigen Stunden so weit voneinander entfernt, dass wir uns nicht mehr sehen können."

„Haben wir sie noch auf dem Funk?" Ich kuschle mich in meine Vliesjacke und kraule Jonas' Kopf, der auf meinem Bauch liegt. Meine anfängliche Nervosität ist auf El Hierro zurückgeblieben.

„Werden wir gleich sehen." Michael ergreift das Handfunkgerät. „FELBA, FELBA, FELBA, this is PINUT, PINUT, PINUT, over."

Stille fängt uns ein, durchbrochen vom regelmäßigen Rauschen der Wellen.

„FELBA, FELBA, FELBA, this is PINUT, PINUT, PINUT, over."

„PINUT, this is FELBA. Wo seid's denn?"

„Hallo, Valentin! Naja, irgendwo aufm Wasser..."

„Wir haben den Motor angeschmissen. Ich mag keine Flauten, dieses ewige Hin- und Hergeschaukle ist nicht mein Ding."

„Dann seid ihr vor uns, wir trödeln unter Segeln vor uns hin. Mit der Crew ist alles in Ordnung?"

„Klar. Horst will die Nachtwachen machen, da legen wir uns demnächst aufs Ohr."

„Alles klar. Lass uns morgen früh wieder versuchen zu funken."

„Machen wir! Gute Nacht!"

Michael grinst mich an. „Das dachte ich mir schon, dass Valentin nicht lange fackelt, sondern motort."

„Na danke, den Krach brauch ich nicht, schon gar nicht nachts!" Ich schüttle mich, lege den Kopf in den Nacken und suche zwischen den Wolken nach Sternen. Noch ist es nach Sonnenuntergang empfindlich kalt, aber schon bald werden wir das Ölzeug zuhinterst in den Schränken verstauen können.

Die erste Nachtfahrt auf jedem Törn ist immer ein wenig besonders. Ich schäle mich aus meiner Wolldecke und lasse meinen Blick übers Cockpitdach nach vorne gleiten.

So ganz entspannt bin ich noch nicht. Zwar habe ich keine nennenswerte Angst vor der Kollision mit einem Container oder Wal, das Risiko schätze ich als gering ein und zudem sitzen wir ja auf einem starken Stahlschiff. Vielmehr ist es die Dunkelheit, die mich verunsichert, das Versagen der Augen. Der Himmel ist schwarz, von Wolken überzogen, nur ganz schwach zeichnet sich der Horizont ein wenig heller vom Meer ab. Um mich herum rauschen die Wellen, und neben mir glitzert Leuchtplankton. Die Luft riecht feucht und salzig.

Ich freue mich auf die Kapverden. Zwar weiß ich, dass auch dort der Tourismus inzwischen Einzug gehalten hat und dass vor allem die beiden Wüsteninseln Sal und Boavista mit ihren hellen Sandstränden bei Urlaubern aus Europa immer beliebter werden. Aber dennoch. Wir segeln nach Afrika!

Wir haben uns lange Zeit gelassen mit diesem Schritt. Ein Jahr haben wir in Portugal verbracht, anderthalb weitere auf den Kanaren. Ursprünglich ist unser Plan gewesen, zwei Jahre nach dem Start bereits in der Karibik zu sein. Aber die Kanaren hatten für uns so viele Vorteile. Die Flüge in die Schweiz sind kurz und günstig, was Michael zugute gekommen ist, da er in den ersten beiden Jahren unserer Reise aus beruflichen Gründen mehrmals jährlich in die Schweiz hat fliegen müssen.

Zudem ist das kanarische Klima schlichtweg perfekt, gleichmäßige 24°C das ganze Jahr über auf den südwestlichen Inselteilen, kaum Regen und eine angenehme Luftfeuchtigkeit, nicht zu hoch, aber auch nicht zu trocken. Es gibt keine gefährlichen Infektionskrankheiten und keine lästigen Stechmücken. Wir haben uns wohlgefühlt, auch gesundheitlich.

Ich stehe lange im Cockpit, halte mich am Cockpitdach fest und verliere mich in der Dunkelheit. Obwohl ich müde bin, sind meine Sinne geschärft. Der Wind ist noch mehr eingeschlafen und unsere Reisegeschwindigkeit ist auf 2.5 Knoten gefallen. Die Genua haben wir geborgen, da sie überhaupt nicht mehr stehen wollte. Der Block der Großschot schlägt immer wieder klappernd aufs Achterdeck, wenn das Segel unruhig flattert, wie um Langeweile zu vertreiben. Wir werden wohl doch noch motoren müssen.

Kaum hat mich dieser Gedanke gestreift, taucht Michael aus dem Niedergang auf. Er steckt in seiner Ölzeugjacke und wirkt noch ein wenig verschlafen. Nach einem Blick auf die Geschwindigkeitsanzeige raunt er: „Bald stehen wir. Lass uns den Motor starten, bevor wir rückwärts fahren."

Ich seufze, beginnt doch nun meine Freiwache und ich hätte gerne ein wenig geschlafen. Wenn aber der Motor läuft, ist es in unserer Kajüte zu lauf dafür. Trotzdem nicke ich.

Wir holen Besan- und Großsegel mittig, denn bergen möchten wir sie nicht. Sollte der Wind wider Erwarten doch noch zurückkommen, so müssten wir fürs Setzen des Groß-segels aufs Vordeck, und das möchten wir nachts wenn möglich vermeiden. Mithilfe des Motors machen wir immerhin 4 Knoten, aber an Schlaf ist nun nicht zu denken. Macht nichts. Es geht mir gut. Ich lege mich auf die Cockpitbank und ich genieße die gemeinsame Wache mit Michael.

Während der nächsten beiden Tage pendelt die Windstärke zwischen 10 und 15 Knoten und wir zwischen dümpeln und motoren. Funkkontakt mit der FELBA haben wir keinen mehr.

„Die sind sicher schon bald auf Sal!", witzelt Michael. Dann verfinstert sich seine Miene. „Jetzt bräuchten wir unseren Parasailor. Das wäre genau das richtige Segel für diesen Kurs und so wenig Wind!"

Ich höre den Frust in seiner Stimme und kann ihn nicht einmal trösten. Denn er hat Recht. Der Parasailor, unser nagelneues Leichtwindsegel, befindet sich gerade irgendwo auf dem Weg zwischen El Hierro und Deutschland. Michael hat es von seinem letzten Schweiz-Aufenthalt mitgebracht, und wir haben es auf dem Weg von La Gomera nach El Hierro testen wollen. Anfangs ist es majestätisch gestanden, aber dann sind wir in die Düse zwischen den Inseln geraten. Innerhalb von 10 Minuten hat der Wind von 15 auf über 30 Knoten zugelegt, und wir, absolute Anfänger im Parasailorsegeln, haben keine Ahnung gehabt, wie wir das Riesentuch wieder herunter bekommen sollten. Michael ist auf dem Vordeck gesessen und hat versucht, den Trichter mit dem Bergeschlauch herunterzuzerren, während ich – völlig falsch, aber das habe ich erst später bei der Problemanalyse erfahren – mit aller Kraft die vier Leinen, mit denen das Segel getrimmt wird, dicht holen wollte. Schließlich haben wir das Segel bergen können – aber erst, nachdem es in der Mitte auseinandergerissen und der Trichter gebrochen ist. So haben wir es mit viel Herzschmerz auf El Hierro in zwei große Kartonschachteln verpackt und zurückgeschickt.

An Michaels zusammengekniffenen Augen erkenne ich, dass sich auch vor seinem inneren Auge die Szene wieder abspielt. Teures Lehrgeld. Mein Zeigefinger fährt über die tiefen Furchen zwischen den Augenbrauen. „Magst du einen Kaffee?"

„Gerne." Sein Lächeln gelingt nur halb.

„Mama, ich glaub', unseren Bananen ist übel!" Seraina hangelt sich von ihrem Sonnenplatz auf dem Achterdeck den Wanten entlang in Richtung Cockpit und bleibt am Besanmast stehen.

Alarmiert schiebe ich mich in die Höhe und steige zu ihr aufs Deck. Der Wind zerzaust ihr blondes Haar, und ihre Wangen sind gerötet vom Mittagsschlaf in der Sonne. Es riecht ungewöhnlich süßlich hier oben.

„Hier, die Bananen direkt beim Mast sind schon ganz schwarz."

„Oh weh!" Erschrocken ziehe ich das alte Bettlaken zur Seite, das die Bananenstaude der Sonne schützt. Wir haben die sehr große Staude von den Mitarbeitern des Trockendocks in Tazacorte auf La Palma zum Abschied geschenkt bekommen und sie an den Besanbaum gehängt. Zwar haben wir sie nach links und rechts mit Leinen fixiert, aber durch ihr hohes Gewicht schaukelt sie trotzdem hin und her und stößt mit jeder Welle an den Mast. Von den vordersten Bananen ist nur noch Matsch übrig.

„Wir müssen die Staude weiter nach hinten binden." Ich suche nach einer Leine und binde sie am unteren Ende der Staude fest, um sie zu stabilisieren. Aber sie ist zu schwer.

„Dann klemmen wir doch einfach ein Polster zwischen den Mast und die Bananen, dann ist es weich, wenn sie dranschlagen", überlegt Seraina.

„Das können wir versuchen."

Wenig später ist der untere Teil des Mastes in Schaumstoff gehüllt. Zwar schlägt die Staude noch immer dagegen, aber vielleicht können wir so die Früchte retten. Ich pflücke alle zermatschten und bereits weichen Bananen und trage sie ins Cockpit.

„Wer mag eine Banane?"

„Ich!"

„Ich auch!"

„Ach, gib mir doch auch eine." Michael streckt mir grinsend die Hand hin. Alles, was nicht aufgegessen wird, wird zu einem Smoothie verarbeitet.

Am vierten Tag frischt der Wind auf. Endlich! Zwar müssen wir weiterhin halsen, da er noch immer zu sehr aus Norden kommt, aber nun machen wir wieder Fahrt. Wir setzen die Genua und rauschen mit guten 5 Knoten dahin.

„Ich hoffe bloß, dass der Wind nicht zu sehr zunimmt. Gemäß Prognose sollte es vor Nouakchott ziemlich blasen." Michael runzelt die Stirn.

Ich werfe einen Blick auf die Seekarte. In rund zwei Tagen sollten wir das Kap in einer Distanz von etwa 200 Seemeilen umfahren. „Wir werden sehen. Immerhin können wir jetzt endlich segeln!"

Zufrieden lehne ich mich zurück, lasse meinen Blick über die Schaumkrönchen um uns herum schweifen und schaue einer Gruppe fliegender Fische zu, die in hohem Tempo aus den Wellen schießt, um gleich darauf wieder unterzutauchen. So liebe ich das Segeln. Wenn der Wind leise in den Wanten singt, das Schaukeln gleichmäßig wird und das Rauschen der Heckwelle von guter Geschwindigkeit erzählt. Ich lasse mir die Sonne aufs Gesicht scheinen und schließe die Augen. Jonas schläft im Salon, Seraina sitzt auf einem Fender auf dem Achterdeck, Rahel und Ursina schauen Donald Duck-Bücher an und Saskia hat sich in ihrer Kajüte eingeigelt.

Michael zieht das Satellitentelefon aus der Winschkurbeltasche und richtet die Antenne aus. „Vielleicht klappt es ja sogar mit dem Empfang. Der Himmel wäre nun ja frei."

„Mmh." Mir ist das egal. Ich brauche keine Verbindung zur Außenwelt. Jetzt nicht, auf diesem Törn nicht. Ich bin glücklich, mich nur auf unsere Familie, auf meine eigenen Gedanken, aufs Segeln und aufs Boot konzentrieren zu können. Alles andere – Berichterstattung nach Hause, Austausch mit der FELBA, Neuigkeiten von Freunden – kann bis zu unserer Ankunft auf den Kapverden warten.

„Morgen hat Jonas Geburtstag. Ich schlage vor, dass wir ein Geburtstagsfrühstück mit Butterzopf machen und nachmittags eine Feier mit Kuchen und Geschenken."

„Das klingt gut! Ich bekomm' jetzt schon Hunger auf Butterzopf!" Dann runzelt er die Stirn. „Aber meinst du, du kannst bei dem Geschaukel backen?"

„Ich denke schon. Das Wägen wird eine Lotterie werden, weil die digitale Wage bei Wellengang nicht funktioniert, aber irgendwie krieg' ich das schon hin." Ich erinnere mich an den Törn von Madeira nach Lanzarote, als wir alle Heißhunger auf Süßes, aber keinerlei Kekse oder Schokolade mehr an Bord hatten. Obwohl ich zu Beginn unserer Reise unter Deck noch an Seekrankheit gelitten hatte, habe ich mich damals im Salon verkeilt und aus lauter Verzweiflung einen Baumnusskuchen gebacken. Inzwischen, zwei Jahre später, habe ich nur noch in den ersten paar Stunden nach

dem Ablegen ein mulmiges Gefühl im Magen und ein Ste-
chen im Kopf, aber mit jeder zurückgelegten Seemeile fühle
ich mich besser. So anstrengend wie damals wird es also
diesmal beim Backen nicht werden.

„Jonas, welchen Geburtstagskuchen wünschst du dir?"
Der kleine Kerl versucht vergeblich, Ursina zum Lego-
spielen zu bewegen und traktiert sie mit einem Farbstift.
Beim Wort Kuchen horcht er auf.

„Was? Kuchen?"

„Klar, du hast doch morgen Geburtstag!"

Ein Strahlen erhellt das kleine Gesicht. „Ursina, hast du
gehört, ich hab' morgen Geburtstag! He, Ursina, hörst du
mich?"

Ursina grunzt unwillig und hält sich ihr Comic vors Gesicht.

„Also, welchen Kuchen möchtest du, Jonas?"

„Hm. Schoggi will ich nicht. Haben wir Sauerkirschen?"
Ich schüttle den Kopf.

„Und Ananas?"

„Schon, aber die ist noch nicht reif."

„Dann eben einen mit Erdbeeren."

„Erdbeeren haben wir auch keine."

„Och, was haben wir dann?"

„Äpfel, Orangen, Bananen, Rosinen, getrocknete Apriko-
sen und Datteln, Nüsse..."

„Das will ich alles nicht."

„Okay, dann überleg's dir. Bis morgen früh hast du noch
Zeit."

Der Duft nach gedünsteten Zwiebeln steigt in meine Nase.
Michael ist in der Küche verschwunden und kümmert sich
ums Abendessen. Linseneintopf mit Würstchen, noch immer
unser bewährtes Hochseeessen.

Mein Blick schweift über die Wasseroberfläche. Ich habe den Eindruck, dass die Wellen ein wenig höher geworden sind. Die Geschwindigkeitsanzeige klettert auf über sieben Knoten, wenn die PINUT auf einer Welle hinunter surft. Seraina und Rahel haben auf zwei Kugelfendern auf dem Achterdeck Platz genommen. Sie halten die Leinen wie Zügel, beobachten die Wellen und treiben ihre Fenderpferde bei jeder Welle an, die von schräg hinten auf die PINUT zurollt.

„Springt bloß nicht über Bord bei den Wellen!" Ich lache ihnen zu und freue mich über ihr ausgelassenes Spiel. Mit ihren Lifelines eingepickt in die Reling kann ihnen nichts passieren.

Zwei Stunden später liege ich auf der Cockpitbank und betrachte den Sternenhimmel über mir. Millionen kleiner und kleinster Lichtpunkte übersäen den schwarzen Nachthimmel. Ich erkenne den großen und den kleinen Bären, die Milchstraße und die Kassiopeia. Es wird nicht mehr lange dauern, bis der Vollmond aufgeht.

Alle fünfzehn Minuten klingelt mein Handywecker und erinnert mich daran, einen Rundumblick zu machen. Ich stehe auf, starre in die Dunkelheit und sehe nichts. Es ist einfach zu dunkel. Vom Heck her ertönt das reibende Geräusch von Gummi auf Metall. Ich beleuchte mit der Stirnlampe unser Dinghi und erkenne, dass es an den Davits bei jeder Welle hin- und herschaukelt. Eine Leine muss sich losgeruckelt haben. Ich prüfe die Leinen, ziehe sie über die Winsch nach und bin zufrieden. Jetzt hält es wieder.

Auf dem Rückweg ins Cockpit komme ich an der Bananenstaude vorbei. Der intensive Geruch nach überreifen Bananen irritiert meine Nase. Ich ziehe das Bettlaken zur Seite und beleuchte die Staude.

„Iiiihh!" Angewidert rümpfe ich die Nase.

„Was ist los?" Verschlafen erscheint Michael im Niedergang.

„Wir müssen die Staude abhängen. Mindestens die Hälfte der Bananen ist Matsch."

„Oh." Er verschwindet wieder in der Achterkajüte.

Eine große Welle erwischt die PINUT auf steuerbord, sie neigt sich stark zur Seite und wirft mich grob gegen den Relingsdraht.

„Autsch! Wieder ein blauer Fleck mehr", grummle ich und verkeile mich zwischen Besanmast und Guias Hundebox.

„Brauchst du Hilfe?" In seine Ölzeugjacke eingepackt steht Michael im Cockpit.

„Ich weiß noch nicht. Wohin sollen wir mit der Staude? Wir können sie so nicht hängen lassen bei diesen Wellen. Sie schlägt viel zu sehr herum, da nützt auch das Polster dazwischen nichts mehr."

Meine Augen suchen das Achterdeck nach einem geeigneten Platz ab.

„Ins Schiff reinholen?" Michaels Stimme klingt zweifelnd.

„Wohin genau? Drinnen haben wir noch weniger Platz als draußen."

„In den Backskisten ist auch alles voll."

„Und im Dinghi können wir sie nicht fixieren", überlege ich. Zudem lagern wir dort unsere vollen Abfallsäcke, also auch keine gute Idee.

„Und wenn wir sie in Guias Hundebox legen?" Michael fröstelt und zieht den Reißverschluss seiner Jacke zum Kinn.

„Ja, warum nicht? Guia ist sowieso auf See nie in der Box, sondern nur im Cockpit." Ich knie vor die Hundebox, fixiere das Türgitter mit einer Schnur an der Reling und hole das Hundekissen heraus.

„Lass das doch drin."

„Du meinst, damit die Bananen weicher liegen?" Ich muss grinsen.

„Naja, dann rutschen sie nicht herum."

„Stimmt. Kannst du die Leine lösen und mir die Staude heruntergeben?"

Michael macht sich am Besanbaum zu schaffen und versucht, möglichst nicht in Berührung mit dem arg zugerichteten vorderen Teil der Staude zu kommen.

„Warte. Ich nehm' erst alle verdrückten Bananen ab, die müssen wir sowieso möglichst bald verwerten."

„Hier." Rahel steht grinsend mit einer großen Schüssel neben mir.

„Danke." Die Schüssel füllt sich rasch. „Bringst du mir bitte ein zweite?"

Nach der dritten ruft Rahel: „Mehr haben wir nicht!"

„Passt, der Rest fliegt über Bord!" Die ganz schlimm zugerichteten Bananen werden zu Fischfutter. Dennoch stehen am Schluss drei große, volle Schüsseln im Cockpit. Ich klebe überall, aber die Staude hat ihren sicheren Platz in der Hundebox gefunden. Immerhin.

„Ich weiß, welchen Kuchen Jonas morgen bekommt!" ruft Michael plötzlich.

„Ich auch! Bananenkuchen!"

Wir prusten alle drei los.

„Und zum Frühstück gibt's Bananenmilchshake." Michael fährt sich mit der Zunge über die Lippen.

„Und Bananenbrot", ulke ich.

„Hört auf, ich kann jetzt schon keine Bananen mehr riechen!" Rahel rümpft die Nase.

„Hilfst du mir trotzdem, Plätze für die Schüsseln zu finden?"

Sie nickt und verschwindet mit einem Teil der Früchte im Schiffsbauch.

Das Backen am nächsten Morgen gelingt und auch die Girlande bleibt flatternd am Cockpitdach hängen, obwohl die See rauer geworden ist und der Wind zugenommen hat.

Jonas fühlt sich wie ein kleiner König. „Ich will immer auf dem Meer Geburtstag feiern, das ist das Allerbeste! Da kann man den ganzen Tag feiern!" Glücklich steckt er sich ein Stück Bananenkuchen mit Schokostückchen in den Mund.

Die Pɪɴᴜᴛ hängt in den Seilen

Trinidad, September 17

An Jonas' Geburtstag erinnere ich mich, als ich anderthalb Jahre später auf Trinidad Ballone bei der Roti-Hütte aufhänge, diesmal für Seraina. Sie wird zwölf und wollte unbedingt, dass die Pɪɴᴜᴛ an ihrem Geburtstag noch schwimmt. Denn wir sind hierher nach Trinidad gekommen, um das Schiff aus dem Wasser zu holen. Das Unterwasserschiff braucht neues Antifouling, für den Wassermacher wollen wir einen eigenen Borddurchlass bohren und unser Zweitanker soll endlich seinen Platz am Bug neben dem CQR bekommen. Für all diese Arbeiten braucht die Pɪɴᴜᴛ festen Boden unter dem Kiel, und Chaguaramas auf Trinidad gilt als einer der besten Plätze in der Karibik für Schiffsarbeiten. Es liegt außerhalb des Hurrikangürtels und bietet eine gute Bootsinfrastruktur zu vernünftigen Preisen.

Aber noch schwimmt unser Schiff, und alle freuen sich auf den Ananaskuchen und die Maniokmuffins, die wir für Serainas Geburtstag gebacken haben.

„Ui, das sieht schön aus!" Strahlend steht meine zweitälteste Tochter vor der überdachten Terrasse der Roti-Hütte. Die Girlande schaukelt zwischen zwei Pfeilern, und unzählige Ballone hüpfen im Wind auf und ab. Die Roti-Hütte ist ein kleines Häuschen auf dem Trockendock von Power-Boats, in dem mittags Roti, eine Art gefüllter Teigfladen, sowie andere Gerichte aus Fleisch, Reis, Kartoffeln und Gemüse verkauft werden. Am späteren Nachmittag ist das Restaurant geschlossen und wir haben die Terrasse für uns. Auf den langen Holztischen stehen bereits Fruchtsäfte, Wasser, Papierteller, Wassermelone und die Backwaren.

„Fehlen nur noch unsere Gäste." Suchend blickt sich Seraina um. Ihr blondes Haar fällt ihr leicht über die Schultern, sie trägt ein buntes Sommerkleid in kräftigen Farben. „Da kommen sie!"

Mein Blick folgt ihrem ausgestreckten Arm. Gleich von zwei Seiten kommen unsere Gäste auf die kleine Hütte zu. Ich freue mich sehr, unseren langjährigen Freund Walter, den pensionierten Schweizer Pfarrer von der Segelyacht PAPILLON II, wiederzusehen. Wir haben uns 2013 in Faro auf dem Trockendock kennengelernt und viele Stunden bei Käse, Wein und philosophischen Gesprächen verbracht. Walter ist auf dem Weg nach Kolumbien.

„Alles Gute zum Geburtstag, Seraina!" Er schüttelt ihr die Hand.

„Mama, schau mal, Muffins!" Mit vor Freude geröteten Wangen stürzt sich ein kleiner Blondschopf auf den Teller mit den süßen Törtchen.

„Halt, Liam, du darfst noch nichts nehmen! Wir warten, bis alle da sind." Gerade noch rechtzeitig gelingt es Alice, die Hand des vierjährigen Wirbelwindes davon abzuhalten, sich ein Muffin zu schnappen.

„Hallo, Alice." Ich umarme die zierliche Frau mit dem braunen, langen Haar. Erst gestern, direkt nach unserer Ankunft auf Trinidad, sind wir uns im Laden des Trockendocks zum ersten Mal begegnet, und heute wissen wir bereits, dass aus diesem einen Zusammentreffen eine Freundschaft entstehen wird. So ist es uns bisher oft passiert auf unserer Reise: Jede neue Begegnung wird sofort beurteilt, und je nachdem, wie diese Beurteilung ausfällt, trifft man sich rasch wieder oder eben nicht. Denn meist ist die Zeit, die man zusammen verbringen kann, knapp, da jedes Boot seine eigenen, individuellen Reisepläne hat. Darum gilt es, keine Zeit zu verlieren, sondern sie gemeinsam zu nutzen. Innerhalb weniger Stunden weiß man dann auch schon das Wichtigste aus dem Leben des anderen, kennt seine Pläne und Ziele und verabredet sich für Ausflüge und Unternehmungen. Das geht, weil es im Langfahrtseglerleben keinen täglichen Job gibt, der ruft, kein Handy, das klingelt und keine Termine, die einzuhalten sind. Oder zumindest fast keine. Auf dem Trockendock ist die Situation ein klein wenig anders, weil jeder so rasch wie möglich mit seinem Boot wieder ins Wasser will.

„Wann habt ihr euren Krantermin?" Walter blickt uns fragend an.

„Morgen früh um acht." Michael streckt sich.

„Kinder, morgen früh um acht kommt die PINUT aus dem Wasser!"

„Wisst ihr schon, wohin sie euch stellen?"

„Nein, Alice. Wir würden gerne so weit wie möglich vom Wasser weg, da die Luftfeuchtigkeit dann nicht ganz so hoch ist. Wir müssen Schweiß- und Streicharbeiten machen."

„Viele Plätze hat es nicht mehr. Jetzt kommen viele Yachten von den nördlicheren Karibikinseln hierher, um am Schiff zu arbeiten, damit sie im Dezember nach der Hurri-

kanzeit wieder parat sind." Walter hat zweimal die Welt um-
segelt und kennt sich aus.

Am nächsten Morgen um acht ist weit und breit kein Kran in
Sicht. Auch um neun nicht. Wir erfahren, dass gestern
Abend ein Motorboot in der Auswasserstelle festgemacht
hat. Das muss nun zuerst aus dem Wasser gehoben werden.
   Nach dem Mittagessen ist es endlich soweit. Michael steuert die PINUT in Richtung Auswasserstelle. Ich fahre gemeinsam mit Rahel im Dinghi nebenher. Der Wind, der nachts
komplett eingeschlafen gewesen ist, hat wieder aufgefrischt
und stellt für unseren schwer zu manövrierenden Langkieler
eine zusätzliche Herausforderung dar. Die PINUT zieht rück-
wärts immer nach rechts, und nun verstärkt der Wind diese
Tendenz noch. Ich werde mit dem Dinghi versuchen, das
Heck zu stoßen, sollte es zu nahe an die Betonwand gedrückt
werden.
   Das Unterfangen ist gar nicht so einfach. Am meisten
Nerven kostet aber nicht der Wind, sondern die Rufe der
Schaulustigen, die meinen, besser zu wissen, was zu tun ist.
   „Mehr nach rechts!"
   „Schneller!"
   „Vorsicht, mehr links halten!"
   „Halt, nicht so schnell!"
   Zum Glück bleibt Michael in solchen Situationen gelas-
sen. Er kennt das Verhalten der PINUT, lässt ihr Zeit, testet
aus, welchen Einfluss der Wind hat, und nimmt drei Anläu-
fe, bis er das Schiff so stehen hat, dass er mit meiner Hilfe
rückwärts in die Box hineinkommt. Ich bin mir sicher, dass
er die Rufe der Umstehenden gar nicht wahrgenommen hat.
   Kaum haben wir an den riesigen Pollern festgemacht,
fährt der Kran heran. Breite Gurten werden unter dem Bauch
des Schiffes durchgezogen. Dann ruckelt es ein wenig, Mi-

chael schaltet den Motor aus und springt über die Reling, nachdem er mir die Leiter gereicht hat. Kaum steht er neben mir auf dem Steg, wird die PINUT auch schon in die Höhe gehoben. Zentimeter um Zentimeter steigt sie aus dem Wasser empor.

„Ui, ist die PINUT groß!" Staunend steht Jonas neben mir. Das letzte Mal, als wir das Schiff auf dem Trockenen stehen hatten, war er viereinhalb, und offensichtlich kann er sich nicht mehr daran erinnern.

„Achtung, weg vom Steg!" Ein Dockarbeiter in blauem Overall fuchtelt mit den Armen in der Luft herum. Wir gehen zur Seite und der Kran setzt sich in Bewegung.

Ich finde es jedes Mal beeindruckend, wenn unser 22 Tonnen schweres Schiff mit scheinbarer Leichtigkeit in den Seilen hängt. Leicht schwingend fährt sie über die holprige Straße quer übers ganze Dock, bis sie ganz hinten, weit weg vom Wasser in der Nähe der Autostraße, sanft auf ihrem neuen Standplatz abgesetzt wird.

„Wir haben euch extra einen Platz direkt neben den Toiletten und Duschen gegeben, wegen der Kinder", erläutert Michael, der Kranführer, seine Wahl.

„Danke, das ist super!" Ich habe rasch erkannt, dass die meisten Yachten um uns herum unbewohnt sind, und dafür bin ich dankbar. Denn es gibt nichts Anstrengenderes, als die Kinder laufend dazu anhalten zu müssen ruhig zu sein, nicht herumzurennen und nichts liegen zu lassen. Das ist bei fünf Kindern im Alter zwischen sechs und dreizehn Jahren ein Ding der Unmöglichkeit – vor allem auf dem Trockendock, das in Kinderaugen doch nichts anderes ist als ein riesengroßer Spielplatz. Für die Kinder beginnt eine Zeit voller Entdeckungen, Freiheit und Selbstbestimmtheit

Auch für uns ist das Schiffsleben an Land mit mehr Freiraum verbunden. Selbst wenn die Arbeitsliste immer länger wird, als anfänglich erwartet, wenn uns der Schmutz auf und im Schiff viel Gelassenheit abverlangt und wir abends immer vollkommen erschöpft in die Kojen fallen, so ist die Zeit auf dem Trockenen regelmäßig eine willkommene Abwechslung zum engen Zusammenleben auf See. Die PINUT jetzt auf ihrem Kiel stehen zu sehen ist ein bisschen so wie der Landfall nach einem längeren Segeltörn. Ich erinnere mich an unsere Ankunft auf Sal nach neun Tagen auf See.

Geburtstagsfeier auf Kapverdisch

Sal, Juli 16

„Land in Sicht!"

Michaels Ruf weckt mich. Verschlafen krieche ich aus der Koje und reibe mir die Augen. Die Sonne muss dicht über dem Horizont stehen, allerdings verbirgt sie sich hinter hellbraunem Dunst. Ein ungewohnter Geruch liegt in der Luft. Nicht mehr der Salzgeruch des Meeres, es riecht anders. Nach Blüten und Fisch. Dann entdecke ich einen Hügel in der Ferne. Und weiter steuerbord noch einen.

„Ist das Sal?" Ich kneife die Augen zusammen und versuche eine Verbindung zwischen den beiden Hügeln zu erkennen.

Michael nickt. „Ja. Viel sieht man von hier aus nicht. Die Insel ist bis auf diese beiden größeren Erhöhungen flach und wüstenhaft."

Die Inselgruppe der Kapverden, bestehend aus nördlichen (Barlovento) und südlichen Inseln (Sotavento) ist evolutionsgeschichtlich im selben Zug mit den Kanaren, Madeira und den Azoren aus Vulkanen entstanden. Im späten 15. Jahrhundert kamen die Portugiesen und stationierten eine Handvoll Familien mit Sklaven aus dem nahen Senegal auf Sao Antao. So vermischte sich die afrikanische mit der europäischen Kultur und brachte eine kreolische Kultur mit kapverdischer Identität hervor. Heute sind neun der 15 Inseln bewohnt. Die Amtssprache ist Portugiesisch, auf den Straßen wird Kreolisch gesprochen. Bezahlen kann man in kapverdischen Escudos oder in Euro.

Als wir in die weite Bucht von Palmeira auf Sal einlaufen, bin ich nicht unglücklich darüber, dass dieser Törn zu Ende geht. Seit neun Tagen sind wir nun auf See, acht Nächte lang haben Michael und ich uns mit den Nachtwachen abgewechselt und tagsüber gekocht, abgewaschen und die Kinder betreut. Wir sind beide kräftemäßig an der Grenze. Für die Atlantiküberquerung werden wir wohl einen weiteren Erwachsenen mitnehmen, um zu genügend Schlaf zu kommen.

Über UKW-Funk erfahren wir, dass die FELBA bereits vor Anker liegt. In der Bucht tummeln sich etwa fünfzehn Yachten und unzählige Fischerboote.

„Uff, das wird eng." Mir bricht der Schweiß aus allen Poren. Ich mag enge Ankerplätze gar nicht, mangelt es uns doch bisher an ausreichender Ankererfahrung.

Langsam steuert Michael an der FELBA vorbei. Ute und Valentin stehen an der Reling und fuchteln wild mit den Armen.

„Ich glaube, sie meinen, wir sollen dort drüben hin", versuche ich ihre Gebärden zu deuten.

Zwischen einer Yacht und zwei Fischerbooten im Päckchen lassen wir den Anker fallen. Michael gibt Kette, ich beobachte unsere nächste Umgebung.

„Der Anker hält." Sein Fuß steht auf der Kette, den Blick hat er ans Ufer gerichtet. Ich peile über die Reling und gebe ihm Recht. Die PINUT steht. Allerdings sind wir dicht an die andere Yacht geraten. Zu dicht.

„Lass uns nochmals ankerauf gehen. Das ist sicher ein leichter Kurzkieler, der schwoit anders als wir. Nicht, dass wir das Schiffchen noch zertrümmern!" Ich grinse ihn an und er nickt.

„Aber wohin dann?"

„Weiter hinein würde ich nicht gehen, dort ist es zu voll und das Wasser sieht auch nicht besonders sauber aus für den Wassermacher."

„Stimmt. Also hinter die FELBA."

Michael hilft unserem CQR-Anker übers Wasserstag hinauf, während ich die PINUT zügig in Richtung Ausgang steuere. Während ich um einige Yachten kurve, um den besten Platz zu orten, fährt ein langes, hölzernes Fischerboot auf uns zu. Ein schwarzer Mann in einem roten Shirt winkt uns zu und zeigt auf eine Mooring.

„Wir sollen daran festmachen!" schreie ich zu Michael nach vorne. Ich sehe, dass er zögert. Auch ich bin mir nicht sicher. Was, wenn der Einheimische Kohle wittert und uns die Mooring für teures Geld verkaufen will? Aber da sehe ich, wie Michael nach dem Bootshaken greift und mir zunickt. Langsam halte ich auf die Mooring zu.

„Olá, bom día!" Der Mann im Boot streckt uns die Hand hin. In einer Mischung aus Portugiesisch, Kreolisch und Spanisch erzählt er uns, dass er Jaír Ramos heißt und hier im Hafen der „Junge" für alles ist. Wir können für wenig Geld an der Mooring bleiben, und falls wir Taxiservice, Wasser oder sonst was brauchen, sollen wir ihm anrufen. Er drückt Michael einen Zettel mit einer Telefonnummer in die Hand und verschwindet wieder.

„Auch nicht schlecht." Ich drehe den Zündschlüssel und wische mir den Schweiß von der Stirn. Jetzt sind wir also in Afrika.

„Ankerbierchen?" Michael zwinkert mir zu.

„Aber klar!"

Jaír stellt sich als sehr nützlich, wenn auch nicht besonders zuverlässig heraus. Er ist ein stämmiger, freundlicher Mann Mitte Vierzig, dessen wertvollstes Accessoire sein Handy ist. Ein altes mit Tasten, das zudem nicht immer funktioniert, wie er uns mehrmals mitteilt und wie wir später noch erleben werden.

Er chauffiert uns an Land und hilft uns beim Einklarieren. Zum ersten Mal auf unserer Reise müssen wir bei der Immigration und beim Zoll vorsprechen. Allerdings scheint beides nicht besonders dringend zu sein. Der Immigrationsbeamte ist gerade nicht da, wir sollen morgen wiederkommen. Immerhin müssen wir nicht zum Flughafen für den ganzen Papierkram, wie es noch vor einigen Jahren üblich war, bevor das Büro hier eröffnet wurde.

Die ersten Schritte auf schwarzafrikanischem Boden fühlen sich seltsam an. Um uns herum dunkelhäutige Menschen, die uns unverhohlen betrachten. Die Kinder drücken sich an Michael und mich. Ich übe mich in Gelassenheit, aber so ganz gelingt es mir nicht. Es ist für mich das erste Mal, dass ich als Weiße in einem Land mit überwiegend schwarzer Bevölkerung unterwegs bin, und ich fühle mich zugegebenermaßen unsicher. Ich kann nicht genau festmachen, was mich verunsichert, und bin einfach froh, dass uns Jaír begleitet.

Er macht mit uns eine Ortsführung und zeigt uns ein kleines Lokal, in dem wir die Nationalspeise Katchupa bestellen. Katchupa ist ein äußerst schmackhaftes Gericht aus weißem Mais, Gemüse und entweder Ei, Fleisch oder Fisch, je nach

Verfügbarkeit. Wir genießen das Essen an kleinen Plastiktischen auf Plastikstühlen auf der Straße gemeinsam mit Ute, Valentin, Horst und Gudrun. In den Hauseingang nebenan drücken sich zwei Jungen, die uns aufmerksam beäugen. Gegenüber sitzt eine junge Frau mit einem Baby im Arm auf der Türschwelle und scherzt mit einem Mann.

Nach dem Essen schlendern wir durchs Dorf. Es ist klein, verfügt über eine Haupt- und einige Nebenstraßen, die allesamt gepflastert sind. Zweistöckige Häuschen säumen die Straßen. Die Fassaden sind zur Straßenseite hin bunt gestrichen, alle anderen Außenwände sind unverputzt. Über die Flachdächer spannen sich Wäscheleinen, Wäschestücke flattern im Wind.

Der Ort hat je nach Tageszeit zwei Zentren: Einmal morgens den Platz mit dem Wasserhäuschen, in dem die Einheimischen ihr Wasser in Kanistern holen, und einmal den Platz am Hafen, wo nachmittags und abends unter Palmen beleibte und bunt berockte Kapverdierinnen und Männer mit zerfurchten Gesichtern sitzen und auch mal lautstark miteinander streiten. Zu ihren Füßen liegen sandfarbene Straßenhunde in großer Anzahl, in die sich die Kinder sofort verlieben. Ebenfalls am Hafen befindet sich das öffentliche Sanitärgebäude, in dem man für wenig Geld Duschen und Toilette benützen kann.

Jaír führt uns zu einem der wenigen Einkaufsläden. „Das hier ist ein lokaler Laden, die anderen werden alle von Chinesen geführt", erklärt er. In seiner Stimme meine ich Herablassung zu hören.

Der Laden besteht aus zwei kleinen Räumen. Im einen befinden sich drei lange Regale, gefüllt mit Milch, Waschpulver, Nudeln, Reis, verschiedenen Konservendosen, Oliven, Bier, Wein und anderen Importprodukten aus Portugal sowie einheimischer Schnaps. Im anderen Raum stehen große

Kühlschränke und -truhen mit einer bescheidenen Auswahl an Käse, Schinken, Butter, gefrorenem Fleisch und Fisch. Daneben lagern in Holzkästen Süßkartoffeln, Bohnen, Orangen, Bananen und Äpfel. Eier befinden sich in Kartons zu 36 Stück auf den Kühltruhen.

„Wenn wir hier unseren wöchentlichen Großeinkauf machen, ist der Laden leer", witzle ich.

Michael nickt und liest konzentriert die Etikette einer Weinflasche. Dann stellt er sie zurück, lässt seinen Blick durch den Raum schweifen und meint stirnrunzelnd: „Ich fürchte, wir werden hier nicht soviel finden, wie wir brauchen."

Zurück auf der Straße, fragen wir Jaír nach weiteren Einkaufsläden.

„Da müsst ihr nach Espargos fahren. Von Palmeira aus fahren die Busse, sobald sie voll sind."

„Und wie lange sind wir da unterwegs?"

„Fünfzehn Minuten."

Wir nehmen uns die Tour für den nächsten Tag vor, für heute haben wir genügend Eindrücke gesammelt, die verarbeitet werden wollen.

Eine Sache rumort noch in mir. Michael wird in zwei Tagen Fünfzig. Er wünscht sich einen Abend mit gutem Essen und Musik. Ich habe mir vorgenommen, Jaír um Hilfe zu bitten und warte nun einen Moment ab, an dem ich ihn alleine erwische. Es soll schließlich eine Überraschung für Michael werden.

Kurz bevor wir zurück zur PINUT fahren, ist sie da, meine Gelegenheit. Michael steht etwas abseits mit Valentin und ich schnappe mir Jaír. Auf dem Törn hierher habe ich mich ein wenig mit der kreolischen Sprache vertraut gemacht, und so trage ich nun dem Kapverdier langsam, aber mehr oder weniger fließend, mein Anliegen vor. Meine drei zentralen Fragen sind: Wo können wir mit 14 Personen feiern? Woher bekommen wir einheimisches Essen? Woher bekommen wir einheimische Musiker?

Jaír nimmt seine Schirmmütze ab und kratzt sich am Kopf. Er deutet er auf das Lokal mit der großen Terrasse, und fürs Essen wird er eine Köchin fragen. Nur die Musik bereitet ihm sichtlich Kopfzerbrechen. Er schlägt mir einen DJ vor, der CDs auflegt, ich aber will Livemusik, am liebsten traditionell kapverdisch mit den traditionellen Musikinstrumenten.

„Das wird schwierig", meint er, „aber ich werde eine Lösung finden. Morgen komme ich vorbei mit Gerichten, welche die Frau kochen kann und mit den Preisen, wie viel sie dafür will. Dann kannst du entscheiden, was du davon möchtest." Er setzt seine Mütze wieder auf und macht sich auf den Weg zu seinem Boot, in dem er uns zu unseren Schiffen bringen wird.

Am nächsten Morgen steht eine wichtige Erledigung an: Wir müssen unseren Wassertank füllen. Wir ziehen die Blicke der Einheimischen auf uns, als wir mit unserem gelben Einkaufswagen und einem Bündel leerer 5-Liter-Wasserflaschen über den Dorfplatz marschieren.

Beim Wasserhäuschen herrscht reger Betrieb. An der Wand gegenüber des offenen Eingangs sind fünf Wasserhähne auf Bauchhöhe angebracht. Vor jedem der Hähne stehen Männer und Frauen, große Kanister in rot, blau, grün und gelb vor sich auf dem Boden, in die das Wasser fließt. Was daneben läuft, versickert im festgestampften Erdboden oder bahnt sich in kleinen Bächen einen Weg ins Freie. In der rechten Ecke des quadratischen Raumes sitzt eine Frau, deren Leibesfülle die Kinder so sehr beeindruckt, dass sie kaum den Blick von ihr wenden können. Der Stuhl, auf dem sie sitzt, wirkt klein und zerbrechlich. Vor sich auf einem runden Tischchen liegen Münzen, die sie zählt und in Häufchen sortiert. Obwohl der Raum nach drei Seiten offen ist, herrscht ein hoher Geräuschpegel. Zwei Frauen diskutieren lautstark auf Kreolisch, ein kleiner Junge weint, draußen ruft ein zahnloser Greis einem jüngeren Mann etwas zu, zwischendurch klimpert die Kassiererin mit den Münzen.

Neben mir steht Jonas und zupft an meinem T-Shirt. „Mama, die Frau dort will was von uns." Er zeigt auf eine magere Frau in meinem Alter, die uns zu sich winkt. Neben ihr stehen fünf große Wasserkanister. Sie deutet auf den Wasserhahn vor sich.

„Sind Sie fertig?" Ich frage auf Portugiesisch.

Sie nickt. „Ja." Dann ergreift sie einen der schweren Kanister, wendet sich nach draußen und schreit so laut, dass Jonas zusammenzuckt. Sofort erscheint ein schlaksiger Junge von etwa 16 Jahren und stemmt sich einen weiteren Kanister auf die linke Schulter.

Ich trete vor den Hahn und halte eine Wasserflasche darunter. Jonas reiht die Flaschen hinter mir auf und öffnet sie.

„Haben die Menschen hier kein fließendes Wasser in ihren Häusern?" Ursina beobachtet das Treiben.

„Die meisten nicht." Ich schraube einen Deckel zu.

„Sie müssen jeden Tag hier Wasser holen kommen?" Ungläubig starrt sie mich an. „Kostet das was?"

„Ob sie jeden Tag kommen, weiß ich nicht. Es kostet etwas, aber nicht viel." Ich nehme die nächste leere Flasche.

Nach fünf Minuten sind alle dreizehn Flaschen voll. Einen Teil davon verstauen wir im Einkaufswagen, die restlichen tragen wir. Ich bin froh, als Rahel und Saskia um die Ecke geschlendert kommen und uns beim Schleppen helfen.

„Mh, das duftet!" Rahel steckt schnüffelnd die Nase in die Richtung, aus der ein verführerischer Duft nach frischgebackenem Brot weht. „Können wir frisches Brot kaufen?"

„Lieber nicht. Es riecht zwar köstlich, aber hier gibt es nur Weißbrot, davon werden wir nicht wirklich satt. Ich schlage vor, wir fahren zur PINUT zurück und backen selbst."

„Och, ich hab' aber jetzt Hunger!" Jonas ist mit meinem Vorschlag überhaupt nicht einverstanden. Sofort lässt er seine Wasserflasche fallen und stemmt die Hände in die Hüften.

„Spinnst du? So geht doch die Flasche kaputt!" Empört rempelt Saskia ihn an.

„Aua, Mama, Saskia hat mir wehgetan!" Er verzieht das Gesicht und beginnt zu jammern.

„Übertreib nicht so! Und hör auf mit dem Geschrei, die Leute schauen schon!" Rahel versucht ihren Bruder zum Weitergehen zu bewegen. Jonas' Jammern geht zwar in ein Wimmern über und er blickt sich verstohlen um, bleibt aber stocksteif stehen. Ein kleiner Junge nähert sich ihm. Er ist einen Kopf kleiner als Jonas, hat kurzes, schwarzes Kraushaar und fröhlich blitzende Augen. Sein rotes T-Shirt ist sauber, im Gegensatz zu seiner braunen Hose, die an den Knien durchgescheuert und voller Matsch ist. Wie unsere Kinder läuft er barfuß. Aufmerksam betrachtet er Jonas, dann stupst er ihn vorsichtig an der rechten Schulter. Abrupt verstummt Jonas, dreht sich weg und drückt sich an meinen Arm.

„Ich glaube, der Junge will mit dir spielen."

„Ich will aber nicht."

Der Junge stupst erneut, der Druck auf meinen Arm wächst.

„Mensch, Jonas, spiel doch mit dem Bub. Der würde sich freuen!" Rahel versucht ihren Bruder zum Spielen zu überreden.

„Ich will nicht!" Mein Sohnemann stampft mit dem Fuß auf.

„Er will nicht. Wie heißt du?" wende ich mich an den Jungen. Der grinst mich breit an, dreht sich um und rennt weg. Ich spüre Jonas kleine Hand, die sich in meine schiebt.
„Ich will zum Schiff." Er schnieft, dann hebt er seine Flasche auf und zieht mich in Richtung Hafen.

Der Duft nach gegrilltem Fisch begrüßt uns, als wir am nächsten Tag kurz vor Einbruch der Dämmerung mit dem Dinghi am Hafen anlegen. Vor dem Restaurant, in dem die Geburtstagsfeier stattfindet, steht ein hochgewachsener Mann, die Schirmmütze schief auf dem schwarzen Kraushaar, vor sich ein rostiger Grill, auf dem handgroße Fische brutzeln. Von der Terrasse her schallt laute Musik auf den Dorfplatz. Schlagartig wird mir bewusst, dass sich das kapverdische Verständnis für Geburtstagsfeste von meinem um Welten unterscheidet. Ich habe mir ein kleines Restaurant mit einem Gitarristen und einem Sänger in intimem Rahmen vorgestellt. Was Jaír hier organisiert hat, ist ein Fest für das halbe Dorf. Willkommen in Afrika!

„Olà, Miguel, buen cumpleanos!" Jaír tritt auf uns zu und umarmt Michael. „Hier, frischer Fisch für dich!" Er reicht ihm eine Scheibe Weißbrot, belegt mit einem der herrlich duftenden Fischchen.

„Danke, Jaír. Mmh, ausgezeichnet!"

Emsig verteilen zwei Männer die Fischbrote. Mir läuft das Wasser im Mund zusammen und ich habe das Gefühl, lange nichts mehr so Leckeres gegessen zu haben.

Die Straßenlaternen gehen an und der Dorfplatz füllt sich. Ich genieße bereits mein drittes Fischbrötchen, und noch immer legt der Mann am Grill nach.

„Lass uns doch die Fische an die Menschen hier verteilen", schlage ich Michael vor. Sofort schnappen sich die Kinder die Brote und mischen sich unter die Einheimischen.

Ich hänge mich bei Michael unter und führe ihn auf die Terrasse. An der Längsseite stehen vier Musiker, eingerahmt von großen Verstärkerboxen.

„Kapverdische Musik." Sichtlich stolz zeigt Jaír auf die Männerband, die aus dem Keybordspieler, einem Bassisten, einem E-Gitarristen und einem Schlagzeug besteht. Ich lächle und nicke ihm zu. Bei moderater Lautstärke ist die Musik tatsächlich gut, zwar nicht gerade traditionell, wie ich gehofft hatte, aber die Stimmung ist fröhlich.

An der Vorderfront der Terrasse steht ein langer Tisch mit Plastikstühlen und Plastikgeschirr. Jaír weist darauf. „Setzt euch!"

Gemeinsam mit der FELBA-Crew und Samuel, Michaels fünfzehnjährigem Patensohn, der uns für zwei Wochen besucht, nehmen wir Platz und schlagen uns in den folgenden zwei Stunden die Bäuche voll mit Pizza, Salat, Fleisch, einem Bohnengericht aus roten Bohnen, Süßkartoffeln und einer Art Eintopf. Jaírs Familie gesellt sich dazu, Freunde schauen vorbei, es ist ein buntes Kommen und Gehen.

Eigentlich sind wir schon längst satt, als Jaír mit seinem Trumpf aufkreuzt: Einer dreistöckigen, weißen Torte. Zuoberst prangt eine goldene 50, und zahlreiche Kerzen stecken darum herum. Wir stimmen ein „Happy Birthday" an, die Band fällt mit ein. Bevor wir uns überessen, schwärmen die Kinder wieder aus und verteilen Pizza, Fleisch und Torte an die vielen Einheimischen, die auf dem Dorfplatz die Musik genießen. Denn, so lernen wir rasch, wo auf den Kapverden Musik gemacht wird, dort wird gefeiert! Und wir lernen ebenso rasch, dass die Kapverdier immer einen Grund zum Feiern finden.

Plötzlich steht Michael auf. Er ergreift das Mikrofon, die Musik verstummt. Er räuspert sich, dann beginnt er zu singen. Ich lehne mich zurück und lächle. Lange ist es her, seit ich ihn habe singen hören, viel zu lange. Bevor wir zu unserer Reise aufgebrochen sind, hat er oft gesungen, auf verschiedenen Bühnen als Musicaldarsteller, in kleinen Ensembles auf Hochzeiten und Geburtstagen. Die Geburtstagsgäste lauschen andächtig und brechen in jubelndes Klatschen aus, als er endet. Ich spüre, dass er glücklich ist – glücklich, wieder singen zu können. Und wenn es nur ein paar wenige Lieder sind auf einer Terrasse auf den Kapverden.

Schweißen, Schlei-fen, Streichen

Trinidad, September 17

Vom Singen sind wir im September 2017 auf Trinidad mei-lenweit entfernt. Der Dockalltag hat uns bereits am ersten Tag fest im Griff, und vor lauter Arbeit wissen wir erst mal nicht, wo wir beginnen sollen.

„Wenn ich mir unsere Liste mit allen Arbeiten anschaue, die wir hier machen lassen wollen, dann fürchte ich, dass wir länger als die geplanten vier Wochen damit beschäftigt sein werden." Ich öffne die Augen und suche Michaels Blick. Er sitzt mir im Cockpit gegenüber und hat mir soeben unsere Arbeitsliste vorgelesen.

„Schau, wie jedes Mal müssen wir auch diesmal wieder Prioritäten setzen. Zuerst nehmen wir in Angriff, was wirk-lich wichtig ist, die Need-to-do-Dinge. Wenn wir dann noch Energie, Zeit und Geld haben, lassen wir die Nice-to-ha-ve-Dinge machen."

„Stimmt. Also, dann beginnen wir mit dem Unterwasser-schiff. Dort schleifen wir alle rostigen Stellen an und ma-chen einen neuen Farbaufbau. Das machen wir selbst. Primer und Antifouling auftragen können wir dann ja der Werft übergeben."

„Einverstanden. Vielleicht sollten wir zu aller erst den neuen Borddurchlass für den Wassermacher bohren, den Stahl dort müssen wir ja auch streichen."

„Richtig. Und auch ganz vorne stehen die Schweißarbeiten: die Bugrolle für den Delta-Anker und der neue Rahmen für die Salonluke."

„Ich würde sagen, das reicht bereits fürs Erste. Damit geschweißt werden kann, müssen wir die Deckenverkleidung im Salon entfernen, das ist viel Arbeit."

„Und viel Schmutz." Unwillkürlich schüttle ich mich. Den Dreck, den die Arbeiten am Schiff immer verursachen, finde ich am anstrengendsten, vor allem, weil wir ja weiterhin auf der PINUT wohnen. „Aber weißt du was? Wir können ja schon mal eine Offerte für die neuen Cockpitpolsterbezüge einholen. Der Stoff der alten ist an vielen Stellen so dünn, dass er bald reißen wird."

Schließlich einigen wir uns darauf, dass wir den heutigen Vormittag damit verbringen werden, von Arbeiter zu Arbeiter zu wandern, um Offerten einzuholen.

„Wo sind eigentlich die Kinder?" Michael blickt sich um.

„Saskia wird im Internetraum sein und die anderen wollten zur APATIKI gehen." Die APATIKI ist der Warran-Katamaran von Alice und Hannes. Nach zwei Mastbrüchen steht sie nun seit bald einem Jahr hier und wartet auf die neuen Masten.

„Also dann, lass uns beginnen." Michael wischt sich den Schweiß von der Stirn. Es ist erst zehn Uhr morgens, aber die Luft steht im Cockpit und die Sonne brennt schon kräftig vom wolkenlosen Himmel. Ein regelmäßiges Klopfgeräusch hängt über dem Platz, hin und wieder fährt ein Auto am Schiff vorbei, in der Ferne piepst der Kran.

Zwei Stunden später stehen wir vor der PINUT, bewaffnet mit Arbeitshandschuhen, Winkelschleifer und Zweikomponentenprimer. Wir untersuchen das Unterwasserschiff akribisch auf Roststellen, schleifen sie weg und pinseln die Farbe darauf. Das ist mehr Arbeit als erwartet. Alles in allem sehen Bauch und Kiel unseres Schiffes zwar gut aus, aber bei genauerem Hinsehen kommen doch schon wieder viele kleine Stellen zum Vorschein, die behandelt werden wollen.

Obwohl ich gerne handwerklich arbeite, wünsche ich mir in seltenen Momenten, wir hätten kein Stahlschiff. Irgendwas anderes, vielleicht Alu, aber kein Stahl. Die PINUT ist 42 Jahre alt und es gibt sowohl innen als auch außen am Schiff Stellen, an die wir nicht rankommen und die munter vor sich hin rosten. Entweder, die Stellen sind so verwinkelt, dass wir sie weder mit der Schleifmaschine noch mit Hammer und Meißel bearbeiten können, oder sie befinden sich an Orten im Schiff, für die man halb so groß und dreimal so gelenkig sein müsste wie wir es sind. Darum sieht die PINUT bereits nach dem ersten Segeltörn nach jeder Einwasserung wieder ziemlich alt aus mit Rosttränen, die über den frischen Lack am Rumpf laufen. Manchmal beneide ich darum die Eigentümer von pflegeleichteren GFK- oder Aluyachten. Aber wenn ich vom kosmetischen Aspekt absehe und dann auf hoher See unsere PINUT segle, habe ich vollstes Vertrauen in sie, fühle mich sicher und geborgen und würde sie nie gegen ein anderes Schiff eintauschen wollen. Höchstens vielleicht gegen eine größere Stahlyacht, in der jedes Crewmitglied seinen eigenen Rückzugbereich hätte, denn daran mangelt es inzwischen auf der PINUT.

„Hallo Mama, kann ich was helfen?" Seraina steht neben mir und schaut mir beim Pinseln zu.

„Hallo, Seraina. Ja, du kannst die Opferanoden abschrauben. Maulschlüssel findest du in der Werkzeugkiste im Cockpit."

„Mach ich!" Flink klettert sie die Leiter hinauf und ist sogleich an Deck verschwunden.

Als sie zurückkommt, hat sie ihre Haare zu einem Dutt am Kopf aufgedreht und sich mit vier verschiedenen Maulschlüsseln bewaffnet. Unverzüglich beginnt sie zu schrauben.

„Seraina? Bist du da?" Kians Stimme durchbricht die träge Mittagsstille, die sich übers Dock gelegt hat.

„Kian, ich bin hier, hinter dem Schiff!"

Der Junge lugt ums Schiff herum. „Kommst du wieder? Wir warten auf dich."

„Ich hab' keine Lust mehr. Ich helf' jetzt hier mit."

„Und wann kommst du wieder? Wir können dann ja weiterspielen."

„Ich weiß noch nicht. Ich schraub' jetzt erst mal diese Anoden ab."

Kian druckst noch ein wenig herum, dann zottelt er langsam ab. Kurz darauf höre ich Jonas und Ursina. „Hier, hier können wir das machen, hier haben wir Wasser und einen Schlauch."

Ich höre Wasser plätschern und luge vorsichtig ums Schiff herum. Gemeinsam mit Kian und Liam stehen sie neben der PINUT. Ursina hält unseren Schlauch in der Hand, während Jonas versucht, einen Ballon über das offene Schlauchende zu stülpen. Rasch weiche ich zurück, bevor mich die Kinder entdecken. Zwar weiß ich, dass Wasser hier kostbar ist, aber ihnen jetzt den Spaß zu verderben fällt mir schwer. Und letztlich bin ich froh, wenn sie sich selbst beschäftigen und Michael und ich gemeinsam arbeiten können.

Wir kommen zügig voran. Die Werftarbeiter sind zuverlässig, sei es Jaggi der Schweißer, der sich am Rahmen unserer Salonluke die Zähne ausbeißt, Ricky, dem wir die Rumpfarbeiten wie Antifouling übertragen haben, Jonas der Rigger oder Shawn, der uns neue Cockpitpolsterbezüge, Lukenabdeckungen und Regenteile fürs Bimini näht und die

Fock kürzt, weil das neue Terminal des Vorstags länger ist als das alte.

„Diesmal läuft es super auf dem Dock. Wir haben in kurzer Zeit mehr Arbeiten erledigt als auf La Palma." Zufrieden genießt Michael sein Feierabendbier. Wir sitzen auf Stufen, die am Rande der Pier ins Hafenbecken hinabführen, und lassen unsere Blicke über die ankernden Yachten schweifen. Die Sonne wirft verschwenderisch kräftige Rot- und Orangetöne über die fast spiegelglatte Wasseroberfläche, es riecht nach Pommes. Die geschäftige Betriebsamkeit des Tages ist entspannter Ruhe gewichen. Überall sitzen und stehen Menschen zusammen, Arbeiter, Yachteigner und Crew, man trinkt ein Bier oder stößt bei einem Glas Wein an.

„Ja, ich bin sehr froh darüber. In zehn Tagen fliegen wir, es wäre super, wenn wir bis dahin alle großen Arbeiten abschließen könnten, damit wir nach unserer Rückkehr Anfang Dezember möglichst rasch ins Wasser können. Ich mag Weihnachten nicht auf dem Dock feiern."

„Bloß nicht!" Entsetzt schaut mich Michael an. „Aber das müssen wir auch nicht. Kleinere Arbeiten können wir ja auch noch im Wasser erledigen."

„Hier seid ihr!" Saskia kommt auf einem Roller angefahren. „Wir haben euch schon überall gesucht! Ursina möchte fragen, ob sie auf der APATIKI schlafen darf. Und Jonas will auch, aber ich weiß nicht, ob Alice damit einverstanden ist. Ach ja, und was gibt es zum Abendessen?"

„Hallo Saskia. Wegen Übernachtung müsst ihr zuerst Alice fragen. Für uns ist es okay, wenn beide auf der APATIKI übernachten."

„Und zum Abendessen gibt's Riz Casimir", fügt Michael hinzu.

„Mh, lecker! Okay, ich geh' zurück zu den Kids, tschüss!"

„Weg ist sie. Wie viel einfacher doch alles ist, wenn andere Kinder in der Nähe sind!" Lächelnd blicke ich Saskia nach.

„Allerdings. Vielleicht können wir ja gemeinsam weitersegeln. Lass uns doch mal mit Hannes und Alice zu Abendessen und über ihre Pläne reden."

„Gute Idee. Und die Mädchen können auf Liam und Kian
aufpassen."

Wir sind immer gern mit anderen Booten gereist, haben
allerdings leider nicht sehr oft die Gelegenheit dazu gehabt.
Denn Segler sind Individualisten, bei allem Gemeinschafts-
geist, und jeder hat seine eigenen Ziele und Zeitpläne. So
war es auch auf Sal, als wir unbedingt weitersegeln wollten,
während die FELBA auf weniger Wind gewartet hat.

Zu zehnt hart am Wind

Sal - Sao Vicente, August 16

„Und ihr seid ganz sicher, dass ihr nicht auch fahrt?" Mit leichtem Bedauern blicke ich von Ute zu Valentin.

Valentin nickt heftig. „Ja. Für uns ist das zu viel Wind. Die FELBA segelt schlecht hoch am Wind, ich brauch' das nicht!"

Ich spüre, dass jeder Versuch, die beiden umzustimmen, ins Leere laufen würde. Also finde ich mich damit ab, dass die PINUT alleine von Sal nach Sao Vicente mit Ziel Mindelo segeln wird. „Und ihr seid uns nicht böse, dass wir Horst und Gudrun mitnehmen?"

Ute lächelt und schüttelt den Kopf. „Nein. Ich verstehe, dass sie noch was anderes sehen wollen als Sal. Sie müssen ja bald wieder zurückfliegen nach Österreich." Ihre Stimme klingt fest, sie blickt mir direkt in die Augen.

Erleichtert stehe ich auf. Einerseits freue ich mich darüber, dass wir auf dem voraussichtlich eher rauen Törn Horst als erfahrenen Segler an Bord haben werden, gleichzeitig habe ich ein schlechtes Gewissen, der FELBA ihre Crew abgeworben zu haben. Aber Ute und Valentin scheinen ganz glücklich darüber zu sein, wieder mehr Zeit für sich zu haben.

„Wir legen morgen gegen acht ab." Ich umarme Ute.

„Genießt Mindelo! Und meldet euch, wenn ihr angekommen seid!"

„Alles klar bei dir, Samuel?"

Der schlaksige Junge mit dem dunkelblonden, kinnlangen Haar wirkt ein wenig unsicher, wie er zwischen unseren Kindern an der Reling steht und auf die Wellen schaut, die in die weite Bucht vor Palmeira rollen.

„Ja." Er lässt die Wellen nicht aus den Augen.

„Sag, wenn du was brauchst." Ich nicke ihm zu und steige zurück ins Cockpit.

„Tragen die Kinder keine Schwimmwesten?" Überrascht beobachtet Gudrun Jonas und Ursina, die vorne im Bug stehen und das sanfte Wellenreiten sichtlich genießen.

„Nein. Sie gehen nur an Deck, wenn es kaum Seegang hat, sonst bleiben sie von selbst im Cockpit oder unter Deck. Sie könnten sich mit ihrer Lifeline ins Strecktau einpicken, wenn sie sich bei mehr Welle draußen aufhalten wollten, aber das mögen sie nicht." Ich grinse und bin dankbar für dieses Verhalten der Kinder. Wir haben noch nie Diskussionen darüber gehabt, ob sie an Deck gehen dürfen oder nicht. Offensichtlich spüren sie sehr gut, wann es für sie riskant wird.

„Und wird niemand seekrank?"

„Doch. Je nach Seegang halt. Jonas erwischt es fast immer, Ursina auch. Aber nach wenigen Tagen gibt sich das wieder. Wenn wir einen unruhigen Törn erwarten, verteilen wir Tabletten gegen Seekrankheit. Ach ja, Michael, hast du Samuel auch eine Tablette gegeben?"

„Ich hab' ihm eine angeboten, aber er wollte keine." Michael steht auf dem Achterdeck, den Blick zurück auf den kleinen Hafen von Palmeira gerichtet.

„Hm." Es wäre mir lieber, Samuel hätte das Medikament genommen. Unsere Kids wissen inzwischen aus Erfahrung, wann es ratsam ist die Tabletten zu nehmen, aber Samuel ist zum ersten Mal in seinem Leben auf einem Segelschiff. Und ausgerechnet dieser Törn wird wohl eher unsanft werden. Ich seufze innerlich und wünsche ihm im Stillen alles Gute für die kommenden 24 Stunden. Rund 120 Seemeilen liegen vor uns.

Ich habe mich nicht getäuscht. Kaum haben wir die Bucht verlassen, tauchen alle Kinder im Cockpit auf. Samuel ist ein wenig blass um die Nase, die PINUT wird bereits ordentlich durchgeschüttelt. Zu siebt drängen wir uns auf den Cockpit-bänken, während es sich Jonas und Ursina auf dem breiten Salonbett gemütlich machen, das wir eigentlich für Horst und Gudrun vorbereitet haben.

Aber die beiden bleiben lieber an der frischen Luft. Horst, der alte Seebär, hat viermal alleine den Atlantik überquert, aber Gudrun verfügt noch über wenig Segelerfahrung. Mit großen, wachen Augen sitzt sie eng an Horst gedrückt und beobachtet Rahel und Seraina, die sich gegenseitig Witze er-zählen.

Samuel sitzt zusammengesunken daneben und wird immer blasser. Als er den Kopf hebt und seine Augen hektisch im Cockpit hin- und herwandern, reiche ich ihm einen klei-nen Kotzkübel. Rahel und Seraina halten sich die Ohren zu, ich kann mir ein Grinsen nicht verkneifen. Obwohl mir jeder Leid tut, der unter Übelkeit auf See leidet, gehört sie einfach zum Segeln dazu, und es ist spannend zu beobachten, dass sich jeder Leidende gleich verhält. Erst wird er unruhig, dann übergibt er sich, und danach kommt die große Erleich-terung. Die steht jetzt auch Samuel ins Gesicht geschrieben, als er mir ein wenig verlegen den Kübel zurückgibt. Ich gie-ße Salzwasser hinein und kippe den Inhalt über Bord.

Der Seegang nimmt zu und der Kübel dreht seine Runde durchs Cockpit, denn auch Rahel und Seraina kämpfen nun mit der Unzulänglichkeit ihres Gleichgewichtssinnes. Samuel hat sich in seine Kajüte zurückgezogen, wir werden während der nächsten 20 Stunden nichts mehr von ihm sehen und hören. Saskia schläft unten, Jonas und Ursina auch. Über den Linseneintopf, den ich noch auf Sal vorbereitet habe, freuen sich nur Michael, Horst und ich – Gudrun verzichtet mit starrer Miene.

„Lasst ihr den Autopiloten immer mitlaufen?" Horst sitzt entspannt, seine Gudrun im Arm.

Michael runzelt die Stirn. „Klar. Du kannst aber auch gerne steuern, wenn du willst."

Horst schüttelt sein graues Haar und zwirbelt den ebenso grauen Schnurrbart. „Auf Am-Wind-Kurs brauchst du den Autopiloten nicht. Die Yacht luvt von sich aus an und hält so den Kurs."

„Echt?" Ungläubig schaue ich den kleinen Mann mit dem faltendurchzogenen Gesicht an.

„Natürlich!" Er steht auf und drückt die Standby-Taste. Gespannt blicke ich auf die Windanzeige. Die PINUT luvt an, der Windwinkel wird spitzer. Für einen kurzen Moment fürchte ich, dass das Boot durch den Wind gehen wird, doch dann gibt es nach und fällt auf den alten Kurs zurück. Das Ganze wiederholt sich mehrmals und ich entdecke, dass die PINUT nie mehr als auf knapp 40° anluvt, bevor sie wieder abfällt. Ein Blick auf den Kartenplotter verrät mir, dass wir so den Kurs zwar nicht ganz so hoch fahren können wie unter Autopilot, aber für die Steuerung ist es so weniger belastend.

„Ist ja genial!" Michael wirkt genauso begeistert wie ich. Er fixiert die rote Linie auf dem Plotter, welche die Fahrtrichtung angibt. „Eine Weile können wir so fahren, dann müssen wir eh wenden, wenn wir nicht auf Sao Nicolao auflaufen wollen."

„Wann, meinst du, sollten wir wenden?"

Er wirft einen Blick aufs GPS. Wir rauschen mit sechs Knoten dahin, schnelle Fahrt für unser schweres Schiff. „Ich würde sagen in rund zwei Stunden."

„Okay, dann leg' ich mich solange aufs Ohr, einverstanden?"

„Klar. Schlaf gut, mein Liebling!" Er gibt mir einen Kuss auf die Stirn und ich verkrieche mich in meine Koje.

Mein Handywecker reißt mich aus einem unruhigen Schlaf. Verschwitzt schäle ich mich aus meiner Bettdecke und strecke den Kopf ins Cockpit. Die Luft ist feucht und kühl. Bevor ich die Kajüte verlasse, steige ich in die Segelhose und ziehe einen Pullover über.

Die Sonne ist untergegangen und hat einen rot-orangen Schimmer am Himmel hinterlassen, durch den hell leuchtende Wolkenfetzen ziehen. Außer Ursina, die sich in der Nähe des Steuerrades in die Ecke gequetscht hat, sind alle Kinder unter Deck. Gudrun lehnt noch immer an Horsts Schulter, Michael sitzt mit ausgestreckten Beinen auf der gegenüberliegenden Bank.

„Na, gut geschlafen?" Michael blinzelt mir zu.

„Naja, geht so."

Es ist laut hier oben. Der Wind pfeift durch die Wanten und ich habe das Gefühl, wir müssten bald abheben, so schnell klingt die Fahrt. Doch das GPS pendelt zwischen fünfeinhalb und sechs Knoten. Eine überdurchschnittlich hohe Welle hebt die PINUT in die Höhe und lässt sie krachend wieder hinunter. Wasser spült übers Deck. Ich klammere mich an die Stange in der Mitte des Cockpits. Ich mag Am-Wind-Segeln, aber bitte mit etwas weniger Welle!

„Bist du schon soweit fürs Manöver, oder musst du noch ein wenig aufwachen?" Michael steht vor dem Kartenplotter.

Ich schüttle den Kopf. „Nein, ist okay, ich bin wach genug." Langsam streife ich die Seglerhandschuhe über und greife nach der Genuaschot. Um eine Wende zu fahren, müssen wir die Genua ganz bergen, da sie sonst nicht an der Fock vorbeikommt.

„Genua ist drin!", höre ich Michael rufen. Vier Knoten. Hoffentlich reicht das Tempo, um das Schiff ohne Motor durch den Wind zu bringen. Ich luve 30° an. Dreieinhalb Knoten. Das Groß killt. Drei Knoten, zweieinhalb. Ich beobachte den Baum und hoffe, dass er endlich die Seite wechselt, aber nichts geschieht.

„Es reicht nicht, wir müssen motoren!" Michael muss dasselbe gedacht haben, denn bevor ich verstumme, dreht er bereits den Zündschlüssel.

Wenige Minuten später ist das Manöver beendet und die PINUT nimmt wieder Fahrt auf.

„Aber wohin fahren wir denn jetzt?" Entgeistert starrt Michael auf den Plotter. Die rote Linie zeigt wieder zurück. „Was ist denn da passiert? Wir haben doch einen Windwinkel von etwa 40°, das macht einen Wendewinkel von 80°. Jetzt haben wir aber um fast 180° gedreht." Verständnislos schüttelt er den Kopf.

„Das ist der Einfluss der Welle. Der Plotter zeigt ja nicht die Bugrichtung des Schiffes an, sondern die Fahrt samt Abdrift." Horst kratzt sich am Kopf.

„Und was machen wir nun?" Ratlos blicke ich ihn an. Auf dem alten Kurs können wir nicht weitersegeln, denn dann fahren wir genau auf die Nordküste Sao Nicolaos zu. Dort gibt es nichts, keinen Hafen, keinen Ankerplatz, da es die Luvseite der Insel ist und der Passatwind mit ganzer Kraft gegen die Küste bläst.

Horst räuspert sich. „Wir können versuchen, noch ein bisschen höher an den Wind zu gehen. Wenn wir schon nur zwanzig Grad mehr nach Norden segeln können als vorhin, kommen wir von der Insel frei und können nachher wieder wenden."

Wortlos korrigiert Michael den Kurs, erst um fünf Grad, dann nochmals um fünf. „Mehr geht nicht, sonst stehen die Segeln nicht mehr." Er kneift die Augen zusammen. „Immerhin segeln wir nun nicht genau zurück. Vielleicht dreht der Wind ja noch ein wenig und wir können noch mehr Nord machen", versuche ich ihn aufzumuntern.

Die Taktik geht auf. Ganz sachte gelingt es uns, die PINUT immer mehr nach Norden zu richten. Vier Stunden später fahren wir die zweite Wende und können nur direkt Kurs auf unseren Wegpunkt nördlich von Sao Vicente halten.

Erleichtert lehne ich mich zurück und betrachte den Sternenhimmel, der sich über uns ausbreitet. Der Wind pfeift noch immer, aber inzwischen habe ich mich an die Geräuschkulisse gewöhnt. Ich lasse mich schaukeln, höre den Wellen zu, die auf unser Schiff zubrausen, und beobachte das Positionslicht, das schwankende Kreise in den Nachthimmel zeichnet. Es geht mir gut.

„Habt ihr bemerkt, dass eure Windanzeige nicht funktioniert?" Horsts Mitteilung holt meine Gedanken zurück ins Cockpit.

Irritiert studiere ich die Anzeige, die in der Dunkelheit schwach orange leuchtet. 0.0 Knoten, und die Striche für die Windrichtung bleiben hartnäckig auf Süd. Dabei haben wir nun fast exakt Nordwind. „Wie kann das sein? Vorhin hat sie doch noch gestimmt."

„Wie alt ist sie?" Ich spüre Horsts Blick auf meinem Gesicht und zucke die Schultern, wohl wissend, dass er es in der Dunkelheit nicht sehen kann.

„Keine Ahnung. Sie war schon drauf, als wir die PINUT übernommen haben."

„Dann wird sie wohl einfach zu alt sein", mutmaßt Horst. „Aber das macht nichts. Man braucht zum Segeln sowieso keinen Windmesser."

„Ist das dein Ernst?" Neugierig richte ich mich auf.

„Natürlich. Was sagt die Windgeschwindigkeit denn schon aus? Sie ist erst nützlich in Verbindung mit anderen Größen wie Windrichtung, Wellenhöhe und -länge, Geschwindigkeit des Schiffes. Viel wichtiger als ein exakter Wert ist Hören und Spüren. Du kennst deine Yacht und fühlst, ob das Tempo noch stimmt oder ob sie zu schnell wird. Oder ob die Materialbelastung zu hoch wird. Und wenn Flaute ist, merkst du es auch, dazu brauchst du keine Windanzeige!"

Nachdenklich fixiere ich den Verklicker auf der Mastspitze, der, ganz ohne Elektronik, die Windrichtung anzeigt. „Du hast Recht. Wir müssen wissen, woher der Wind weht, aber die exakte Stärke kann uns egal sein."

Diese Erkenntnis fühlt sich gut an. Einen Moment lang habe ich bereits Ausgaben für eine neue Windmesseinheit auf uns zukommen sehen. Vor Aufbruch auf die Kapverden haben wir auf La Palma, als die PINUT auf dem Trockenen gestanden ist, viel Geld investiert. Ich bin froh, wenn wir in den kommenden Monaten nichts mehr fürs Schiff ausgeben müssen.

„Kinder, bald haben wir es geschafft! Dort vorne ist der Vogelfelsen, und dahinter das Hafenbecken von Mindelo!"

Michaels Ruf lockt die Kinderschar ins Cockpit. Auch Samuel erscheint, etwas zerknittert zwar, aber nicht mehr so bleich wie gestern.

Vor uns liegt eine markante kleine Insel, der sogenannte Vogelfelsen, der zahlreichen Vögeln als Brutplatz dient und unter Naturschutz steht. Dahinter zeichnet sich unter einer Dunstglocke Mindelo ab. Linkerhand liegen einige Frachtschiffe vor Anker, riesig, mit Platz für mehrere Hundert Container. Rechts sind filigran die hellen Masten der Segelboote auszumachen.

„Was ist das dort?" Rahel deutet mit der Hand auf einen hellen Streifen zwischen den Tankern und den Masten.

„Das ist der Stadtstrand von Mindelo."

„Was? So schöner, heller Sand? Das ist ja super! Können wir da gleich hingehen?" Aufgeregt hüpft sie auf und ab.

Ich streiche mit der Hand über ihr zerzaustes Haar und lächle. „Erst müssen wir bei Immigration und Zoll vorbei. Aber danach können wir schauen gehen."

„Och, warum schon wieder Zoll und Dingsbums? Das haben wir doch erst gemacht!"

„Ich weiß. Aber auf den Kapverden müssen wir uns auf jeder neuen Insel wieder neu anmelden."

„So ein Mist. Wozu soll das denn gut sein?" Sichtlich verärgert schüttelt sie ihre dunkelblonde Mähne.

„Ich weiß es auch nicht. Ist halt so." Damit schließe ich die Diskussion und wende mich den Fendern zu. „Hilfst du mir? Wir hängen auf jede Seite vier Fender, denn wir wissen noch nicht, wie die Situation in der Marina sein wird. Oder hast du von der Marina irgendwelche Infos bekommen?"

Meine Frage richtet sich an Michael, der am Steuer steht. Eine Hand liegt am Gashebel, und angestrengt blickt er nach vorn.

„Was ist los?" Ich erkenne an seiner angespannten Haltung, dass irgend etwas nicht stimmt.

„Wir haben starken Gegenstrom. Jetzt fahren wir schon mit fast 2'000 Touren und machen kaum drei Knoten Fahrt. Es fühlt sich an, als ob uns eine unsichtbare Hand zurückhält."

Unwillkürlich schaudere ich. Die Situation gefällt mir nicht sonderlich. Links von uns ist die Küste, rechts dieser hohe Vogelfelsen, der beim Näherkommen immer bedrohlicher wirkt. Der Motor brummt laut vor sich hin und die PINUT stampft sich in der Strömung fest.

Nach einer halben Stunde ist der Spuk vorbei. Michael drosselt den Motor, und wir laufen mit fast vier Knoten auf die Marina zu.

„Der Wind ist zu stark, um in eine Box zu manövrieren."
Michaels Stimme klingt ein wenig besorgt. „Schau mal, hier.
Da ist ein langer Steg, wir machen hier längsseits fest. Etwas
anderes schaffen wir nicht mit diesem Wind."

Mein Blick folgt seinem Finger auf dem Kartenplotter.
„Okay, dann hängen wir die Fender alle nach steuerbord und
die Festmacher auch."

„Marina Mindelo, Marina Mindelo, Marina Mindelo, this
is Sailing Vessel PINUT, PINUT, PINUT, do you read me? Over."

Auf Michaels Funkspruch meldet sich eine Frauenstimme.
Michael erklärt der Dame unsere Situation, Langkieler ohne
Bugstrahlruder, und dass wir unmöglich woanders anlegen
können als an diesem Steg. Sie verspricht, zwei Marineros
hinzuschicken.

Das Anlegen gelingt, und wir versammeln uns alle auf der
schwimmenden Terrasse der Marina-Bar zu Bier und Saft.
Müde, erschöpft, aber erleichtert und fröhlich sitzen wir zusammen, lassen den Törn Revue passieren und freuen uns
darauf, Mindelo zu erkunden.

Horst und Gudrun ziehen kurz darauf los und quartieren
sich in einem kleinen Hotel unweit der Marina ein. Die PINUT
ist definitiv zu klein für zehn Personen, und eine schlaflose
Nacht reicht.

(Schul)Unterricht auf Reisen

Trinidad, Oktober 17

Obwohl der Törn von Sal nach Mindelo anstrengend war, sehne ich mich danach zurück: Nach den Schiffsbewegungen, dem Wind im Gesicht, die Augen auf den Horizont gerichtet, ein unbekanntes Ziel vor mir. Doch statt Seewasser im Gesicht habe ich Farbspritzer auf meinen Armen, die sich einfach nicht wegwaschen lassen wollen. Dieser aluminiumhaltige Primer ist zwar ein Segen für unser Unterwasserschiff, aber Gift für die Haut. Meine Unterarme sind krebsrot und die Haut brennt. Ich klopfe die Bürste ab und drehe den Wasserhahn zu. Den Rest kratze ich heute Abend unter der Dusche ab.

Geblendet kneife ich die Augen zusammen, als ich aus der Toilette ins Freie trete. Die Mittagshitze flimmert über der Asphaltfläche des Trockendocks und mir rinnt der Schweiß in kleinen Bächen in den Ausschnitt meines farbbekleksten T-Shirts. Das Unterwasserschiff der PINUT glänzt bis zur Hälfte silbern, inklusive der Borddurchlässe.

Ich brauche eine Pause und ein kaltes Kokosnusswasser. Im Dockladen stoße ich auf Alice, Kian und Liam, die eifrig miteinander verhandeln.

„Aber zehn Pappbecher reichen nicht. Ich will zwanzig mitnehmen."

„Meinst du, du verkaufst so viele?" Alice zögert.

„Bestimmt!" Kian nickt heftig mit dem Kopf.

„Mama, ich will das mitnehmen!" Liam kommt mit einem Päckchen mit Nüssen und getrockneten Fruchstücken angelaufen.

„Hallo ihr drei. Was habt ihr denn vor?"

„Ich will Limo verkaufen, die ich selber mache! Dafür brauche ich Pappbecher. Und Zucker. Limonen haben wir schon." Kians Wangen glühen.

„Mh, das klingt lecker. Wo verkaufst du denn die Limo?"

„Bei der Roti-Hütte. Du kannst in einer halben Stunde vorbeikommen."

„Gut, das werde ich tun." Ich zwinkere Alice zu und hole ein Kokoswasser aus dem Kühlschrank.

„Das ist unsere Art, Unterricht auf Reisen zu machen", erklärt mir Alice, während wir an der Kasse warten.

„Finde ich super. Machen wir auch so. Die Kinder lernen am nachhaltigsten und liebsten durch eigene Aktivitäten, die sie in ihren Alltag integrieren können."

„Ja, diese Erfahrung hab' ich auch gemacht." Alice strahlt. „Aber wie hast du es mit Lesen und Schreiben gemacht? Haben sich deine Kinder einfach irgendwann mal dafür interessiert, oder hast du dich mit ihnen hingesetzt und es ihnen beigebracht? Ich frage, weil Kian überhaupt kein Interesse am Lesen hat und ich finde, er sollte es langsam lernen. Vor allem wäre es auch für uns einfacher, wenn er zwischendurch lesen würde."

„Lass ihm Zeit, das kommt schon. Bei unseren Kindern war es unterschiedlich. Seraina hat sich Lesen und Schreiben vollkommen selbständig beigebracht, wir haben das gar nicht bemerkt. Rahel wollte plötzlich jeden Tag mit mir lesen lernen, bis sie es konnte. Schreiben kann sie auch, aber sie macht es nicht gerne. Ursina hat es auch selber gelernt, und Jonas wollte unterrichtet werden. Vor allem aber haben wir festgestellt, dass die Kinder den Zeitpunkt selbst bestimmen, wann sie dazu bereit sind. Wir sehen es gerade wieder eindrucksvoll in Mathe bei Rahel. Inhalte, mit denen sie sich letztes Jahr auf den Kapverden herumgeschlagen hat, versteht sie nun ganz ohne Schwierigkeiten."

„Das macht mir Mut!" Alice strahlt mich an. Wir haben inzwischen unsere Einkäufe bezahlt und schlendern gemeinsam in Richtung APATIKI. „Ich finde es nicht immer einfach, unserem Weg im frei lernen lassen treu zu bleiben. Vor allem, wenn wir Familien begegnen, deren Kinder Fernunterricht haben und die nach Lehrplan unterrichten. Da kommen dann so Sprüche wie: das sollte er in seinem Alter aber können!"

„Echt? Bei anderen Seglerfamilien ist mir das bisher nicht passiert, eher in unserer Verwandtschaft."

„Ach ja, die Familie!" Alice seufzt. „Die halten uns eh für verrückt."

„Bei mir sind auch nicht alle Familienmitglieder glücklich über unsere Reise. Sie hätten uns halt gern in der Nähe."

„Und du? Hast du kein Heimweh? Ich meine, ihr seid ja jetzt schon seit über vier Jahren unterwegs."

„Doch, ich habe manchmal Heimweh. Es kommt immer ein bisschen darauf an, wie es läuft. Im ersten Jahr, als ich mit den Kindern und dem Boot alleine in Portugal war, während Michael in der Schweiz versucht hat, das Haus zu verkaufen, da hatte ich sehr oft Heimweh. Seit wir gemeinsam unterwegs sind, ist es besser. Auf See habe ich kein Heimweh, und wenn wir neue Länder bereisen auch nicht. Am ehesten dann, wenn Michael im Frühling jeweils alleine in der Schweiz zum Arbeiten ist und ich mit den Kindern auf der PINUT bleibe. Und an den Geburtstagen meiner Familie, die würde ich gerne mit ihnen feiern. Und du?" Aufmerksam betrachte ich das schmale Gesicht mit den dunklen Augen neben mir.

„Wir sind erst im zweiten Jahr unterwegs, und ich vermisse selten jemanden. Allerdings besucht uns meine Mutter über Weihnachten, darauf freue ich mich schon sehr."

„Wie schön! Wir fliegen in einer Woche in die Schweiz für Besuche, das ist zum jährlichen Ritual geworden. Immer im Herbst begleiten wir Michael auf seinem Arbeitseinsatz, das heißt, er arbeitet und wir besuchen Freunde und Familie. Das tut unheimlich gut!"

„Ach, ihr fliegt? Wie lange seid ihr dann weg?" Ich spüre Enttäuschung in Alices Worten.

„Wir kommen Anfang Dezember wieder, also acht Wochen."

„Das ist sicher schön für euch, aber schade für uns. Es tut so gut, endlich wieder andere deutsch sprechende Kinder hier zu haben."

„Ja, geht uns auch so. Was denkst du denn, wie lange ihr noch hier seid?"

Alice zuckt die Schultern und seufzt. „Keine Ahnung. Wir hoffen, dass wir bis Weihnachten weg sind. Wir haben jetzt das Holz für die Masten bestellt, ich hoffe, das kommt in den nächsten Wochen. Wie lange der Bau dann dauern wird, weiß ich nicht." Sie klingt ein wenig frustriert, und ich lege den Arm um ihre Schulter.

„Wollen wir heute Abend einen Elternabend machen mit gemeinsamem Abendessen? So ganz ohne Kids? Unsere Mädels können auf Kian und Liam aufpassen."

Sie dreht den Kopf und blickt mich an. „Corina, das wäre wunderschön! Wir haben seit Ewigkeiten keinen Abend mehr ohne Kinder gehabt."

Ich verstehe sie. Die Jungs sind mit ihren vier und sieben Jahren noch zu jung, um abends alleine zu bleiben. „Weißt du was? Unsere Mädels könnten doch auch tagsüber mal auf deine Jungs aufpassen. Sie könnten zum Beispiel gemeinsam Unterricht machen, das lieben sie eh. Dann hättet Hannes und du ein bisschen Zeit für euch allein."

Alice bleibt stehen und umarmt mich. „Danke, Corina."

„Gerne! Ich freue mich, dass ihr hier seid! Ach ja, am nächsten Dienstagnachmittag brauchen wir euch als Zuhörer."

„Zuhörer?"

„Die Kinder arbeiten an einem Vortrag über Trinidad und Tobago. Sie recherchieren im Internet und machen Interviews mit Seglern, um möglichst viel über die Inseln herauszufinden. Am nächsten Dienstagnachmittag präsentieren sie ihre Recherchen im Raum über dem Laden."

„Machen alle Kinder mit?"

„Jonas traut sich noch nicht. Er will erst mal zuschauen, wie die Mädels das machen. Sie haben sich die Inhalte nach Themen aufgeteilt, sodass jeder sowohl recherchieren und vortragen kann. Wir geben ihnen dann Feedback, und sie können das in einem zweiten Vortrag über Grenada umsetzen. Dort macht Jonas dann vielleicht auch mit."

„Super, wir kommen ganz bestimmt!"

Bisher hat der Unterricht der Kinder während der Zeiten auf dem Trockendock jeweils stagniert. Wir haben schlichtweg zu viel Arbeit mit dem Schiff, als dass wir nebenbei noch unterrichten könnten. Dieses Jahr sind sie jedoch alt genug, um selbständig im Internet arbeiten zu können. Rhetorik und Präsentation ist Teil von Michaels Beruf, und da wir hier die nötige Infrastruktur gefunden haben, können wir die Kinder jetzt in diese Richtung fördern. Denn während des Segelns geht gezielter Unterricht nicht, und wenn wir neue Länder erkunden, ist die Motivation auf beiden Seiten ebenfalls im Keller. Unter dem Strich bleiben nicht viele Gelegenheiten übrig, während derer wir in der Lage sind, als Lehrer und Lehrerin zu fungieren. Manchmal tut mir das

Leid, vor allem für Seraina, die großen Spaß am Lernen und immer viele Fragen hat.

Andererseits funktioniert Lernen ja ehrlich gesagt anders, als es uns das Schulsystem in der Schweiz oder auch in Deutschland weismachen will. Durch harzige Mathestunden in unserem Cockpit gemeinsam mit Saskia habe ich selbst erfahren, wie wenig freudvoll und nachhaltig das Lernen aus Büchern sein kann. Leider lässt sich Mathe nicht wirklich anders vermitteln, jedenfalls nicht ab einer gewissen Stufe. Bei den jüngeren Kindern ist es noch einfach: Die Maßeinheiten lassen sich während des Kochens trainieren, Geldrechnen finden sie im Supermarkt toll und über clevere Tablet-Spiele lernen sie das kleine Einmaleins, ohne es überhaupt zu merken. Aber Bruchrechnen? Oder Algebra? Da fehlt mir selbst der Alltagsbezug, um die Inhalte irgendwie lebendig vermitteln zu können. Bleibt nur das Lernen aus Büchern.

Mathe ist für mich aber auch das einzige Fach, das sich nicht im Vorbeigehen mitnehmen lässt. Das Lesen kommt beim Reisen ganz automatisch. Alleine die Werbung, die überall steht, oder die Straßenschilder auf Landausflügen interessieren die Kinder. Auch gemütliche Tage vor Anker bieten einen guten Boden für Leseaktivitäten. Anfangs hat Saskia als Älteste ihren Geschwistern vorgelesen, dann hat Seraina das Amt übernommen, dann Ursina für Jonas, und heute lesen sie alle selber. Geographie, Physik und Chemie begegnen uns als Segler täglich und lassen sich gut strukturieren, und mit Fremdsprachen leben die Kinder sowieso.

Allerdings wissen die Kinder selbst nicht, was sie alles wissen und können, denn wir prüfen sie nicht im schulischen Sinn. Besonders eindrücklich haben wir das bei den Fremdsprachen beobachtet. Lange Zeit haben die Kinder weder Spanisch noch Englisch gesprochen, obwohl sie mit beiden Sprachen regelmäßig konfrontiert gewesen sind. Dann hat Saskia eine Teenager-Clique getroffen, und von einem Tag auf den anderen hat sie sich in Englisch unterhalten. Bei den jüngeren Kindern ist es ähnlich, sobald sie auf fremdsprachige Kinder treffen. Sie wenden frisch und fröhlich alles an, was sie an Wörtern und Sätzen bisher aufgeschnappt haben und trainieren so nicht nur ihren Wortschatz, sondern vor allem auch ihr Sprachgefühl und das Bewusstsein für die Melodie der fremden Sprachen.

Hin und wieder treffen wir auf Familien, die ihre Kinder – oder ihr Kind, denn meistens handelt es sich um Einzelkinder – in den jeweiligen Ländern in die Schule schicken für die Dauer ihres Aufenthalts. Wir machen das nicht. Einerseits haben die Kinder das bisher nicht gewollt, andererseits müssten sie dann in den wesentlichen Fächern auf einem Niveau sein, das ihrem Alter in etwa entspricht, damit sie in einer Klasse dem Unterricht folgen könnten. Das wiederum würde Heimunterricht voraussetzen, den wir ja gerade nicht machen wollen. Jedenfalls nicht nach irgendwelchen Lehrplänen, sondern nach den Interessen und Fähigkeiten der Kinder.

So lernen unsere Kids seit über vier Jahren vollkommen frei. Hin und wieder frage ich mich, wohin sie das führen wird. Werden sie trotzdem, auch ohne Schulbesuch, die Schulabschlüsse machen können, die sie für ihren angestrebten Beruf brauchen werden? Rein theoretisch ist es möglich, denn das Ausbildungssystem weltweit hat sich in den vergangenen zehn Jahren nicht nur stark gewandelt, sondern vor allem auch geöffnet für gerade diese Fälle von Kindern und Jugendlichen, die eben keine Schule besuchen. In Deutschland gibt es das sogenannte Schulfremdenabitur, an dem jeder ab 18 Jahren die Abiturprüfung ablegen kann, ohne jemals einen Fuß in ein Schulzimmer gesetzt zu haben. Die Schweiz, Österreich und England kennen vergleichbare Möglichkeiten. Den Prüfungsstoff muss sich jeder sowieso selbst aneignen, und dass es Wege gibt, die je nach Persönlichkeit besser auf den einzelnen Menschen passen als das traditionelle Schulsystem, dafür gibt es viele beispielhafte Biographien von Freilernern. Hinzu kommt, dass immer mehr Arbeitgeber das Augenmerk weg von Diplomen hin zu außerschulischen Aktivitäten und Fähigkeiten, zu der Frage nach der gemachten Lebenserfahrung; lenken. Und schließlich gibt es seit je her Berufe, für die Schulzeugnisse schlicht nutzlos sind und keinerlei Bedeutung haben wie alle künstlerischen Berufe zum Beispiel. Schauspielerisches oder zeichnerisches Talent, Kreativität oder Sinn für Ästhetik und Design lassen sich nun mal nicht aus Schulbüchern ziehen.

All diese Erkenntnisse, die sich international durchzusetzen beginnen, kommen uns entgegen und stärken unser Vertrauen, dass unsere Kinder auch (oder gerade deshalb?) ohne Schulbesuch ihren beruflichen Weg finden werden. Denn sie sitzen ja nicht den ganzen Tag vor der Playstation (sowas führen wir an Bord nicht), sondern sind immer wieder aufs Neue mit den unterschiedlichsten Herausforderungen konfrontiert. Und außerdem, wie gemeinhin längst bekannt ist: Bildung findet nicht (nur) in der Schule statt, denn Reisen bildet.

Besonders hilfreich sind in dieser Hinsicht natürlich Landausflüge. Ein eindrückliches Erlebnis war die Erkundung der kapverdischen Insel Santo Antao.

Bergdörfer und Gefängnisse

„Seid ihr sicher, dass wir die PINUT hier allein lassen können?" Über Saskias Stirn zieht sich eine tiefe Falte, die grau-grünen Augen sind zusammengekniffen.

Michael zuckt die Schultern. „Nein. Das werden wir erst im Nachhinein wissen."

Saskia schließt den Lukendeckel zum Niedergang, schwingt sich darauf, zieht die Knie zur Brust und schlingt die Arme darum. „Na toll. Wie lange wollt ihr weg sein? Ich könnte mit Guia hierbleiben."

Vehement schüttle ich den Kopf. „Kommt nicht in Frage. Was willst du denn alleine hier?" Ein bisschen bewundere ich den Mut meiner Ältesten, in der für uns alle noch fremden Marina Mindelo in der fremden Stadt alleine bleiben zu wollen. Aber Saskia spricht kein Portugiesisch und auch noch nicht wirklich Englisch und ist mit ihren zwölf Jahren in meinen Augen noch zu jung, um die Verantwortung für den Hund, das Schiff und sich selbst zu übernehmen. Außerdem hätte ich sie gerne mit dabei.

Michael zögert. „Drei Nächte sind das Minimum. Ein Tag Hinfahrt, zwei Tage dort, ein Tag Rückreise."

„Wovon sprecht ihr?" Seraina klettert ins Cockpit, die Hände voller kleiner, weißer Muscheln.

„Wir möchten mit euch einen mehrtägigen Ausflug auf die Nachbarinsel Santo Antao machen."

„Mit dem Schiff?"

„Nein, mit der Fähre."

„Ou ja!" Ein Leuchten erscheint in ihren Augen, und ihre Wangen beginnen zu glühen. Sie liebt Ausflüge aller Art, am besten mit Übernachtung.

„Und wenn ins Schiff eingebrochen wird, während wir weg sind?" Das Thema lässt Saskia keine Ruhe. Wir haben von mehreren Einbrüchen hier in Mindelo in Schiffe auch in der Marina gelesen und gehört und sind zum ersten Mal auf unserer Reise verunsichert. Die wildesten Spekulationen gehen sogar davon aus, dass es Marina-Mitarbeiter selbst sind, die ganz organisiert in Schiffe einbrechen. Mir mutet diese Theorie ein wenig phantastisch an, aber so ganz auszuschließen ist sie vielleicht doch nicht. Ich kenne die kapverdische Kultur noch zu wenig, um mir eine eigene Meinung bilden zu können. Auf Sal haben wir uns rundum sicher gefühlt, auch durch Jaírs Anwesenheit. Hier liegen wir mitten in einer größeren Stadt, in der es gemäß lokaler Nachrichten fast täglich zu Mord und Überfällen kommt und in der – so die jüngsten Einträge auf Noonsite, der Website für Segler weltweit – Kinderbanden durch die Straßen ziehen.

Michael steht auf. „Ich mag mir nicht durch irgendwelche Schwarzmalerei unseren Aufenthalt hier verderben lassen. Wir haben bisher immer wieder erfahren, dass wir unsere eigenen Erfahrungen sammeln müssen und dass sich die häufig von denen anderer unterscheiden. Ich schlage vor, wir machen diesen Ausflug. Wir nehmen unsere Wertsachen mit, das sind ja eh nur unsere Laptops, Handys und das iPad."

„Und den Rest verstecken wir im Backofen. Dort schaut sicher niemand nach." Der Gedanke, dass jemand unsere Sachen durchwühlen könnte, ist zwar unangenehm, aber Michael hat Recht. Ich mag mir auch keine Angst machen lassen.

„Das ist eine gute Idee. Satellitentelefon, Handfunkgerät und das gelbe Ding, das wir nicht anfassen dürfen, wie heißt das schon wieder?" Seraina runzelt die Stirn.

„Epirb?"

„Ja, genau, das Epirb!"

„Wer klaut schon ein Epirb!" Saskia langt sich an den Kopf. „Damit kann doch niemand was anfangen, der nicht segelt."

„Was ist ein Epirb?" Ursina setzt sich auf meinen Schoß.

„Das gelbe Ding in Papas Kästchen, das mit der Klappe, die wir nicht hochheben dürfen, sonst kommt die Seenotrettung", erklärt Seraina eifrig.

„Ein Epirb ist eine Funkbake. Im Notfall können wir damit das Seenotrettungskoordinationszentrum in Bremen kontaktieren, und die schicken dann Rettungsschiffe oder Helikopter zu uns oder informieren andere Schiffe, die in unserer Nähe sind", erläutere ich.

„Ach so, also du meinst, wenn wir untergehen", überlegt Ursina trocken."

„Ja, zum Beispiel."

„Hört auf, das ist nicht lustig!" Saskia springt vom Lukendeckel und funkelt uns wütend an.

„Jedenfalls verstecken wir unsere Sachen im Backofen", versucht Seraina zu schlichten. „Und die Backskisten können wir ja mit den kleinen Schlösschen schließen."

„Wenn einer einbrechen will, dann macht er das auch." Michael streckt sich. „Ich erkundige mich mal, wann die Fähre ablegt."

1. Wohin mit der Bana-
   nenstaude?

2. Rahel mahlt Getreide
   auf See

3. Fenderschaukel auf
   dem Achterdeck

4. PINUT in Aktion

2

5. Wüstenbaum auf Sal, Kapverden
6. Blütenpracht auf Santo Antao, Kapverden
7. Fischerboote im Hafen von Ponta do Sol, Santo Antao

8

9

10

8. Fontainhas, Bergdorf auf Santo Antao
9. Küstenwanderung auf Santo Antao
10. Bergdorf auf Sao Nicolao, Kapverden

11

12

11. Fischzubereitung
    in Palmeira, Sal

12. Strohdachhaus,
    Sao Nicolao

13. Im Strandca-
    fe, Sao Vicente
    Kapverden

14. Straßenverkäu-
    ferinnen, Sal

13

14

15. Eseltreiber in den Bergen, Sao Nicolao

16. Naturbad, Santo Antao

17. Marcello, Gitarrist auf Sao Vicente

18. Markthalle, Sao Vicente

17

18

19

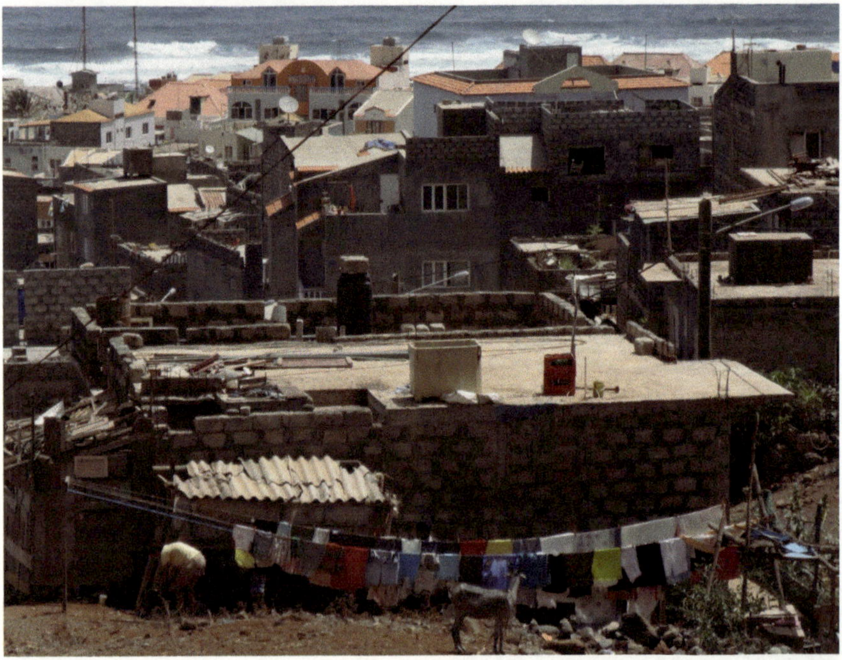

20

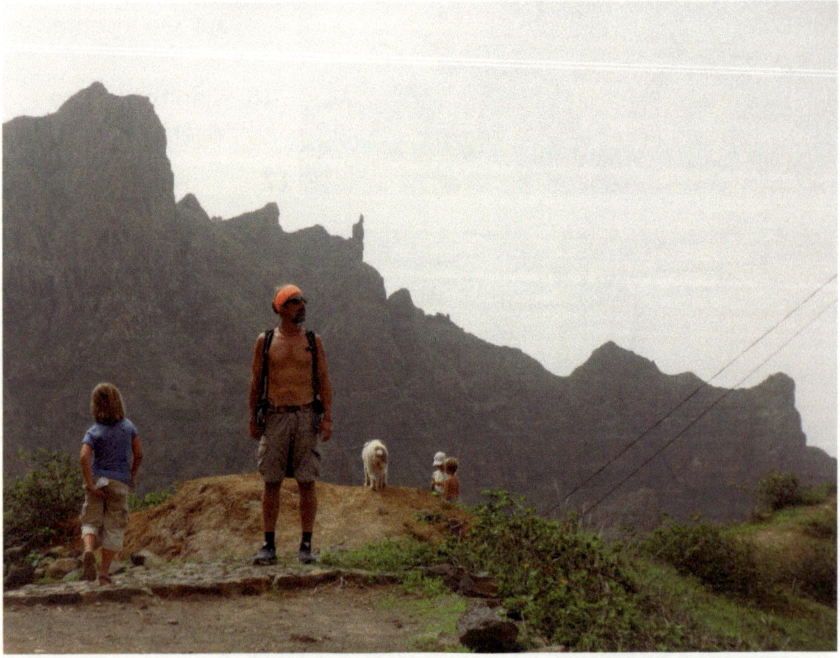

19. Ponta do Sol, Santo Antao
20. Wanderung auf Sao Nicolao

22

21. Seraina an Deck
    auf See

22. Rahel an Deck
    auf See

23. PINUT unter
    Segeln

24. Hissen der kap-
    verdischen Gast-
    landflagge

23

24

25

26

27

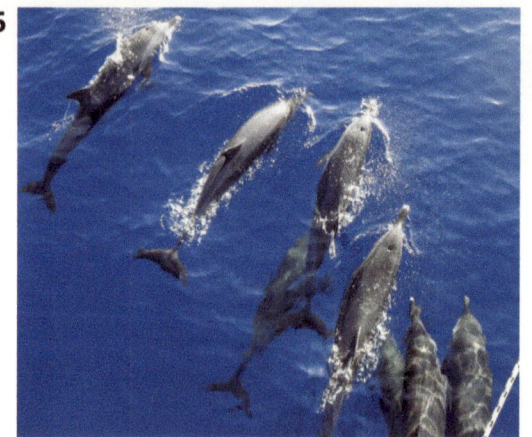

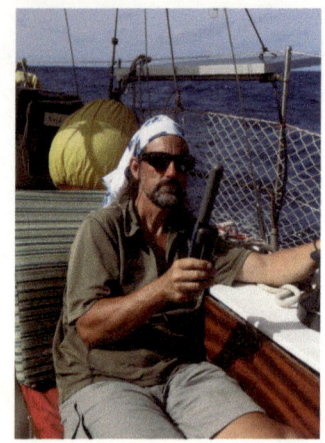

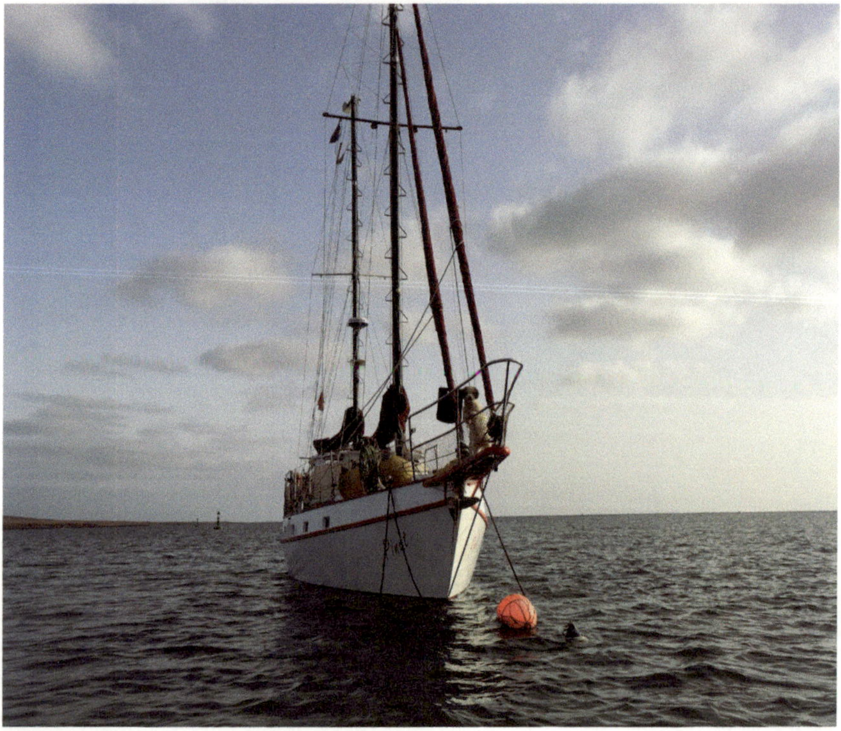

25. Delfine auf dem Weg zu den Kapverden

26. Wetterempfang übers Satellitentelefon

27. Die PINUT an ihrer Mooring vor Palmeira, Sal

Zwei Tage später, um 8.00 Uhr morgens, beschäftigt uns eine viel konkretere Frage als die, ob vielleicht in die PINUT eingebrochen werden könnte. Hunde müssten nämlich eigentlich auf der Fähre in kalte, lieblose Käfige. Wir wollen das Guia nicht antun und schmuggeln sie in einem unbeaufsichtigten Moment in den ersten Stock auf die Passagierterrasse, wo sie die halbstündige Fahrt unter unserer Sitzbank verbringt.

„Hach, tut das gut, mal wieder auf einem Boot zu sein!" witzelt Michael und legt die Arme um mich. Ich lache ihn an und drücke ihn fest an mich. Der Fahrtwind zerzaust sein schulterlanges, schwarzes Haar und kitzelt meinen Hals. Das Stimmengewirr der Mitreisenden dringt gedämpft an mein Ohr, ich atme Michaels Duft ein und bin glücklich.

Auf Santo Antao lassen wir uns von Celso auf die andere Seite der Insel nach Ponta do Sol fahren. Celso ist ein Einheimischer, der als Fremdenführer arbeitet und Gäste in seinem eigenen Wagen herumkutschiert.

Die Landschaft ist sehr kontrastreich: Nach der trockenen, steppenartigen Küstenregion fahren wir in einen stark duftenden Nadelwald, bevor wir durch tiefe Bergtäler mit klaren Flüssen wieder ans Meer gelangen. Wie hingeworfen schaffen weißgetünchte, quadratische Häuschen Akzente an den von Braungrün dominierten Berghängen.

Ponta do Sol ist ein mittelgroßer, lebhafter Küstenort mit einigen Restaurants und zahlreichen Herbergen. Wir lassen uns von Celso beraten und beziehen zwei Zimmer in einem kleinen Hotel. Unser Hauptinteresse gilt einer anderen Ortschaft: Dem kleinen Bergdorf Fontainhas, das auf einem Bergkamm über steilen Klippen liegt und nur zu Fuß zu erreichen ist.

Wir nehmen die Wanderung am nächsten Tag in Angriff. Von der Hauptstraße biegen wir in eine Seitengasse ab. Kinder spielen Ball, auf den Türschwellen der bunt gestrichenen Häuser sitzen Frauen und waschen Wäsche in großen Plastikbecken. Überall winkt man uns zu. Michael kickt den Ball zurück, der ihm vor die Füße rollt, die Kinder freuen sich darüber.

Etwas oberhalb des Ortes kommt uns ein einbeiniger Mann entgegen. Er stützt sich auf zwei hölzerne Krücken, die bis unter die Achseln reichen. Ich grüße freundlich und stapfe langsam weiter, Jonas an der rechten Hand.

„Mama, der arme Mann!" Jonas bleibt stehen und blickt dem Mann nach. „Warum hat er nur ein Bein?"

„Ich weiß es nicht. Vielleicht ist er so zur Welt gekommen. Oder er hat das Bein bei einem Unfall oder durch eine Krankheit verloren."

„Kann man ihm denn nicht helfen?"

„In der Schweiz könnte man eine Prothese machen. Aber hier gibt es das wohl nicht. Und wenn, dann nur für ganz reiche Menschen."

„Was ist eine Prothese?" Fragend blickt mich der Fünfjährige an.

Meine Hand streicht über seinen blonden Haarschopf. „Das ist ein künstliches Bein."

„Und damit kann man richtig gehen?"

„Ja."

„Das ist toll!" Begeisterung blitzt in seinen Augen auf, die sogleich wieder getrübt wird. „Aber schade für den armen Mann, dass er kein künstliches Bein haben kann."

Ich schlucke und ziehe ihn sanft weiter. Seine Betroffenheit rührt mich und steckt mich an. Könnten wir Erwachsenen uns das Mitgefühl der Kinder erhalten, sähe die Welt anders aus.

Der Weg führt stetig hinauf, vorbei an einer Schweinezucht. Mit spektakulärer Aussicht über Ponta do Sol und die umliegenden Buchten befinden sich rund 100 gemauerte Schweineboxen an bester Lage. Einige Schweine spazieren frei herum, dazwischen gackert ein Huhn, zwei Hunde liegen faul in der Sonne. Es riecht nach Mist.

„Ich hab' Durst!" Jonas zieht an meiner Hand. Ich reiche ihm die Wasserflasche und er trinkt. „Ich hab' aber auch Hunger."

„Du kannst einen Apfel essen, aber du musst sparsam sein mit deinem Proviant, sonst reicht er dir nicht bis ans Ziel."

„Gibt es denn unterwegs nichts zu Essen?"

„Ich weiß es nicht. Vielleicht finden wir in Fontainhas was."

„Hoffentlich!" Jonas stöhnt so theatralisch, dass ich in lautes Gelächter ausbreche. Das nimmt er mir übel und rennt davon, um Michael einzuholen.

Michael hat den Weg verlassen und steht bei einem Mann mit einer Hacke in der Hand auf einem kleinen Grundstück mitten im von Sträuchern überwucherten Berghang. Gegen unten hin ist es mit einer knietiefen Steinmauer begrenzt. Ich höre die Männer sprechen, verstehe aber nichts. Ich setze mich an den Wegrand, kaue meinen Apfel und lasse den Blick über die geschwungene Küstenlinie und das Meer schweifen. In einer Bucht liegen zwei Fischerboote, Schaumkrönchen tanzen auf den Wellen. Auf See muss ein guter Wind blasen, aber hier am Berghang ist es drückend heiß. Ich wische mir den Schweiß von der Stirn und bereue, dass wir nicht mehr Wasser eingepackt haben. Hoffentlich gibt es in Fontainhas ein Geschäft oder ein Restaurant.

„Es ist unglaublich!" Michael springt neben mich. „Die Menschen hier versuchen auch in den unwirtlichsten Gebieten Nutzpflanzen anzubauen. Der Mann dort baut tatsächlich Kartoffeln, Maniok, Karotten und Mais an. Sein Grundstück war anfangs genauso überwuchert wie der Rest der Landschaft hier. Zuerst hat er die Mauer gebaut, dann alles abgetragen, bis er auf die fruchtbare Erde gestoßen ist. Es ist schon unfair: Auf den Kanaren fliegt den Menschen das Essen fast in den Mund, und hier rackern sie sich ab, um genügend Lebensmittel für ihre Familien anzubauen." Er hebt die

Hand und winkt dem Mann zu, der, auf seine Hacke gestützt, zu uns herunterblickt.

Nach rund anderthalb Stunden Fußmarsch entdecken wir hinter einer Linkskurve das Dorf. Etwa ein Dutzend Häuser scheinen auf einem Hügelkamm zu balancieren. Die Fassaden leuchten in Gelb, Grün, Terracotta und Weiß in lebendigem Kontrast zum braundominierten Umland. Es sind dieselben schlichten, zweistöckigen Häuser, die uns bereits auf Sal begegnet sind. Weit unterhalb des Dorfes brechen sich die Wellen an den Felsen der Küste.

„Wir sind da!" jubelt Ursina, und die Müdigkeit ist wie weggeblasen. Fröhlich hüpft sie über den kopfsteingepflasterten Weg auf die ersten Häuser zu. Ich meine den Duft frisch gebrühten Kaffees zu riechen, als wir uns durch die engen Gassen den Weg suchen, aber zu meiner Enttäuschung stelle ich rasch fest, dass mir mein Verlangen einen Streich gespielt hat. Die Tür unter dem kunstvoll verzierten Holzschild mit der Aufschrift *Coffee Shop* ist fest verschlossen. Immerhin finden wir in einem kleinen Raum Wasser und Süßgetränke, die wir den Kindern ausnahmsweise offerieren.

„Und was machen wir jetzt?" Rahel blickt fragend in die Runde. Ich blicke in die von Sonne und Anstrengung geröteten Gesichter der Kinder und erkenne Anzeichen von Erschöpfung. Hoffentlich kann ich sie nochmals motivieren. Doch Michael kommt mir zuvor.

„Wir laufen weiter bis zum nächsten Dorf, Cruzinhas. Dort holt uns Celso wieder ab."

„Och, nochmal laufen?" Rahel wirkt ein wenig missmutig.

„Hierher fährt kein Auto, weil es keine Straße gibt", erkläre ich.

„Aber wie kommen dann die Lebensmittel hier herauf? Und die Stühle und die Tische?" Seraina zieht die Augenbrauen in die Höhe.

„Mit Pferden und Eseln. In der Schweiz war es vor hundert Jahren auch so bevor es Autos gab."

„Vor hundert Jahren vielleicht, aber jetzt doch nicht mehr!" Saskia schüttelt den Kopf.

„Toll! Schade, dass es heute nicht mehr so ist. Das wäre viel besser für die Natur", begeistert sich Rahel. „Und wir könnten reiten, jeden Tag!"

Der zweite Teil der Wanderung ist länger und anspruchsvoller als der erste und führt die Kinder an die Grenzen ihrer Leistungsfähigkeit. Immer wieder verschwindet der Pfad hinter Kurven und schürt die Hoffnung, dass dahinter das ersehnte Dorf auftauchen würde. Aber immer wieder ist hinter der Kurve nur der nächste Hügel, der überwunden werden will. Mal wandern wir hoch über dem Meer, mal ist der Strand so nah, dass wir am liebsten Schuhe und Strümpfe ausziehen und die Füße baden würden. Aber Michael drängt weiter. Celso wartet und die Sonne steht bereits tief.

Unweit unseres Ziels kommen wir an einer Ansammlung verlassener Häuser vorbei. Später erfahren wir, dass vor vier Jahren die letzte Familie das Dorf verlassen hat, weil der Fluss, der früher genügend Wasser für die Bewirtschaftung der Felder und Wiesen geliefert hat, immer spärlich geflossen und schließlich ganz versiegt ist. Folge des Klimawandels.

Als wir wenig später in Celsos Pickup sitzen und auf den harten Bänken durchgeschüttelt werden, sind wir alle einfach nur noch froh, dass wir nicht mehr laufen müssen. Den Tag lassen wir bei einem leckeren Fischgericht am Hafen von Ponta do Sol ausklingen.

Für den nächsten Tag hat Celso ein Picknick mit seiner Frau Marie-Josine und der gemeinsamen Tochter Selma organisiert. Vorbei an Papaya- und Mangobäumen, Bananenstauden und Zuckerrohrfeldern, über denen der säuerliche Geruch der Schnapsbrennerei liegt, bringt er uns zu einer etwas verwitterten Anlage mitten im Wald. Gemauerte Tische und Bänke, ein Pavillon, kleine Mäuerchen. Zwei Männer sind damit beschäftigt, ein rechteckiges Becken zu putzen.

„Das ist ein Pool, aber er ist noch nicht bereit", erklärt uns Celmo. Seine Vorfahren stammen aus Senegal, seine Muttersprache ist Französisch und wir verständigen uns in einer Mischung aus Französisch und Englisch.

Wir staunen über die Köstlichkeiten, die Marie-Josine aus den mitgebrachten Körben zaubert: Frisches Brot, verschiedene Salate, Bananen. Besonders der Bohnensalat hat es mir angetan. Doch als ich sie darauf anspreche, winkt sie ab. „Celmo hat das alles gekocht. Ich hatte Nachtschicht und bin erst am Morgen nach Hause gekommen."

Neugierig blicke ich die große, stämmige Frau an. Schwarzes Kraushaar ist zu einem strengen Knoten im Nacken zusammengebunden, die Gesichtszüge sind gleichmäßig, die Haut schimmert schokoladenbraun. Ihre Lippen sind voll und in ihren Augen liegt Gutmütigkeit und Wachsamkeit gleichermaßen.

„Was arbeitest du?"

Sie blickt mich an. „Ich bin Gefängniswärterin."

Michael dreht sich zu uns um. „Arbeitest du in Mindelo?"

Sie schüttelt den Kopf. „Nein, in Ponta do Sol gibt es auch ein Gefängnis. Am Ende des Dorfes, der große, hellgelbe Bau." Ihre Stimme ist dunkel und melodiös, ihr Französisch perfekt.

Ich erinnere mich an das Gebäude. Wir sind davor gestanden und uns darin einig gewesen, dass es sich um eine Ruine handelt. „Das Gefängnis ist noch in Betrieb?" Es gelingt mir nicht, meine Entgeisterung vollständig zu unterdrücken.

Marie-Josine nickt langsam. „Ja. Es ist ein furchtbarer Ort. Die Menschen, die dort eingesperrt sind, werden entweder depressiv oder aggressiv. Ich bin Wächterin bei den Frauen. Ich bringe ihnen Essen und bewache sie, wenn sie Besuch bekommen. Immer wieder kommt es vor, dass die

Frauen versuchen wegzurennen. Oft beißen und kratzen sie, schau." Sie schiebt den rechten Ärmel zurück und zeigt mir ihren Arm. Er ist von Narben überzogen.

„Welche Ausbildung hast du?" will Michael wissen.

„Eine Polizeiausbildung durch das Militär. Die Polizeischule ist in Mindelo. Zuerst habe ich drei Jahre im Gefängnis dort gearbeitet, dann bin ich hierher gekommen. Hier ist es einfacher für Celso Geld zu verdienen. In Mindelo sind weniger Touristen und die Arbeitslosigkeit vor allem unter den Männern ist hoch."

„Das ist uns auch aufgefallen. Viele Männer jeden Alters sitzen an den Straßenrändern und Plätzen, spielen und trinken Schnaps."

Marie-Josine nickt. „Viele von ihnen sind Fischer. Früher gab es genügend Fische für alle, aber seit die großen Konzerne mit riesigen Netzen fischen, bleibt für die Einheimischen nicht mehr viel übrig. Dabei landet der meiste Fisch gar nicht auf dem Markt, sondern wird direkt in die Kühltransporter der großen Hotels verladen oder zu Konserven verarbeitet. Viele einheimische Fischer fangen kaum noch genügend für ihre Familie, geschweige denn können sie den Fisch auf dem Markt verkaufen."

Jonas tobt an uns vorbei, gefolgt von Selma. Das Mädchen ist außergewöhnlich hübsch, mit mandelförmigen Augen und schwarzen, lockigen Haaren. Sie ist acht Jahre alt und versteht sich prächtig mit Jonas, mit dem sie sich mit Händen und Füßen verständigt. Kinder brauchen keine Worte, um miteinander spielen zu können.

„Und wieviel arbeitest du?" Ich möchte mehr über Marie-Josine erfahren.

„Sechs Tage pro Woche, an einem Tag habe ich frei. Wir sind zu wenig Frauen, die im Gefängnis arbeiten, denn die weiblichen Gefangenen dürfen nur von Frauen betreut werden. Ich habe oft Nachtdienst, damit ich tagsüber zuhause sein kann, wenn Celso arbeitet und Selma von der Schule nach Hause kommt."

Plötzlich empfinde ich Zuneigung zu der fremden Frau. Ich möchte etwas Freundliches sagen, aber mir fehlen die Worte. Stattdessen schöpfe ich mir eine weitere Portion des Bohnensalates.

Auf dem Rückweg halten wir an der Westküste der Insel an.

„Hier sind natürliche Schwimmbecken, die das Wasser aus dem Fels ausgewaschen hat. Habt ihr Lust zum Baden?" Celso zwinkert in Richtung Rücksitze.

„Klar!" Jubelnd springen die Kinder aus dem Auto.

Selma führt uns über schmale Pfade an runden Plätzen vorbei, die von großen Bambusschirmen abgeschattet werden. Die Badebecken scheinen bei den Einheimischen sehr beliebt zu sein, denn obwohl es Donnerstag ist, sind viele Schattenplätze belegt. Doch Selma kennt sich aus, und kurz darauf haben wir einen passenden Platz gefunden und stürzen uns ins erfrischende Nass. Zwar ist das Wasser kälter als in der Karibik und der Sand ist schwarz anstatt weiß, aber das Baden in dieser faszinierenden Felslandschaft hat einen ganz besonderen Reiz. Ganz anders als die Traumstrände, die wir 15 Monate später auf Trinidad besuchen werden.

Traumstrände und Dschungel

Trinidad, Dezember 17

Traumstrände auf Trinidad? Manch Karibikreisender wird den Kopf schütteln. Trinidad ist kein Touristendomizil. Der Hauptwirtschaftszweig ist die Erdölförderung, die den Süden der Insel dominiert. Wenn der Staat Trinidad und Tobago von Touristen ausgewählt wird, dann ist es die kleinere Insel Tobago, welche die Besucher anzieht. Nach Trinidad kommen höchstens eine Handvoll Pauschaltouristen, die einen Tagesausflug mit der Fähre von Scarborough (Tobago) aus machen, um sich Trinidads Hauptstadt Port of Spain anzuschauen. Und Segler. Für Segler bietet die Insel im Bezirk Chaguaramas mehrere Werften mit einem umfassenden Serviceangebot. Es gibt Geschäfte mit Schiffszubehör, und die Preise auf der Insel sind die tiefsten auf dem ganzen Antillenbogen.

Zwar sind auch wir hierher gekommen, um an der PINUT zu arbeiten. Aber wie überall, wo wir hinkommen, möchten wir das Land erkunden. Wir mieten uns ein Auto und ziehen los. Die Nordküste lockt.

„Brauchen wir keine Kindersitze?" Ursina steht vor der offenen Autotür und beäugt kritisch das Innere des Wagens.

„Das weiß ich nicht. Aber wir haben keine, und darum fahrt ihr ohne." Sanft schiebe ich sie auf ihren Sitz.

„Das ist aber eng! Müssen unbedingt alle mitfahren?" Neben ihr sitzen bereits Seraina und Rahel mit Jonas auf dem Schoß.

„Nein. Saskia bleibt hier."

„Allein?"

„Sie verbringt den Tag auf der APATIKI."

„Dann will ich auch hierbleiben! Ich will mit Kian spielen!"

„Gut, wir fragen Alice. Bleib sitzen, wir fahren bei der APATIKI vorbei."

Ich bin nicht unglücklich, als wir Ursina bei unseren Freunden abladen können. Der Platz ist tatsächlich eng, und die Strecke, die wir vor uns haben, lang und kurvig.

Wir entscheiden uns bei der Hinfahrt für den direkten Weg über die Hügel. Vorbei an kleinen Dörfern mit einstöckigen Häusern, von denen der Putz bröckelt, erreichen wir den höchsten Punkt mit einer atemberaubenden Aussicht. Wir steigen aus und gehen ein paar Schritte, lassen den Blick über die Nordküste schweifen. Schaumkrönchen tanzen auf den Wellen des Meeres, das hier vom Atlantik ins Karibische Meer übergeht. Der Urwald reicht bis hinunter ans Wasser. Keine Hotelanlagen, keine Prachtquais, auf denen Touristenmassen flanieren.

Michael tritt hinter mich und umfasst meine Taille. Ich lehne mich an, lege den Kopf an seine Schulter und atme den süßlichen Duft einer feuerroten Blütenpflanze ein, die direkt vor uns wuchert. Ein sanfter Wind zerzaust mein Haar, das mir viel zu lang und ohne jeden erkennbaren Schnitt in die Stirn hängt. Es ist angenehm hier oben, nicht so drückend heiß wie auf dem Dock.

„Können wir weiterfahren?" Jonas hat kein Auge für die Schönheit der Natur. Wir steigen zurück ins Auto. Hohe Bambussträucher, Palmen, dichtes Urwaldgestrüpp und immer wieder farbenprächtige Blütenpflanzen ziehen an uns vorbei.

„Wann sind wir endlich da?" Unruhig rutscht Jonas auf seinem Sitz herum.

„Die Hälfte haben wir geschafft." Michael versucht eine positive Formulierung.

„Die Hälfte! Dann dauert es ja nochmal so lang!" Der Junge kann dem nichts Positives abgewinnen.

„Spielt doch ein Spiel: Ich sehe was, was du nicht siehst", schlage ich vor.

„Nein, mag ich nicht."

„Doch, Jonas, komm, ich fang' an: Ich sehe was, was du nicht siehst, und das ist gelb." Seraina fackelt nicht lange.

„Gelb? Da ist nichts Gelbes."

„Doch, im Auto drinnen."

„Ach so, im Auto. Der Streifen auf deinem Rucksack."

„Nein."

„Dein T-Shirt."

„Nein."

„Der Kugelschreiben dort vorn."

„Ja! Du bist aber schnell gewesen."

„Jetzt mach' ich! Ich seh' etwas, was du nicht siehst, und das ist dunkelgrau." Im Rückspiegel sehe ich den Schalk in seinen Augen.

„Oje, das kann vieles sein." Während Seraina die dunkelgrauen Gegenstände im Auto aufzählt, sind wir auf Meereshöhe angekommen. Einige Bungalows durchbrechen einen hellen Sandstrand, daneben stehen meterhohe Palmen mit Trinknüssen. Ein Parkplatz befindet sich noch im Bau. Offensichtlich wird eine gewisse bescheidene Infrastruktur entwickelt.

Wenig später parkt Michael das Auto auf einem kleinen Parkplatz vor einem flachen Gebäude. Wir steigen aus und entdecken, dass sich in dem Gebäude Duschen und Toiletten befinden. Wir schultern unsere Taschen und schlendern auf den Strand zu.

Neben einigen Kunsthandwerkverkäuferinnen, die vorwiegend Schmuck anbieten, begrüßt uns ein überdimensionales Schild mit einer Tsunami-Warnung. Es wird detailliert aufgeführt, wie eine nahende Tsunami-Welle rechtzeitig erkannt werden kann und was im Notfall unternommen werden muss. Baut sich auf dem Meer eine solche Riesenwelle auf, verschwindet in einem ersten Schritt das Wasser am Strand, bevor es dann in einer gewaltigen Welle zurückkommt, die viele Meter hoch mit zerstörerischer Kraft auf Land trifft. Die einzig richtige Reaktion darauf ist Flucht, und zwar unverzüglich.

Ein leiser Schauer zieht über meinen Rücken und ich wende mich ab. Mein Blick gleitet übers Meer, das sich in gleichmäßigem Rhythmus hin- und herwiegt. Ich hoffe, dass wir niemals eine Tsunami-Welle erleben werden.

Die Kinder sind bereits voraus gestürmt. Der Strand erstreckt sich über schätzungsweise drei Kilometer, ist stellenweise von Felsen durchbrochen und besteht aus feinstem, weißen Sand. Kleine Wellen brechen sich etwa zehn Meter vor dem Strand, der sehr flach bis weit ins Meer hinausreicht. Ideal für die Kinder. Einige Menschen liegen auf Liegestühlen im Schatten der Palmen, andere erfreuen sich am kühlen Nass. Bis auf ein hellhäutiges Pärchen mache ich alles Einheimische aus.

Wir mieten zwei Liegestühle und ziehen sie in den Schatten in der Nähe eines großen Felsen. Ich stelle meine Tasche darauf ab und lasse mich in den Sand fallen. Ich liebe es, im Sand zu liegen. Der Wärme nachzuspüren, die ganz langsam erst die Haut, dann die Muskeln durchdringt und schließlich kleine Schweißperlen auf die Stirn zaubert. Ich atme den salzigen Geruch des Meeres ein, lausche dem Rauschen der Wellen und dem Lachen der Kinder und spüre, wie meine Gedanken träge werden.

Die Strände im Norden Trinidads sind traumhaft, zweifellos. Aber sie sind auch weit weg, und die Autofahrt mit den Kindern ist lang und anstrengend. So stellt der Strandbesuch für uns eine Ausnahme dar. Sehr oft jedoch sind wir im Dschungel anzutreffen. Keine zehn Autominuten vom Trockendock entfernt befinden wir uns bereits im Urwald, und so kommt es häufig vor, dass wir uns nach einem arbeitsreichen Tag um fünf Uhr nachmittags mit unserer Wasserhündin Guia einen Dschungelspaziergang gönnen.

Von den zahlreichen Wegen, die auf den Landkarten verzeichnet sind, ist keine Handvoll mehr übrig geblieben. Die meisten sind zugewachsen und nur mit Hilfe einer Machete freizuschlagen. Wir verzichten darauf und bleiben auf den ausgetretenen Pfaden. Hohe Bambusstämme wiegen sich knarrend im Wind, Schlangen rascheln im dichten Gestrüpp, Vögel mit langen, schwarzweiß gestreiften Schwänzen bauen kugelrunde Nester in den Ästen hoher Bäume, und mit etwas Glück können wir die putzigen Kapuzineräffchen beobachten, die Akrobaten der Baumwipfel. Oft treffen wir auf kleine Kolonien mit fünf bis zehn Affen. Mit enormer Geschicklichkeit hangeln sie sich von Ast zu Ast, balancieren in schwindelerregender Höhe und springen über Distanzen, die mir das Herz in die Hose rutschen lassen. Dabei sind die Tiere höchstens so lang wie mein Unterarm.

Heute bin ich mit Michael auf dem Weg zur Bambuskathedrale. Wir parken das Mietauto vor der Schranke, die den Weg in den Urwald verbietet, und steigen aus. Die Luft riecht nach Regen. Ich schaue in den runden Himmelsausschnitt und betrachte die Wolken, die rasch vorbeiziehen.

Plötzlich hören wir Lärm, der rasch näher kommt. Es klingt wie dunkles Gebrüll, ein bisschen vielleicht auch wie das sehr laute Blöken einer Schafherde.

„Sie müssen ganz nah sein!" Aufgeregt berührt Michael meinen Oberarm.

„Meinst du, sie kommen hierher?"

„Keine Ahnung. Bisher hab' ich noch keinen zu Gesicht bekommen, ich glaube, sie sind eher scheu."

Suchend durchforschen unsere Blicke die Bäume. Noch rührt sich nichts, aber die Schreie werden immer lauter.

„Da! Da raschelt was!" Mein Zeigefinger schießt in die Höhe und deutet auf eine Gruppe von fünf dicht beieinanderstehenden Bambusstämmen. Etwas Rotes schimmert einen Augenblick lang hindurch und verschwindet wieder.

Und dann scheint es mir, als ob sie sich alle gleichzeitig auf uns stürzen wollten. Vier Brüllaffen hangeln sich aus dem Dickicht und bleiben in einigen Metern Entfernung vor uns stehen.

Überrascht starre ich auf die lauten Gesellen. „Die sind ja kaum größer als die Kapuzineräffchen! Ich hab' sie mir viel gewaltiger vorgestellt."

„Allerdings! So klein und machen einen solchen Lärm!" Michael lacht und macht einen Schritt auf den größten der Affen zu. Er sitzt in der Nähe der Schranke, reicht Michael etwa bis zum Knie. Sein langes Fell schimmert rotbraun. Aufgeregt zuckt er mit dem Kopf, stößt sein Kriegsgebrüll aus und landet mit einem beeindruckenden Sprung auf dem nächsten Baum. Die anderen machen es ihm nach, verlassen den Weg, hangeln sich in die Bäume, wo sie ein weiteres Mal alle gemeinsam brüllen. Es klingt schauerlich und beängstigend zugleich. Genauso plötzlich, wie sie aufgetaucht ist, verschwindet die Truppe wieder.

Wie benommen stehen wir da und blicken den Affen nach.

„Wow. Wenn ich gewusst hätte, wie klein die sind, wäre ich auf meinen Joggingrunden weiter gelaufen, wenn ich sie gehört habe. Sie brüllen immer an derselben Stelle kurz vor dem Golfplatz. Einmal bin ich ein Stück weit dem Gebrüll nachgelaufen, aber dann war es doch sehr laut und ich hab' Angst gehabt, sie würden sich gleich auf mich stürzen."

Ich pruste los. „Na, viel wäre dir wohl nicht passiert!"

„Nein, jetzt weiß ich das auch!" Michael lacht mit.

Ich hake mich bei ihm unter und wir machen uns auf den Weg. Auf der rotbraunen Erde liegen welke Bambusblätter und rote Blüten. Nach einer Viertelstunde erreichen wir eine Anhöhe. Michael zieht mich vom Weg fort über eine kleine Wiese ganz nah an den Abgrund. Die Küste fällt hier steil ab bis direkt hinunter ins Meer. Der Wind bläst stark und nimmt mir den Atem. Eng aneinandergedrückt betrachten wir das Meer. Ein Frachter tuckert über die weiß-blaue Wasserfläche.

„Schau mal, dort ist eine Squall". Michael weist mit dem Kopf nach Nordosten zu einer dicken Wolke, die bis aufs Wasser hinab reicht.

„Jetzt können wir sehen, wie rasch sie sich fortbewegt." Bisher haben wir Squalls immer nur auf See erlebt. Einige sind an uns vorbeigezogen, andere haben uns voll erwischt. In einer Squall nimmt der Wind um einige Knoten zu, häufig dreht auch die Windrichtung, immer bringt sie Regen. Sie dauert meist nur wenige Minuten, und danach herrscht Flaute.

„Ich glaube, da kommt noch mehr Regen, auch hierher." Die Wolken haben sich verdichtet und ziehen direkt auf die Nordküste zu.

„Sieht ganz so aus. Lass uns umkehren, bevor wir nass werden."

Wir verzichten auf den letzten Aufstieg zur Bambuskathedrale und laufen wieder abwärts. Erste Regentropfen fallen auf das Blätterwerk des Urwaldes. Wir können sie nicht spüren, aber wir hören sie. Unsere Schritte werden begleitet von regelmäßigem, immer schneller und lauter werdendem *klock, klock*. Wir überholen zwei Frauen in Jogginganzügen und verfallen selbst in einen leichten Laufschritt. Ein Vogelschwarm fliegt auf und ich habe das Gefühl, es kommt Bewegung in den sonst um diese Tageszeit eher träge wirkenden Dschungel. Kapuzineräffchen rufen, überall raschelt und knarrt es. Der intensive Duft nach feuchter Erde steigt in meine Nase und erinnert mich an Waldspaziergänge in meiner frühen Kindheit. Wir schaffen es gerade noch halbwegs trocken ins Auto, bevor sich der sintflutartige tropische Regenschauer über uns ergießt. Wobei ich sagen muss, dass ich Süßwasser von oben grundsätzlich lieber habe als Salzwasserduschen, vor allem auf Dinghi-Fahrten. Eine Dinghi-Fahrt auf Santa Lucia auf den Kapverden war besonders nass...

Anlanden will gelernt sein

„Ich glaube, hier ist es gut!" schreie ich Michael zu, der am Bug steht. Er hält den Daumen in die Höhe, ich lege den Rückwärtsgang ein und höre, wie die Ankerkette rasselnd aus dem Kettenkasten rauscht.

Kurz darauf kommt Michael zu mir ins Cockpit. „Der Anker hält bombenfest."

„Na, hoffentlich." Mein Blick schweift erst über den endlos scheinenden, hellen Sandstrand der unbewohnten Insel Santa Lucia vor uns, dann zu der kleinen Felseninsel beim Heck der PINUT. Sollte der Anker nicht halten, würden wir eine unliebsame Begegnung mit dem Eiland machen.

Aber es besteht kein Grund zur Sorge. Die Windprognosen sind stabil, mehr als das gemütliche Lüftchen, das gerade weht, sollte es nicht geben. Ich drehe den Zündschlüssel und lasse mir unser wohlverdientes Ankerbierchen schmecken.

„Wann gehen wir endlich an Land?" Ursina hüpft vor mir auf und ab. Die Kinder können es kaum erwarten, am Strand zu spielen und zu baden.

Michael schüttelt den Kopf. „Heute nicht mehr. Schau, die Sonne steht schon tief, und im Dunkeln können wir nicht mit dem Dinghi unterwegs sein."

„Och, schade, ich will aber baden!"

„Das kannst du doch auch vom Schiff aus machen."

„Nein, das traue ich mich nicht. Vielleicht gibt es hier ja giftige Quallen." Ursina stemmt die Hände in die Hüften und versucht besonders grimmig auszuschauen.

Ich lache und ziehe sie zu mir. „Ich verspreche dir, dass wir morgen gleich nach dem Frühstück rüberfahren, ja?"

Ganz so früh sind wir dann doch nicht unterwegs. Der Wassermacher bockt, und so verkrieche ich mich nach dem Frühstück zähneknirschend im Maschinenraum, bevor die Hitze darin steht und mir der Schweiß übers Gesicht rinnt. Spaß macht mir die Arbeit auch so nicht. Ich habe keine Ahnung, warum das Gerät plötzlich nicht mehr tut, was es tun soll, nämlich aus Salzwasser köstliches Trinkwasser herstellen. Auf Sal war noch alles bestens, in Mindelo haben wir den Wassermacher regelmäßig gespült, weil das Wasser im Hafenbecken zu schmutzig war, und jetzt funktioniert er nicht mehr. Ich baue die Filter aus, spüle sie, montiere den ganzen Wassermacher ab, kontrolliere die Membran, überprüfe die Ventile und die Vordruckpumpe. Dann baue ich alles wieder zusammen und – oh Wunder! - er schnurrt wieder wie ein Kätzchen! Verschwitzt lasse ich mich auf die Cockpitbank fallen und schließe die Augen.

„Mama, komm, wir fahren an Land!" Jonas zerrt an meiner Hand. Seufzend setze ich mich auf. Obwohl ich am liebsten ein Nickerchen gemacht hätte, lasse ich mich von Jonas aufs Achterdeck ziehen. Michael hat das Dinghi schon ins Wasser gelassen. Nur der Motor klemmt noch am Davit.

„Ich schlage vor, wir lassen den Motor oben und paddeln. So weit ist es ja nicht, und für die zwei Tage, die wir hier sein möchten, lohnt sich der Aufwand mit dem Motor nicht."

„Wie du meinst." Ich beobachte die Wellen, die leicht schäumend am Ufer auslaufen, und denke auch, dass wir es ohne Motor schaffen können.

„Alles einsteigen!"

Wir stecken alles, was nicht nass werden soll, in wasserdichte Packsäcke und setzen uns in Badeanzügen ins Dinghi. Michael paddelt los.

„Hach, ist das schön! Wir sollten immer ohne den lauten Brummer-Motor fahren!" Seraina strahlt übers ganze Gesicht.

„Ja, es ist viel friedlicher so!" pflichtet ihr Rahel bei.

Wir nähern uns dem Ufer und ich bemerke, dass die Wellen höher sind als vom Schiff aus zu sehen war. Auch Michaels Blick ist konzentriert auf die Wellen gerichtet, die in regelmäßigen Abständen relativ kurz hintereinander auf den Strand rollen.

„Wir müssen uns auf einer Welle an den Strand spülen lassen. Auf jeden Fall müssen wir verhindern, dass sich die Welle direkt hinter uns bricht."

Nervosität lässt meine Fingerspitzen kribbeln. Ob wir das schaffen? Die Wellen kommen mir immer höher vor, je weiter wir uns dem Strand nähern.

„Am besten steige ich aus, sobald ich stehen kann, und ziehe das Dinghi", schlage ich vor.

Gemeinsam fixieren wir die anrollenden Wellen.

„Jetzt!"

Michael ruft, ich springe, aber ich spüre noch keinen Boden unter meinen Füßen. Das Wasser ist tiefer als ich erwartet habe.

Und dann geht alles ganz schnell. Bevor ich begreifen kann, was geschieht, überspült mich eine Welle und reißt mich nach unten. Ich höre die Kinder schreien und spüre einen Stoß an der Schulter. Als ich wieder auftauche, sehe ich gerade noch, wie Michael das Dinghi, das sich seitlich aufgerichtet hat, wieder zurück auf die Wasseroberfläche zieht.

Fieberhaft suche ich Jonas und entdecke ihn unweit von mir im Wasser, heftig mit den Armen um sich schlagend. Ich stürze zu ihm und packe seinen Oberarm. Schwimmen kann er noch nicht. Die Mädchen haben sich bereits an Land geflüchtet, ebenso Guia. Ich greife nach dem Packsack, der neben mir auf dem Wasser treibt, und werfe ihn zurück ins Dinghi, das auf einer nächsten Welle schwungvoll auf dem Strand aufsetzt.

Jonas weint, als ich ihn im Sand abstelle. Wir ziehen das Schlauchboot weit den Strand hinauf, sicherlich viel weiter als nötig, aber der Schreck sitzt uns tief in den Knochen. Erst jetzt bemerke ich, dass meine sehstärkenkorrigierte Sonnenbrille fort ist. Ich hatte sie während der Fahrt anbehalten. Jetzt kann sich ein kurzsichtiger Fisch darüber freuen. Wie ärgerlich. Ohne meine Sonnenbrille bin ich nur ein halber Mensch. Glaube ich zumindest.

„Ich fahre nie wieder Dinghi! Nie wieder!" Wütend und erschrocken zugleich starrt Saskia auf die Wellen.

„Ist außer meiner Sonnenbrille noch mehr verloren gegangen?" Fragend blicke ich meine Mannschaft an.

„Ja, meine Sonnenbrille." Verärgert kratzt sich Michael am Kinn. Die Kinder schütteln die Köpfe. Immerhin.

„Zum Glück haben wir unsere Badesachen an, sonst wären jetzt die Kleider nass." Ursina kann bereits wieder ein wenig grinsen.

„Zum Glück sind wir ohne Motor hergekommen." Michaels Stimme klingt ernst. Er lehnt sich an den Dinghi-Schlauch und ich bemerke, dass seine Knie zittern.

„Allerdings." Erst jetzt wird mir bewusst, welch großes Glück das ist. Der Motor hätte diese Fast-Kenterung ziemlich sicher nicht unbeschadet überstanden. Und dann hätten wir uns in den nächsten Tagen um unseren Außenborder kümmern müssen, anstatt uns die Inseln anzuschauen. Der Schreck weicht allmählich und macht Erleichterung Platz.

Aber dieses Gefühl hält nur kurze Zeit. Dann denke ich an die Rückfahrt. Wird es uns gelingen, so rasch über die sich brechenden Wellen hinwegzukommen, ohne erneut umgeworfen zu werden? Die Frage lässt mir keine Ruhe und nimmt mir die Freude daran, die Insel zu erkunden. Die kleine Insel liegt nur fünf Seemeilen Luftlinie von Sao Vicente entfernt. Auf dem Seeweg waren es 30 Meilen von Mindelo bis zu unserem Ankerplatz.

Michael zieht sich seine Joggingkleider an und verschwindet zwischen zwei Sanddünen. Ich lege mich in den warmen Sand, um Ruhe zu finden, aber es will nicht gelingen. Die Kinder spielen halbherzig, sammeln ein paar Muscheln, bauen eine Sandburg. Die Jüngeren stecken das Erlebte rascher weg, während sich vor allem Saskia und Seraina Sorgen machen um unsere Rückfahrt.

„Ich steig' nicht mehr ins Dinghi ein, ich schwimm' zurück."

„Spinnst du? Das schaffst du nicht, die PINUT ist viel zu weit weg." Seraina tippt sich mit dem Finger an die Stirn, aber Saskia wirkt fest entschlossen.

„Wir schaffen das schon." Ich versuche zuversichtlich zu klingen und male mir gleichzeitig aus, wie wir die Nacht auf dieser schattenlosen Insel verbringen, zwischen einigen hüfthohen Steinen, Muscheln und Dornensträuchern.

„Und was machen wir, wenn wir es nicht schaffen?" Seraina scheint meine Gedanken zu lesen. „Hier können wir doch nicht schlafen, hier gibt es ja nichts!"

„Und vor allem wissen wir nicht, ob es morgen besser ist mit den Wellen", wirft Rahel ein.

„Und was essen wir?" Ursina hat sich zu uns umgedreht und blickt uns entgeistert an.

„Wir müssen hier nicht übernachten. Zur Not schwimmen wir über die Stelle hinaus, an der sich die Wellen brechen, und ziehen das Dinghi hinter uns her." Mein Tonfall lässt keinen Widerspruch zu. Ich mag keine Diskussion führen, fürchte, die Kinder könnten meinen eigenen Zweifeln auf die Schliche kommen.

Ich schließe die Augen und schlafe tatsächlich ein. In der prallen Sonne, was mir einen bösen Sonnenbrand auf dem Rücken und den Oberschenkeln einbringt, der mich die kommenden zwei Tage heftig einschränken wird.

Ich bin erleichtert, als Michael nach gut zwei Stunden wieder auftaucht. Inzwischen ist das Wasser zurückgegangen und ich habe den Eindruck, dass die Wellen nicht mehr ganz so hoch sind wie vorhin. Vielleicht gelingt es ja besser als wir erwarten.

Wir schieben das Dinghi zum Wasser und legen unsere Strategie zurecht.

„Jonas, du steigst mit Guia und mir schon ein. Ich paddle und wäre froh, wenn du schieben könntest, bis wir über den brechenden Wellen drüber sind." Michael blickt mich an, und ich nicke. „Ihr Mädchen schwimmt das erste Stück und steigt später ein."

„Was? Wir sollen über diese großen Wellen schwimmen?" Ein wenig ängstlich blickt uns Ursina an.

„Ihr könnt auch warten. Ich helfe Papa mit dem Dinghi, bis es sicher schwimmt, und dann komme ich zu euch und wir schwimmen gemeinsam."

Erneut beobachten wir die Wellen.

„Jetzt!" Irgendwie muss ich grinsen. Das hatten wir doch schon einmal.

Unser Plan geht auf. Michael paddelt ohne Probleme über die Wellen hinweg, und die Mädchen schwimmen bereits, als ich zu ihnen stoße. Während wir anderen alle auf offenem Wasser einsteigen, schwimmt Saskia tatsächlich bis zur PINUT.

„Uff, geschafft!" Jonas strahlt uns an. Auf allen Gesichtern leuchtet Erleichterung.

„Was haben wir morgen vor?" Lauernd schaut Rahel von Michael zu mir und wieder zurück.

„Morgen trainieren wir anlanden." Ich meine es ernst, würde das wirklich gerne tun. Aber dann liege ich mit ein wenig Fieber und dem schmerzenden Sonnenbrand erst einmal flach, sodass mir die Lust auf weitere Anlandungsversuche vergeht – ganz zur Zufriedenheit der Kinder. Sie genießen Legobauen und Weihnachtsgeschenke basteln. Es ist zwar erst September, aber da wir die kommenden beiden Monate in der Schweiz mit vielen Besuchen und Herumreisen verbringen werden, nutzen sie die unverhoffte Ruhe für Bastelarbeiten. Denn Weihnachten kommt meist schneller als man denkt...

Oh, du karibische Weihnachtszeit

Trinidad, Dezember 17

In meiner Kindheit war die Weihnachtszeit immer eine besondere, eine durchaus auch magische Zeit. Viele der Rituale, mit denen ich selbst aufgewachsen bin, habe ich in der Schweiz mit meinen eigenen Kindern weitergeführt: Keksebacken, Adventsgeschichten vorlesen, Adventskalender, Singen, Geschenke basteln. Auch nach unserem Aufbruch 2013 habe ich versucht, daran festzuhalten. In unserem ersten Jahr in Portugal ist es uns auch ganz gut gelungen, denn im Dezember ist das Wetter auch dort nasskalt und die Stimmung im Schiff dafür umso gemütlicher. Auch der mitgebrachte Glühwein hat geschmeckt, und unter unserem selbst gezimmerten Weihnachtsbäumchen aus Holz sind viele Geschenke gelegen.

Auf den Kanaren ist es dann schon schwieriger gewesen, Weihnachtsstimmung aufkommen zu lassen. Bei 25°C kann man zwar Kekse backen, aber gemütlich zusammen kuscheln und Glühwein oder Früchtepunsch trinken passt irgendwie nicht. Auf den Kapverden bei 30°C noch weniger,

91

und hier, auf Trinidad, bereitet sogar das Backen der Weihnachtskekse Mühe. Denn die Hitze des Backofens, der bei der Größe unserer Familie während einigen Stunden am Stück an ist, heizt das Boot zusätzlich auf und der Schweiß rinnt in Bächen über gerötete Gesichter, Rücken und Arme. Darum bin ich froh, dass wir dieses Jahr die erste Adventswoche in der Schweiz verbracht haben. Auch die ganze Weihnachtsplätzchenbackerei haben wir dort erledigt und kehren gerade eben mit einem großen Stapel Keksdosen zur PINUT zurück.

„Darf ich einen Teller Kekse auf die APATIKI bringen?" Ursina blickt mich bittend an.

„Klar, tu das!"

„Und darf ich auch ein Guezli essen?" Ihr Blick wird noch intensiver.

Ich zwinkere ihr zu. „Eins."

„Abgemacht!" Sie strahlt über beide Backen und wirbelt davon, die Leiter hinauf auf die PINUT.

„Halt, Ursina, ich will auch mitmachen!" Flink klettert Jonas hinterher.

Erschöpft lehne ich mich an eine der Stahlstützen, welche die PINUT vor dem Umkippen bewahren sollen. Um mich herum stapeln sich die Reisetaschen und Rucksäcke, und vom Rest meiner Familie ist nichts mehr zu sehen. *Wo Michael wohl hin ist?*

„Ricky scheint ganze Arbeit geleistet zu haben. Das Unterwasserschiff jedenfalls sieht gut aus." Er taucht neben dem Heck des Schiffes auf.

„Dann ist es ja gut." Meine Augen richten sich auf den silbrig glänzenden Schiffsbauch. „Hoffentlich hat er auch das Deck gestrichen."

Es ist das erste Mal, dass wir einen Arbeiter während unserer Abwesenheit aufs Boot gelassen haben. Bisher haben wir jede einzelne Arbeit immer überwacht, denn zu oft haben wir von anderen Seglern gehört und gelesen, was alles schief gehen kann, wenn Fremde am Schiff Hand anlegen. Aber Ricky, der kleine, tiefschwarze, charmante Arbeiter des Trockendocks, der sich auf Rumpfbehandlung spezialisiert hat, hat auf uns einen zuverlässigen Eindruck gemacht, und so haben wir ihm das Abschleifen und Bemalen der Roststellen an Deck sowie das Streichen des Unterwasserschiffes überantwortet. Dass wir zumindest alles über der Wasserlinie doch besser selbst gemacht hätten, merken wir erst ein Jahr später, als die ersten Farbblasen aufplatzen und wir erkennen, wie dünn die aufgetragenen Schichten tatsächlich sind.

„Eigentlich hab' ich überhaupt keine Lust aufs Auspacken und Einräumen." Ich ziehe eine Schnute und betrachte den Gepäckhaufen vor mir. Zweieinhalb Monate lang waren wir in der Schweiz und haben Taschen voller Weihnachtsgeschenke, Kekse, Trockenfrüchte und Schiffsmaterial mitgebracht. Das muss alles versorgt werden.

„Lass uns doch das Gepäck einfach mal nur aufs Achterdeck stellen und wir gönnen uns erst einen Smoothie."

„Das ist eine super Idee!" Ich strahle Michael an und steige die Leiter hinauf. Gleich darauf höre ich Michaels Pfiff, ein besonderer Ton, tief und melodiös, den wir in der Familie den *Berndonner-Pfiff* nennen, weil ihn bisher nur Opa Werner, Michael und Rahel beherrschen. Er ist laut und unverkennbar und dient uns dazu, unsere Mannschaft zusammenzupfeifen. Sogar Guia hört darauf.

„Was ist los, Papa?"

Von überall her kommen die Kids auf die PINUT zugestürmt.

„Wir müssen das Gepäck an Bord bringen. Kommt, wir machen eine Kette, das geht am schnellsten."

Innerhalb weniger Minuten hat sich der Gepäckhaufen aufs Achterdeck verlagert.

„Können wir wieder gehen?" Jonas hüpft von einem Bein aufs andere voller Ungeduld, zu seinen Freunden zurückkehren zu können.

„Ja, danke für's Helfen."

„Bitte!"

„Und weg sind sie." Michael grinst unseren beiden Jüngsten hinterher.

„Mama, wo sind die Adventskalender?" Rahels Kopf erscheint aus dem Cockpit.

„Uff, keine Ahnung. Aber bitte warte mit Auspacken, das machen wir gemeinsam und versorgen die Sachen gleich."

„Och, ich hab' doch die Geschichten von gestern und heute noch gar nicht gelesen." Mangels Platz im Gepäck wie im Schiff bin ich vor drei Jahren dazu übergegangen, den Kindern Adventskalenderbücher zu schenken anstelle vieler kleiner Geschenkchen. Rahel liebt die Olchis und kann sich schief lachen über die schmutzigen Sprüche in den Geschichten.

„Sobald ich ihn gefunden hab', geb' ich ihn dir, versprochen! Bis dahin kannst du dir ja den Kalender vom letzten Jahr anschauen."

„Ja, das ist eine gute Idee! Ich hoffe, ich finde ihn..."

„Komm, lass uns gehen, sonst ist der Smoothie-Shop zu." Michael legt seine Hände an meine Schultern und dreht mich sanft zur Leiter. Ich lächle. Es passiert mir oft, dass ein Kind nach dem anderen kommt und etwas von mir will und ich eine halbe Stunde später keine Ahnung mehr davon habe, was ich eigentlich habe machen wollen.

Der Smoothie-Shop befindet sich zehn Fußminuten von der PINUT entfernt in der Nachbarwerft. Mit viel Liebe und Hingabe hat ein junges Paar aus einer Bretterbude eine gemütliche kleine Bar geschaffen. Das hölzerne Geländer mit den Blumentöpfen ist bunt lackiert, auf internationalen Handelspaletten, die gestapelt zu Sitzbänken umfunktioniert worden sind, liegen bunte Kissen. An der Wand auf der

Schmalseite der nach vorne hin offenen Bar hängt eine große Tafel, auf der sich die zahlreichen internationalen Gäste mit bunter Kreide verewigt haben. Hinter dem Tresen stehen die angebotenen Smoothies ebenfalls auf Wandtafeln in bunter Schrift, daneben hängt ein überdimensionales Porträt von Bob Marley. Ein Standventilator wälzt die warme Luft um, aus den Boxen der Stereoanlage klingen Bob Marleys bekannteste Songs.

„Für mich gibt's einen *Ride Nutty Ride*." Michael reibt sich voller Vorfreude auf den energiereichen Genuss die Hände.

„Und für mich den *Heartbeat* mit Roter Beete." Wir legen einige Bündel Bananen und zwei frische Ananas auf den Tresen und setzen uns zwischen die Kissenstapel. Die Smoothie-Bar hat sich für uns als kleine Oase der Erholung etabliert, in der wir uns Pausen im Dockalltag gönnen und ein wenig Energie tanken.

„Uff, ist das heiß!" Ich wische mir den Schweiß von der Stirn.

„Schon, aber jetzt weht immerhin ein angenehmer Wind. Im September ist die Luft gestanden, das fand ich viel unangenehmer."

Die freundliche Kellnerin stellt zwei große Plastikbecher mit Saft vor uns ab.

„Mh, lecker! Viel besser als Glühwein." Michael schmunzelt.

„Na, hier schon." Bis letztes Jahr haben wir in der Adventszeit wenigstens einmal Glühwein getrunken, selbstgebrühten, versteht sich. Aber hier hat nun keiner von uns Lust auf ein heißes Getränk. So bleiben wir bei unseren Smoothies.

Zurück bei der PINUT kommt uns Ricky entgegen. „Hey man, nice to see you back!" Er klopft Michael auf die Schulter.

„Hallo, Ricky. Alles in Ordnung?"

„Klar. Aber ich brauche mehr Farbe, um den dritten An-
strich machen zu können."

„Okay, ich hole sie dir gleich im Boaters Shop."

„Gut, ich bin in einer halben Stunde wieder da." Der kleine Mann mit dem typischen Trinidad-Slang, den ich so
schlecht verstehe, schiebt sich die Schirmmütze aus dem Gesicht, hebt die Hand zum Gruß und verschwindet zwischen
zwei Schiffen.

„Ich komm' mit in den Boaters Shop." Ich habe keine
Lust, das ganze Gepäck auszupacken und bin froh um die
Verzögerung.

„Ihr geht in den Boaters Shop? Darf ich mitkommen?" Seraina lugt über die Reling.

„Klar."

„Bin gleich da!" Mit Jonas im Schlepptau klettert sie die
Leiter hinunter.

Im kleinen Laden auf dem Werftareal finden sich vor allem Verbrauchsmaterialien wie Farbe, Pinsel, Schleifpapier
und ähnliches. Michael öffnet die Tür.

„Das Lied kenn' ich!" Seraina bleibt wie angewurzelt stehen und lauscht den vertrauten Klängen. „Das ist ein Weih-
nachtslied!" Sie strahlt.

„Jingle bells", helfe ich ihr auf die Sprünge.

„Ja, genau! Dass die das hier auch kennen!"

„Das ist ein englischer Song, vielleicht deshalb."

Jonas hat kein Ohr für die Musik. Er ist schnurstracks auf
ein etwa anderthalb Meter hohes Weihnachtsbäumchen aus
Kunststoff zugesteuert. „Schau mal, Seraina, Weihnachtskugeln! An dem Baum hängen Weihnachtskugeln!"

Serainas Augen leuchten, als sie auf das Bäumchen zu-
steuert. „Ja! Richtige, große Weihnachtskugeln! Mama, können wir auch richtige Weihnachtskugeln kaufen?" In ihrem
bittenden Blick liegt Sehnsucht.

Bedauernd schüttle ich den Kopf. „Die sind doch viel zu
groß für unseren kleinen Baum."

„Och, schade! Ich würd' gern mal wieder neue Kugeln kaufen."

„Wart ab, ich versprech' dir, dass unser Bäumchen dieses Jahr auch ganz hübsch ausschauen wird." Ich habe in Deutschland Mini-Christbaumkügelchen gefunden, die perfekt an unseren Holzbaum passen.

Während sich die Kinder um den Weihnachtsbaum drücken, kaufen Michael und ich die Farbe und decken uns mit neuen Pinseln ein. Aus den Lautsprechern klingt nun *Rudolf, das Rentier mit der roten Nase*. Irgendwie seltsam, diese Lieder in dieser so ganz und gar nicht weihnachtlichen Umgebung. Die Kinder scheint das nicht zu stören.

„Komm, Jonas, wir packen unsere Adventskalender aus!" Seraina nimmt Jonas an der Hand, und gemeinsam wirbeln sie in Richtung PINUT davon. Michael und ich trotten hinterher. Auf uns warten die unausgepackten Taschen.

„In welchem Zustand das Innere der PINUT wohl sein wird?" Ich ziehe die Nase kraus.

„Ach, mit den Ventilatoren sollten wir diesmal kein Schimmelproblem haben. Und Alice hat ja regelmäßig gelüftet."

„Ich hoffe es!" Gänsehaut kriecht über meinen Rücken. Das letzte Mal, als wir das Schiff alleine gelassen haben, war auf Sal. Und was uns damals bei unserer Rückkehr erwartet hat, das lässt mich noch heute schaudern.

Schimmel à discrétion

„So richtig kann ich mich gar nicht freuen, dass wir wieder zurück sind." Seraina starrt aus dem Fenster des Taxis, das uns vom Flughafen Sal nach Palmeira bringt. Ich lege meinen Arm um sie und drücke sie an mich. Schweigend lassen wir die wüstenhafte Landschaft mit den spärlichen, windschiefen Bäumen, den einstöckigen bunten Häuschen und dem hellbraunen Sand an uns vorbeiziehen.

Es riecht nach Zitrone. Der Motor schnurrt gleichmäßig und ich bin froh um die Klimaanlage, denn der Temperaturunterschied von 20°C zwischen der Schweiz und den Kapverden ist doch ein bisschen heftig. Drei Monate haben wir in unserer alten Heimat verbracht, haben Freunde und Familie besucht, vertraute Gerichte gegessen und all das getan, was auf dem Schiff nicht möglich ist. Umhergezogen sind wir in unserem alten Wohnmobil. So sind wir flexibel und können all die Menschen besuchen, die uns am Herzen liegen.

Und eigentlich haben wir uns darauf gefreut, unsere lieben Freunde Ute und Valentin hier wieder zu sehen. Sie sind ebenfalls nach Hause geflogen und haben den Herbst in Wien verbracht. Doch dann kam dieser Anruf von Valentin, den ich lieber nie erhalten hätte. Der Anruf, bei dem er mir gesagt hat, dass sich Ute das Leben genommen hat.

Beim Anblick der FELBA, die unweit der PINUT im weiten Hafenbecken von Palmeira vor Anker liegt, bildet sich ein Kloß in meinem Hals und meine Nase beginnt zu kribbeln. Ich schlucke und kämpfe mit den Tränen. Wir sitzen zwischen unseren unzähligen Gepäckstücken in Jaírs hölzernem Fischerboot und lassen uns von ihm zur PINUT fahren. Alle Köpfe sind zur FELBA gerichtet. Nur das Rattern des Außenborders durchbricht unser Schweigen. Gelb-orange-rot, die große Schwester der PINUT liegt da wie immer.

„Wisst ihr, wann Valentin wiederkommt?" Jaír blickt uns fragend an.

Wir schütteln die Köpfe und hängen unseren Gedanken nach. Gemeinsam haben wir über den Atlantik nach Französisch-Guyana segeln wollen. Wir haben auch mit dem Gedanken gespielt, Brasilien anzulaufen, aber die Durchquerung der ITC mit ihren wechselnden Winden und Flauten sowie das Segeln entlang der brasilianischen Küste nach Norden in Richtung Karibik haben uns abgeschreckt. Nach Südamerika wollen wir aber unbedingt, und so haben wir uns auf Französisch-Guyana geeinigt. Wir haben den südamerikanischen Urwald gemeinsam erkunden wollen, und Ute wollte Heilkräuter sammeln.

„Wir sind da!" Rahels Ruf reißt mich aus meinen trübsinnigen Gedanken. Fix belegt sie die Leine des Bootes auf einem der Poller der PINUT und klettert an Deck. „Iiih, ist das staubig!" Sie rümpft die Nase.

„Wartet." Michael steht auf und lässt seinen Blick übers Deck schweifen. „Ich glaube, es ist besser, wenn die Kinder noch nicht an Bord kommen. Wir müssen das Deck erst spülen, sonst schleppen wir den ganzen Staub ins Schiff."

Der weiße Lack ist unter einer dicken, rotbraunen Staubschicht verborgen.

„Ich will aber aufs Schiff!" Ursina zerrt an meiner Hand.

„Moment. Wir machen kurz sauber und dann könnt ihr kommen." Ich lächle ihr aufmunternd zu, steige über die Reling und krieche unter der Regenplane hindurch ins Cockpit. Auch hier liegt Staub, aber dazu mischt sich schwarzer Schimmel an der Decke und auf den Ablagen. Diesmal liegt es an mir, die Nase zu rümpfen.

„Alles in Ordnung?" Michaels Kopf schiebt sich unter der Plane hervor.

„Naja. Staub und Schimmel."

„Schimmel?" Irritiert runzelt er die Stirn.

„Ja. Es muss viel geregnet haben. Hast du den Schlüssel?"

Er nickt, zieht ihn aus dem Rucksack und schiebt den Lukendeckel zurück. Ich ziehe die beiden Steckschotts heraus und steige ins Innere der PINUT hinab. Abgestandene Luft empfängt mich. Das kenne ich bereits. Aber es muffelt auch. Wonach, weiß ich noch nicht so genau, es ist zu dunkel im Schiff. Ich lege den Batteriehauptschalter um, den finde ich auch mit geschlossenen Augen. Der Gasdetektor piepst dreimal laut, ich mache Licht.

„Igitt!" Entsetzt reiße ich die Augen auf. Auf dem Herd, der Küchenarbeitsfläche, dem Salontisch, ja sogar auf den Polstern liegt gräulicher Schimmel.

„Uff." Michael ist hinter mich getreten, ich spüre seinen warmen Atem in meinem Nacken. „Es wäre wohl doch besser gewesen, wir hätten Jaír den Schlüssel da gelassen, damit er regelmäßig hätte lüften können."

Ich nicke wortlos. „Und was machen wir jetzt? So können wir nicht einziehen, und das Putzen wird dauern. Wir müssen jedes einzelne Schapp ausräumen, jedes Polster waschen, die Decke schrubben..." Meine Stimme versagt. Ich habe mich aufs Weitersegeln gefreut.

Michael legt seine Arme um meine Schultern. „Ich schlage vor, wir suchen uns ein Airbnb und bleiben dort, bis wir das Schiff wieder auf Vordermann gebracht haben."

„Hoffentlich gibt's sowas hier." Ich zweifle und kann das Ganze noch nicht so entspannt sehen wie Michael. Ich habe mich darauf gefreut, endlich wieder nach Hause zu kommen, habe mich nach den Monaten im engen Wohnmobil auf den Platz im Schiff gefreut. Die Vorstellung, nach der langen Reise, bei der wir schon einen zweitägigen Zwischenstopp auf Gran Canaria einlegen mussten, nochmals auswärts übernachten zu müssen, finde ich wenig prickelnd.

Aber es bleibt uns nichts anderes übrig. Hier können wir auf keinen Fall einziehen. „Immerhin werden wir die Kakerlaken los sein, die wir uns auf dem Dock auf La Palma eingefangen haben", grummle ich, während ich ins Cockpit hinaufsteige.

„Mit Sicherheit!" Michael grinst breit und wendet sich an Jaír. „Wir brauchen eine Unterkunft für zwei bis drei Tage. Wir müssen das Schiff erst putzen, bevor wir einziehen können."

Jaír nickt. „Ich bringe euch zu Nelly. Sie vermietet Zimmer in der Nähe des Hafens und ist ganz nett."

„Ausgezeichnet!" Ich höre Michaels Stimme an, dass er sich über die neue Wendung freut.

Nelly ist eine kleine, blonde Französin, die gemeinsam mit ihrem Mann vor vielen Jahren auf einem Segelboot hierher gekommen und hängengeblieben ist. Ihr Mann ist inzwischen gestorben und sie hat ihr Haus für Gäste geöffnet. Gemeinsam mit ihrem Sohn, ihrem Freund und ihrem kleinen Hund bewirtschaftet sie ein großzügiges Haus mit vier Gästezimmern und großer Terrasse. Der Hund ist ein Glückstreffer für unsere Guia, denn Nellys Tierliebe erlaubt ihr, sich im Haus aufzuhalten, was sie außerordentlich genießt.

„Willkommen in meinem Haus! Frühstück ist inbegriffen, aber ihr könnt gerne auch zu Abend essen, ich muss es nur rechtzeitig wissen. Habt ihr Wäsche, die gewaschen werden soll?"

Ich nicke heftig. „Ja, von der Reise, aber auch vom Schiff."

„Morgen könnt ihr mir alles geben, ich wasche es für euch."

Dankbar lächle ich Nelly an und fühle mich gleich ein wenig leichter. Wir beziehen zwei Zimmer im oberen Stock bei der großen Terrasse. Jonas schläft bei uns, die Mädchen teilen sich ein Doppelzimmer. Die Räume sind sauber und liebevoll eingerichtet mit maritimen Zeichnungen an den Wänden und Zierkissen auf den Betten, die vom Ankern erzählen und von Nellys Verbundenheit mit dem Meer und dem Segeln.

Während sich die Kinder in ihrem Zimmer mit Feuereifer häuslich einrichten, setze ich mich auf eine steinerne Sitzbank, die in die Terrassenmauer eingelassen ist, und lasse meinen Blick über Palmeira schweifen. Die Sonne steht tief, in den Straßen kommt das Leben zur Ruhe. Die sandfarbenen Hunde streunen um eine Abfalltonne in der Hoffnung auf Futter, ein alter Mann humpelt langsam übers Kopfsteinpflaster und verschwindet in einem Hauseingang, zwei Kinder spielen Fangen. Der Duft nach gebratenem Fisch mit Knoblauch kitzelt meine Nase und lässt mir das Wasser im Mund zusammenlaufen.

Mein Blick bleibt bei der PINUT hängen, die sanft an ihrer Mooring im Abendwind schaukelt. An unserer Mooring. Wir haben sie gemeinsam mit Jaír vor unserer Abreise im August selbst zu Wasser gelassen. Sie besteht aus einem 200kg schweren Zementblock, den wir mit Jaírs Boot durchs halbe Hafenbecken geschleppt haben. Damit das Boot vom Gewicht des Blockes nicht heruntergezogen worden ist, haben wir unsere Heavy-Duty-Kugelfender darum gebunden und damit für Auftrieb gesorgt. Am Zementblock ist ein dickes Tau befestigt, an dessen Ende eine Markierungsboje schwimmt. Daran hängt unser Schiff.

„Na, geht's dir wieder besser?" Michael steht neben mir.

Ich nicke. „Ich denke gerade an unsere Mooring."

„Ach ja, da war ja was! Offensichtlich hat sie ihren Job gut gemacht!" Er dreht den Kopf in Richtung Hafen.

„Hoffentlich! Immerhin hängt an ihr unser bester Schäkel!" Es wurmt mich noch heute, dass wir unseren massiven Edelstahlschäkel opfern mussten, um die Leine am Block zu befestigen. Damals hatten wir nichts anderes, und so gammelt unser teures Stück für alle Ewigkeit auf dem Meeresboden von Palmeira. Und in unserem Gepäck befinden sich nun zwei schwere Stahlschäkel. Wehe, wir finden in den kommenden Jahren keine Einsatzmöglichkeit für sie!

„Essen!" Nellys kräftige Stimme hallt an den Mauern wieder. Hungrig versammeln wir uns im gemütlichen Speiseraum um den langen Tisch, an dem noch mindestens fünf Personen mehr Platz hätten.

„Ich hab' Durst! Können wir was zu Trinken bestellen?" Ursina dreht das elegante Stielglas zwischen den Fingern. Bevor ich ihr antworten kann, stellt Nelly zwei große Wasserkaraffen auf den Tisch. Gleich darauf folgen eine Platte mit Reis, eine Schüssel mit Karotten und gegrillter Fisch.

„Mh, das duftet!" Jonas schließt genüsslich die Augen.

„Allerdings! Wer hat keinen Hunger?" Erwartungsvoll blickt Michael in die Runde. Doch die Kinder kennen seinen Spaß bereits und schweigen. „Also, alle haben Hunger. Her mit den Tellern!"

Kurz darauf sind wir alle mit dem köstlichen Abendessen beschäftigt, und außer der monotonen Stimme des Nachrichtensprechers aus dem breiten Flachbildschirm an der Wand ist nur das Klappern von Besteck zu hören.

Abends im Bett habe ich mich mit dem Schimmel im Schiff bereits ausgesöhnt. Ich genieße die Ruhe, den Duft der frischen Bettwäsche und das leise Schreien eines Käuzchens und erkenne einmal mehr, dass alles sein Gutes hat.

Davon bin ich am nächsten Vormittag dann allerdings wieder weniger überzeugt. Ich knie auf dem Cockpitboden und versuche, unsere elektrische Wasserpumpe mit dem Sicherungskasten zu verbinden, damit wir das Deck spülen können. Jaír hat uns große Wasserkanister besorgt, aus denen wir über unsere Pumpe das Wasser durch einen Schlauch aufs Deck spritzen wollen. Nach kurzer Zeit sprudelt es tatsächlich, und erleichtert blicke ich den braunen Bächen nach, die an der Bordwand entlang ins Meer fließen. Wenn sich nur das Schiffsinnere auch so leicht reinigen ließe.

„Wie gehen wir vor?" Fragend blickt mich Michael an. Saskia lehnt am Salontisch und zieht angewidert die Nase kraus. Alle anderen Kinder sind bei Nelly geblieben.

„Wir müssen alles ausräumen und mit viel Essigwasser putzen. Ich schlage vor, wir beginnen mit der Küche und dem Salon und arbeiten uns dann nach vorne und nach hinten."

„Okay, los geht's!" Michael reibt sich die Hände und ergreift Schwamm und Kübel, in den er großzügig Essig und Wasser füllt.

„Was machen wir mit den Kissen?" Saskia hält ein hellgrünes Salonkissen mit Schimmelüberzug zwischen zwei Fingerspitzen.

„Wir lassen sie waschen. Leg alle Wäsche in eine der Einkaufstüten im Cockpit. Wir nehmen sie später mit zu Nelly."

„Das ist aber viel. Die ganze Bettwäsche muffelt."

„Wir können ja einen Teil heute mitnehmen und den Rest morgen, damit die arme Nelly keinen Herzinfarkt bekommt!"

„Ob es auf der FELBA auch so schlimm aussieht?" Nachdenklich wischt Michael übers Backblech.

„Wir sollten nachschauen. Ich nehme nicht an, dass Valentin in nächster Zeit hierher kommen wird."

„Das machen wir. Ich glaube, Jaír hat einen Schlüssel. Vielleicht hat er ja auch regelmäßig gelüftet, dann hat die FELBA kein Schimmelproblem."

„Für unseren nächsten Heimaturlaub müssen wir unbedingt für ausreichende Belüftung im Schiff sorgen."

„Belüftung und Entfeuchtung. Die Luftfeuchtigkeit wird in Südamerika noch um einiges höher sein als hier. Ich denke, ich bestelle Entfeuchter, die du im Frühling mitbringen kannst." Stirnrunzelnd blicke ich Michael an.

Nach zwei Tagen Arbeit zu dritt ist die PINUT wieder bewohnbar.

„So sauber war unser Schiffchen noch nie!" Saskia strahlt.

„Naja, zumindest schon lange nicht mehr." Lachend lege ich meinen Arm um ihre Schulter.

Wir haben jedes Schapp, jedes Schränkchen, jeden Winkel ausgeräumt und mit Essig eingerieben. Dabei haben wir die Gelegenheit genutzt und Dinge entsorgt, die wir nicht benötigen. Viel ist es nicht gewesen, denn wenn es an etwas mangelt auf der PINUT, dann ist es Platz. Darum fahren wir so gut wie keine Spielsachen und auch kaum Souvenirs spazieren, denn den Platz, den es gibt, werden wir für Lebensmittel brauchen, wenn wir in wenigen Wochen über den Atlantik segeln. Geplant ist die Abfahrt Anfang Februar. Das ist eher spät, die meisten Segler setzen Mitte November über, um Weihnachten in der Karibik verbringen zu können. Windtechnisch gesehen bieten sich Januar-Februar jedoch eher an, da dann der Passatwind zuverlässiger bläst. Zudem sind wir in unserer Planung nicht ganz frei von Verpflichtungen. Sowohl Michael als auch ich sind im Januar noch beruflich in Deutschland unterwegs. Michael fliegt an die Tourismusmesse nach Stuttgart und ich darf mein Buch *Vierzig Fuss für vierzig Füsse* auf der *Boot* in Düsseldorf vorstellen. In dieser Erzählung berichte ich von den ersten zweieinhalb Jahren unserer Reise auf der PINUT.

Noch ist das alles weit weg. Es ist November und unser nächstes Ziel ist erst mal erneut Mindelo auf Sao Vicente. Dort werden wir die Oberwanten ersetzen und uns für die mehrwöchige Reise auf See verproviantieren. Heute aber werden wir zu Nelly fahren, um die Kinder und unser Gepäck zu holen. Dann kehrt endlich das Leben aufs Schiff zurück!

Eingesperrt im Parkhaus

Trinidad, Dezember 17

So sehr ich die Lebendigkeit unserer Großfamilie grundsätzlich liebe, hin und wieder wird mir der Trubel auf der PINUT zu viel. Dann fliehe ich. Entweder in den Dschungel, an den Strand oder in ein gemütliches Café. Hier auf Trinidad nutze ich die Nähe zu Port of Spain, um gemeinsam mit Alice auf Shoppingtour zu gehen. Nein, ich gehe nicht shoppen, weil ich Einkaufen liebe, sondern um in regelmäßigen Abständen unseren Hausrat zu ergänzen oder zu erneuern. Denn beim Abwaschen an Deck oder auf dem Steg geht nicht selten das eine oder andere gute Stück über Bord, und andere Dinge werden nach vielen Jahren im täglichen Gebrauch einfach irgendwann einmal unbrauchbar.

Heute bin ich auf der Suche nach neuen Tellern. Das Melamin-Geschirr, von dem die Kinder essen, ist noch vom Voreigner und nicht mehr besonders ansprechend. Zudem brauche ich einen Arzt – nicht für mich, sondern für unser iPad. Es ist uns in der Waschküche auf den Keramikplattenboden gefallen, und der touchscreen ist in tausend Stücke zersprungen. iPad in der Waschküche? Ja, weil dort der Internetempfang am stärksten ist und wir so die Wartezeit auf unsere Wäsche am angenehmsten überbrücken können. Als Segler entwickelt man eine hohe Sensibilität fürs WLAN. Wo auch immer es verfügbar ist, wird es genutzt, denn dort, wo man zuhause ist, hat man oft keinen Empfang. Besonders ungeschickt ist in unserem iPad-Fall, dass wir das Gerät zum Navigieren benötigen. Daher begleitet mich an diesem Samstagvormittag eine gewisse Nervosität, als ich gemeinsam mit Alice im Mietauto das Parkhaus aufsuche.

„Heute ist hier aber wenig los!" Überrascht blickt sich Alice um. „Sonst ist nie ein Parkplatz frei in der ersten Etage."

„Vielleicht liegt das daran, dass heute Samstag ist und die Ämter geschlossen sind", vermute ich. Im Gebäude gegenüber des Parkhauses befinden sich verschiedene öffentliche Ämter, die jeweils stark frequentiert werden. Wir suchen uns einen Parkplatz in der Nähe der Ausfahrt aus und marschieren in Richtung Stadtzentrum.

„Bist du einverstanden, wenn wir zuerst einkaufen gehen, bevor wir uns um die iPads kümmern?" Alice führt ebenfalls ein kaputtes iPad spazieren.

„Können wir machen. Ich möchte einfach nicht zu spät im Reparaturgeschäft sein, damit wir die Geräte heute gleich wieder mitnehmen können."

„Gut, dann lass uns diese Straße entlang gehen, die sollte uns zu den Geschäften führen." Entschlossen überquert sie die Straße und geht an einer grauen Häuserzeile entlang.

Port of Spain verfügt über ein modernes Viertel mit den höchsten Wolkenkratzern der karibischen Inseln. Nichtsdestotrotz ist die Stadt sympatisch-chaotisch mit zahlreichen kleinen Geschäften, fröhlichen Menschen und verwinkelten Gassen. Wie in allen größeren Städten wird auch hier empfohlen, bestimmte Viertel zu meiden und nachts besser zuhause zu bleiben. Ich halte mich an diese Ratschläge und fühle mich wohl hier.

Plötzlich bleibt Alice stehen und betrachtet die Auslage eines Schaufensters. Teller, Wanduhren, Campingstühle. Es scheint sich um ein Haushaltswarengeschäft zu handeln.

„Lass uns da reingehen, ja?"

Und so tauchen wir ein in unser kleines Einkaufsparadies. Seit wir die Kanaren vor anderthalb Jahren verlassen haben, bin ich in keinem richtigen Kaufhaus mehr gewesen. Auf den Kapverden gibt es nur kleine Geschäfte mit spezialisiertem Angebot oder Lebensmittelsupermärkte, in Französisch-Guyana ebenfalls, und in Surinam dominieren China-Läden die Szene. Hier aber sind wir in einem sehr gut sortierten kleinen Kaufhaus mit Haushaltswarenabteilung, Kosmetik, Bettwäsche, Kinderkleidern, Kaugummis und vielem mehr. Ich fürchte, so rasch werden wir hier nicht mehr rauskommen.

Ich habe Recht. Über zwei Stunden lang stöbern wir in dem Geschäft und verlassen es schwer bepackt mit neuen Tellern, Salatbesteck, Bastelsachen für die Kinder, einem Campingstuhl und anderen nützlichen Dingen mehr. Wir sind überaus zufrieden und gleichzeitig froh darüber, dass wir ohne unsere Männer unterwegs sind.

„Hannes hätte bei Vielem gesagt, dass wir es nicht kaufen sollen, weil das Boot sonst zu schwer wird." Alice grinst. „Dabei können wir die Sachen wirklich gut gebrauchen."

„Gewicht ist bei uns kein Thema, die PINUT ist so schwer, dass es auf ein paar Kilo mehr oder weniger nicht ankommt." Auf der hölzernen APATIKI dagegen zählt jedes Gramm.

„Komm, lass uns nun die iPads machen. Wo genau soll dieser Tablet-Shop sein?" Alice blickt sich suchend um.

„An der nächsten Straßenkreuzung in irgendeiner Mall." Stirnrunzelnd starre ich auf mein Handy, auf dem der blaue

Punkt, der unseren Standpunkt angeben soll, einfach nicht erscheinen will.

„Es gibt hier mindestens drei verschiedene Malls. Weißt du einen Namen?"

„Nein. Sie wusste ihn nicht mehr." Ich habe den Hinweis auf das Reparaturgeschäft von einer Seglerin bekommen, die während unseres Missgeschicks gerade in der Waschküche war.

„Dann klappern wir einfach alle drei Malls ab. Einverstanden?" Alice grinst mich an.

„Klar, wir haben noch Zeit. Und vielleicht läuft uns ja ein gemütliches kleines Café über den Weg." Ich grinse zurück und schultere meinen neuen Campingstuhl.

Die erste Shopping-Mall besteht aus unzähligen kleinen und kleinsten Geschäften, die sich auf engstem Raum aneinanderreihen. Grellweißes Neonlicht, viel zu laute Musik, Stimmengewirr und eine Parfümwolke nach der anderen lassen uns rasch den ersten Stock erklimmen. Hier ist es ruhiger. Es riecht nach Fritierfett. An einem runden Tisch sitzt eine Familie auf roten Plastikstühlen, Wegwerfgeschirr mit Hamburger und Pommes vor sich.

Wir gehen weiter, vorbei an einigen leerstehenden Geschäftsräumen. Am Ende des Ganges prangt eine Leuchtreklame über einer schmalen Tür: Cell-Repair. Wir klopfen an und treten ein. Der Raum ist winzig. Neben der Tür steht ein Stuhl, auf dem eine beleibte Frau mit einer Einkaufstasche auf dem Schoß sitzt und auf ihr Smartphone tippt. Gegenüber befindet sich ein Tresen, dahinter eine junge Verkäuferin mit dichtem, schwarzem Kraushaar. Auf dem Tresen türmen sich Handys und Teile davon. Das Zimmer ist fensterlos, weißes Licht strahlt lieblos von der unverputzten Zementdecke.

„Wie kann ich Ihnen helfen?" Die Stimme der Verkäuferin klingt gelangweilt.

„Reparieren Sie auch iPads?"

Sie greift zum Handy, bespricht sich kurz und schüttelt, zu uns gerichtet, den Kopf. „Nein."

„Können Sie uns sagen, wo wir iPads reparieren lassen können?"

Sie scheint nachzudenken, dann schüttelt sie wieder den Kopf. „Leider nicht."

„Okay, auf Wiedersehen."

Wir zwängen uns durch die Tür zurück auf den Gang.

„So was von unfreundlich!", empört sich Alice. „Lass uns in die andere Mall gehen, die ist größer."

Auch im nächsten Shop werden wir abgewiesen. Handys und jede andere Tabletmarke werden repariert, aber mit Apple-Produkten ist es schwierig. Immerhin bekommen wir einen Tipp, wohin wir uns wenden sollen.

Der dritte Raum ist groß und gut besucht. Wieder stehen Stühle neben der Tür, wieder befindet sich gegenüber ein Tresen, nur ist diesmal alles viel geräumiger – und voller. Fünf Leute sitzen bereits auf den Stühlen und scheinen zu warten, hinter dem Tresen arbeiten drei Männer. Einer von ihnen winkt uns herbei.

„Können Sie iPad-Displays reparieren?"

„Welches Modell?" Der Mann klingt freundlich.

Wir ziehen unsere lädierten Geräte aus den Taschen und legen sie auf den Tresen.

Er schaut sich die Modellnummern an, dann nickt er. „Ja, wir haben die Gläser für beide Geräte auf Lager."

Erleichtert atme ich auf. Mein Tag ist gerettet. Der Preis von umgerechnet CHF 80.-- ist auch in Ordnung. Auf unsere Frage, wann wir die Tablets abholen können, meint der Mann, wir sollen uns setzen. Aha. Darum sind all die Stühle besetzt, weil die Menschen auf ihre Geräte warten, die gerade repariert werden.

Ich blicke Alice an und ziehe die Augenbrauen in die Höhe. Sie steuert bereits auf einen freien Stuhl zu. „Ich hol' uns Wasser." Sie nickt, ich verschwinde aus dem Raum.

Drei Stunden später treten wir wieder auf die Straße, unsere reparierten iPads in den Taschen. Wir sind glücklich und erleichtert – nur Kaffee haben wir noch immer keinen getrunken und mein Magen knurrt. Die Straßen, durch die gewöhnlich der Verkehr rollt und die Autos hupen, sind überraschend leer. Es ist zwar Samstag, aber erst kurz nach vier. Offensichtlich schließen die meisten Geschäfte früh.

Als wir um die Ecke des Parkhauses biegen, stutze ich. Zwei der zahlreichen Ausfahren sind mit einem Gitter verschlossen. „Schau mal, die Ausfahrten sind zu!" Ich deute mit dem Kopf auf die Gitter, denn an meinen Händen baumeln schwere Einkaufstüten.

„Waren die nicht heute morgen schon zu?" Alice versucht sich zu erinnern.

„Keine Ahnung." Mir fällt ein Stein vom Herzen, als wir zu unserer Ausfahrt kommen. Sie ist offen. Wir stiefeln über die Rampe hinauf zu unserem Auto und verstauen unsere Errungenschaften.

Doch was ist das? Als wir den Motor starten und in Richtung Ausfahrt rollen, stoßen wir auch hier auf ein Gitter!

„So was, das war doch eben noch offen!" Entgeistert starrt Alice aufs Gitter.

„Komm, wir versuchen es auf der anderen Seite, irgendwo muss ja was offen sein." Ich kann mir nicht vorstellen, dass man ein Parkhaus komplett schließen kann. Wozu auch? Zudem sind wir nicht das einzige Auto hier.

Aber so viel wir auch durch die düsteren Gänge herumkurven, überall präsentiert sich uns dasselbe Bild: mit massiven Gittern verschlossene Ausfahren. Meine Fingerspitzen beginnen zu kribbeln und ich spüre, dass auch Alice unruhig wird.

„Dort ist ein Kontrollhäuschen neben der Ausfahrt, ich schau mal, ob jemand drin ist. Vorhin war es auf jeden Fall besetzt. Die Frau kann sich doch nicht einfach in Luft aufgelöst haben, die hat doch gesehen, dass wir hineingelaufen sind." Alice steigt aus und tritt auf das verdunkelte Fenster des Häuschens zu. Sie klopft an die Scheibe. Stille.

Ich steige ebenfalls aus und trete ans Gitter. Vielleicht entdecke ich ja noch eine Mitarbeiterin des Parkhauses. Eine magere Frau ohne Schuhe bleibt vor mir stehen.

„Hast du ein Problem?" Ihre Stimme klingt brüchig und die Schneidezähne fehlen. Ein Auge blickt starr geradeaus, während mich das andere aufmerksam mustert.

„Wir kommen nicht mehr raus."

„Dort drüben ist die Security-Zentrale, dort ist immer jemand." Ihr ausgestreckter Arm deutet in die Richtung, aus der wir hergefahren sind.

„Könnten Sie vielleicht hingehen und jemanden holen, der uns rauslässt?" Die Frau ist unsere große Hoffnung.

„Klar, nur keine Angst, ihr kommt da schon wieder raus." Sie wendet sich ab und schlurft davon.

„Meinst du, sie kommt wieder?" In Alices Augen erkenne ich leisen Zweifel.

„Ich denke schon. Sie scheint sich auszukennen."

„Hoffentlich." Alice lehnt an einem Betonpfeiler, ich setze mich auf den Randstein des schmalen Gehsteigs. Es ist drückend warm, mein T-Shirt klebt an meinem Oberkörper. Mein Magen knurrt noch immer, trotz des unangenehmen Geruchs nach Diesel. Die Decken und Wände sind schwarz vom Abgas der Autos. Es ist gespenstisch still, nur hin und wieder zwitschert irgendwo ein einsamer Vogel. Ich kann mir einen schöneren Ort vorstellen, um den Nachmittag ausklingen zu lassen.

Endlich kommt die Frau zurück. Allein. „Ihr müsst zum Security-Office gehen."

„Na toll. Und wie? Hier ist ja alles zu." Alice wird ungeduldig.

„Die Treppenhäuser sind offen." Der Blick der Frau wandert zu einem Fußgängereingang etwa zwanzig Meter von uns entfernt.

Ich blicke Alice an. „Lass es uns versuchen. Hierbleiben können wir jedenfalls nicht." Die Vorstellung, die Nacht hier im Auto zu verbringen, lässt mich aufstehen. „Aber wie kommen wir zu diesem Ausgang?" Meine Augen suchen die grauen Wände ab.

„Dort oben sieht es nach einer Tür aus." Alice stapft die Rampe hinauf und steuert auf eine Aussparung in der Wand zu. Ich folge ihr. Wir erreichen eine orangefarbene Metalltür. Sie lässt sich mit einem lauten Quietschen öffnen, das mir das Blut durch die Adern jagt. Ein Bewegungsmelder sorgt für kaltes Licht, das ein enges Treppenhaus flutet. Unsere Schritte hallen an den kahlen Wänden wider. Hintereinander steigen wir die Treppe hinunter, bis wir Tageslicht sehen.

„Der Ausgang!" Erleichtert blicken wir uns an.

„Und wo ist jetzt dieses Security-Office?" Suchend blicke ich mich um. Da kommt die Frau von vorhin auf uns zu.

„Kommt mit." Sie schlurft an uns vorbei, biegt um eine Ecke und bleibt nach weiteren einhundert Metern vor einer dunkel verglasten Tür stehen. *Security* steht auf einem weißen Schild. Alice klopft und tritt ein.

Der Raum ist klein. Gegenüber der Tür weist ein ebenfalls verdunkeltes Fenster zur Straße. Hinter einem schlichten Schreibtisch sitzt eine vollbusige Frau in Uniform, eine zweite steht neben dem Fenster an die Wand gelehnt. In der Ecke surrt eine Klimaanlage.

„Guten Tag. Unser Auto steht noch im Parkhaus und wir müssen nach Hause fahren. Können Sie uns sagen, wo wir rauskommen?" Ich staune über die Ruhe in Alices Stimme.

Ich bin zwar nicht nervös, aber so gelassen, wie ich gerne wäre, bin ich auch nicht. Ich will heim zu den Kindern.

„Das Parkhaus schließt am Samstag um 14.00 Uhr. Das steht auf dem Schild bei jeder Einfahrt. Haben Sie das nicht gesehen?" Der Tonfall der Uniformierten ist kühl und streng.

„Nein. Das haben wir tatsächlich nicht gesehen." Alices Blick streift mich, ich schüttle den Kopf. Wahrscheinlich sind wir in irgendein spannendes Gespräch vertieft gewesen.

„Nein, das tut uns leid."

Der Zeigefinger der Frau klopft auf einen Zettel, der auf dem Schreibtisch liegt. „Hier steht es: Das Parkhaus ist von Samstagnachmittag, 14.00 Uhr, bis Montagmorgen, 06.00 Uhr, geschlossen."

Na halleluja. Aber vielleicht lassen die Damen ja mit sich reden. „Das haben wir wirklich nicht gesehen, das tut uns leid. Können Sie das Gitter bitte nochmal öffnen?"

„Das kostet 30 TT-Dollar." Ich spüre den Blick der Frau auf meinem Gesicht.

„Hast du noch Bargeld?" raune ich Alice zu. In meinem Portemonnaie herrscht Ebbe. Sie zieht ihren Geldbeutel aus der Tasche und legt 30 Trinidad&Tobago-Dollar auf den Tisch. Die Uniformierte steckt das Geld ein, dann nickt sie der anderen zu und gibt ihr einen Schlüsselbund. Zu dritt verlassen wir das Office.

Vor dem Lift bleibt die Security-Frau stehen und drückt den Knopf. Wir warten, bis sich die Tür öffnet, und betreten den Lift. Der Boden unter meiner Schuhsohle fühlt sich klebrig an, und ein Blick nach unten offenbart mir, dass ich in einer Pfütze irgend eines verschütteten Süßgetränkes stehe. Bevor ich mich darüber ärgern kann, öffnet sich die Lifttür wieder.

Doch, wo sind wir? Irritiert blicken wir uns um. Das ist nicht unsere Etage, wir sind zu weit hinaufgefahren. Wir betreten den Lift erneut und fahren einen Stock tiefer. Doch auch hier sind wir falsch.

„Schau mal, der Lift hält nur an allen ungeraden Stockwerken, unser Auto steht aber im zweiten Stock", erkennt Alice.

„Toll. Und wie kommen wir jetzt in die zweite Etage?"

„Über die Treppe." Die Uniformierte geht voraus.

„Hier sieht es irgendwie auch anders aus." Meine Augen suchen den weißen Wagen mit dem breiten Socca-Schriftzug, aber sie treffen nur auf eine Handvoll anderer Autos. Gibt es noch mehr solche Deppen wie uns, die ihr Auto übers Wochenende einsperren lassen?

„Hier geht's lang!" Alice ist voraus gelaufen. „Wir müssen in den anderen Flügel des Parkhauses."

Da steht es, einsam und verlassen, unser klappriges Mietauto. Erleichtert und erschöpft lassen wir uns auf die Sitze sinken, während die Security-Frau im Kontrollhäuschen verschwindet. Ein lautes Brummen erklingt, dann scheppert es und das Gitter fährt in die Höhe. Rasch rollen wir über die Ausgangsschwelle, könnte ja sein, dass es sich die Dame doch noch anders überlegt. Draußen steige ich nochmal aus, bevor wir auf die Straße einbiegen. Die Frau mit dem unbeweglichen Auge tritt auf mich zu. Ich drücke ihr zehn TT-Dollar in die Hand, die ich noch in meiner Hosentasche gefunden habe, und murmle ein müdes „Danke". Auf der Rückfahrt malen wir uns aus, was wir getan hätten, wenn wir das Auto heute nicht mehr herausbekommen hätten.

„Wir hätten ein Taxi nehmen müssen und am Montagmorgen wiederkommen."

„Oh, nein danke! Einmal Stadt pro Woche ist mehr als genug!" Ich schüttle heftig den Kopf.

„Ich finde Einkaufen auch sehr anstrengend. Aber ich freue mich über die neuen Sachen."

„Ich auch! Vor allem über die neuen Teller und das reparierte iPad."

„Und jetzt fahren wir in die *Westmall*, essen ein Wok-Gericht und trinken Kaffee."

Meistens gelingt es uns tatsächlich, nur einmal pro Woche einzukaufen. Gerade vor Anker ist der Aufwand enorm. Die Waren müssen vom Supermarkt zum Dinghi getragen, verladen, aufs Schiff gehievt und dort verstaut werden. Dabei untersuchen wir alles, was an Bord kommt, auf Kakerlakeneier, Kakerlaken und sonstiges Getier. Für unsere Großfamilie sind wir jedes Mal einen ganzen Tag lang beschäftigt. Besonders anstrengend wird es jeweils vor längeren Törns, wenn wir unterwegs keinen Stopp machen können. Eine logistische Meisterleistung war die Verproviantierung vor der Atlantiküberquerung.

Allein mit dem Ozean

„Was macht ihr denn hier?" Saskia steht die Verblüffung ins Gesicht geschrieben, als sie auf dem Steg neben dem Cockpit stehen bleibt.

„Wir füllen unseren zweiten Wassertank." Konzentriert beobachte ich den Wasserpegel in der 5-Liter-Flasche, der rapide sinkt.

„Und warum nehmt ihr kein Marina-Wasser aus dem Schlauch? Das wäre doch viel einfacher!"

„Weil wir mit diesem Wasser auch den Wassermacher spülen, und das geht nicht mit gechlortem Wasser."

„Na, viel Spaß!" Die Zwölfjährige verdreht die Augen, schwingt sich über die Reling und verschwindet auf dem Vordeck.

„Aus!" rufe ich Ursina zu. Sie steht vor dem Sicherungskasten und legt die Kippsicherung um. Das Surren der Wasserpumpe verstummt. Ich ziehe den Schlauch aus der leeren Flasche, Sylvia zerquetscht sie und legt sie aufs Achterdeck. Ich öffne die nächste Flasche, stecke den Schlauch hinein und informiere Ursina: „An!"

So pumpen wir Flasche um Flasche leer, bis der 200-Litertank voll ist.

„Geschafft!" Sylvia streicht sich eine blonde Haarsträhne aus dem Gesicht. Ihre Wangen sind gerötet, ihre Augen blitzen. „Kaffeepause?"

„Klar!"

Sie verschwindet in der Küche.

Die PINUT liegt wieder in der Marina Mindelo auf Sao Vicente, wo wir sie auf die Atlantiküberquerung vorbereiten. Für den rund drei Wochen dauernden Törn haben wir Verstärkung an Bord geholt: meine Freundin Sylvia mit ihrem zehnjährigen Sohn Mika werden uns nach Französisch-Guyana in Südamerika begleiten. Sylvia haben wir auf La Palma kennengelernt, wo sie mit Mika Urlaub machte. Es ist eine jener Freundschaften, bei denen die Chemie einfach stimmt, bei der man sich auch ohne viele Worte versteht. Sylvia ist ein doppelter Glücksfall für mich, da sie den Atlantik bereits einmal auf einem großen Schulungsschiff überquert hat. Wenngleich die PINUT natürlich viel kleiner ist, verfügt sie über Hochseeerfahrung und kann in etwa abschätzen, was auf sie zukommen wird. Zudem versteht sie sich prächtig mit unseren Kindern, ein ganz wesentlicher Punkt, wenn man während drei Wochen auf engstem Raum ohne Fluchtmöglichkeit zusammenleben will.

„Wo sind eigentlich Mika und Seraina?" Suchend blicke ich mich um. Ursina und Jonas sind mit einem deutschen Jungen in ihrem Alter losgezogen und Rahel hilft Michael beim Füllen der Benzinkanister.

„Sie sitzen auf dem Vordeck und waschen das Geschirr." Sylvia zwinkert mir zu, und ich lächle. Die beiden haben sich von Anfang an super verstanden. „Was gibt es noch zu tun?"

Ich nippe an meiner Kaffeetasse und angle nach unserer To-Do-Liste, die mal wieder nicht kürzer zu werden scheint. Immerhin kann ich nun einen Haken unter den Punkt *Wassertank füllen* setzen. „Also. Da steht: Wäsche waschen, Solarpaneele putzen, Menüplanung, Einkaufen, Bimini und Persenninge abspülen, Leinen einziehen, Dinghi festzurren, Hydrauliköl kontrollieren, Motoren- und Getriebeöl nachfüllen, Dieselfilter wechseln, Schwimmwesten prüfen, Bananenstaude kaufen. Wobei Michael den letzten Punkt in Frage stellt." Ich grinse und erinnere mich an den letzten Bananentransport von El Hierro nach Sal. Diesmal müssen wir uns zweifellos einen anderen Platz für die Bananen überlegen.

„Dann lass uns doch als erstes die Menüplanung machen und danach die Wäsche waschen. Ich hab' Lust auf die Stadt."

„Einverstanden. Da kommt Michael, er kann uns beim Nachdenken helfen."

Michael und Rahel schleppen drei volle Benzinkanister. Wir nehmen sie ihnen ab und verstauen sie in den Backskisten an Deck. Dann setzen wir uns im Cockpit zusammen und überlegen, womit wir uns in den kommenden Wochen die Bäuche vollschlagen sollen.

„Also: Wir essen auf See nur aus Schüsselchen, nicht von Tellern. Es müssen folglich alles Gerichte sein, die sich aus Schüsseln essen lassen. Zudem können wir keine Bratpfanne benützen, weil das Essen sonst rausschwappt."

„Und wir können nur Gerichte kochen, die wenig Wasser benötigen." Michael knackt mit den Fingern.

„Was habt ihr denn bisher immer gegessen?" Sylvia dreht den Kugelschreiber zwischen den Fingern und lässt ihre Augen zwischen Michael und mir hin- und herwandern.

„Ein Standardgericht ist Linseneintopf mit Würstchen. Und sonst viel Kartoffeln."

„Ui, Kartoffeln. Die mag Mika grad gar nicht." Sylvia verzieht das Gesicht.

„Oh. Kartoffeln sind halt praktisch, weil sie einerseits im Druckkochtopf auch bei rauen Bedingungen ohne großen Aufwand gekocht werden können und weil sie andererseits wenig Wasser und Gas verbrauchen. Zudem lassen sich Reste mit Mayo gut für Nachtwachen gebrauchen." Unschlüssig fixiere ich das noch leere Stück Papier, auf dem unser Menüplan entstehen soll.

„Schon gut. Nehmen wir die Kartoffeln ruhig dazu. Mika wird schon mitessen. Wir könnten noch Mais dazu aufwärmen in Butter. Backt ihr unterwegs Brot?"

„Ja, so ungefähr jeden zweiten Tag."

„Gut. Wie wär's mit Spaghetti?"

Michael schüttelt den Kopf. „Das geht leider nicht. Braucht zu viel Wasser und ist heikel beim Kochen, damit bei den Wellen kein heißes Wasser überschwappt. Unser Herd schwingt leider nur auf Steuerbordbug frei, auf Backbord stößt er an."

„Ach ja, Reis mit Kokos-Gemüsesauce hat sich auch bewährt", fällt mir ein.

„Die Kühlbox werden wir nicht in Betrieb nehmen. Das heißt, dass wir vor allem mit ungekühlt haltbaren Lebensmitteln planen müssen." Michael runzelt nachdenklich die Stirn.

„Warum wollt ihr den Kühlschrank nicht benutzen?" Sylvia zieht eine Augenbraue hoch.

„Ach, es ist eine leidige Geschichte. Einerseits kühlt unsere Kühlbox nur mit Landstrom richtig gut, andererseits saugt sie viel Strom. Wenn wir nun also unterwegs eh keine befriedigende Kühlung hinkriegen, können wir sie genauso gut aus lassen und dabei Strom sparen."

Wir brüten über unserer Menüplanung, als ein dreimaliger Piepston erklingt.

„Mama, die Äpfel sind fertig! Darf ich sie rausholen?" Saskia steht in der Küche und lugt ins Cockpit.

„Ja. Füll sie bitte in ein Plastiksäckchen, wir vakuumieren sie später."

Sorgfältig nimmt Saskia einen getrockneten Apfelring nach dem anderen aus dem Dörrapparat. „Magst du?" Sie bietet Sylvia einen an.

„Mmh, lecker! Das ist eine super Idee! Ich dachte schon, das ist ein Backofen, den ihr da mitfahrt." Sie grinst.

Unser Dörrapparat hat tatsächlich die Ausmaße eines kleinen Backofens, und hätte er nicht perfekt unter den Kartentisch gepasst, hätten wir ihn auch nicht mitnehmen können. So aber nutzten wir den Landstrom in jeder Marina, um frische Früchte und Gemüse für Überfahrten zu trocknen. Für die bevorstehende Überquerung haben wir bereits zehn Ananas, zwölf Kilo Äpfel und fünf Kilo Karotten getrocknet.

„Gut schmecken auch Bananen." Sylvias Augen leuchten.

„Ja! Und Mango!"

„Schon, nur ist jetzt leider keine Mangosaison. Die hätten wir im Sommer trocknen müssen."

„Sind wir fertig mit der Menüplanung? Ich würde dann mit dem Benzin weitermachen." Michael reckt sich.

„Tu das. Wenn uns noch was einfällt, können wir es ergänzen. Sylvia und ich gehen mit der Wäsche in die Stadt."

„Bis später!" Ich spüre einen sanften Kuss auf der Stirn, dann schwingt sich Michael über die Reling und zieht erneut los in Richtung Tankstelle, bewaffnet mit zwei leeren Benzinkanistern.

„Wozu brauchen wir Benzin?" Sylvia runzelt die Stirn.

„Um unsere Batterien zu laden. Wenn wir zu wenig Sonne, aber genügend Wind zum Segeln haben, mögen wir den Motor nicht anschmeißen, dann nehmen wir den Benzingenerator, der ist effektiver und leiser."

Eine halbe Stunde später stehen wir im öffentlichen Waschsalon Mindelos. Es ist ein heller Raum von ungefähr 50m², in dem an den Wänden entlang zehn große Waschmaschinen und vier noch größere Trockner stehen. In der Mitte des Raumes erstreckt sich ein breiter Tisch, der zum Zusammenlegen der Wäsche benützt wird. Es riecht nach Waschpulver, süßlich mit einer zarten Lavendelnote.

Schnaubend stellen wir unsere vier prallen Tüten mit Schmutzwäsche ab. Drei Maschinen sind frei, das heißt, dass wir mit der vierten Wäsche warten müssen. Die junge Frau am Empfang bestätigt mir das. In drei Stunden können wir die Wäsche abholen.

Was tun wir nun mit der freien Zeit? Mein Pflichtgefühl ruft mich zurück zum Schiff, aber Sylvia ist entspannter. „Komm, lass uns auf den Markt gehen. Ich will auf See Armbänder und Ketten knüpfen, dazu brauche ich noch Glasperlen und gewachste Schnur. Hilfst du mir suchen?"

Ich ignoriere meine innere Stimme und nicke. „Gerne."

Ich mag den Markt von Mindelo. Es ist ein offener Platz mit einem großen Gebäude in der Art eines Pavillons in der Mitte, in dem sich Imbissbuden befinden. Unter einem Wellblechdach sind einfache Verkaufsstände mit frischem Obst und Gemüse. Zwischen den Ständen schlängeln sich Souvenirverkäuferinnen mit großen Körben auf den Köpfen hindurch, es duftet nach gebratenen Hähnchenschenkeln. In das Stimmengewirr mischt sich Hundegebell.

Auf der anderen Straßenseite wird in gemauerten Verkaufsbuden alles von Schuhen über Souvenirs bis hin zu Gürteln und Seife angeboten. Dort will Sylvia nach den Glasperlen suchen.

Wir werden rasch fündig. In Plastiksäckchen werden die bunten Perlen zu fairen Preisen verkauft. Wir decken uns beide ein und freuen uns über die tiefen Preise. Nur für die Schnur werden wir an ein Geschäft außerhalb des Stadtzentrums verwiesen. Ich entscheide mich nun doch dafür, aufs Schiff zurückzukehren, während Sylvia alleine loszieht.

Doch anstatt weiter zu arbeiten, sitze ich eine Stunde später mit Michael im Warteraum einer Privatklinik. Er leidet seit seiner Rückkehr aus Deutschland unter Ohrenschmerzen, die sich mit Ohrenkerzen, Nasenspray und Zwiebelwickeln bisher nicht haben vertreiben lassen. So hat er sich schweren Herzens nun doch zu einem Arztbesuch durchgerungen. Wir sitzen in einer Art Empfangshalle, klein und zweckmäßig eingerichtet, neben zwei Frauen mit einem Kleinkind, das mit seinen Kekskrümeln den grün-weiß-karierten Fußboden dekoriert. An den ebenfalls grün-weißen Wänden hängen

Verbots- und Hinweistafeln: Essen und Trinken verboten. Immer gut Hände waschen mit einer Anleitung, wie man es richtig macht.

Meine letzte Erfahrung mit einem kapverdischen Krankenhaus liegt gerade mal zwei Wochen zurück. Fritzi, eine Freundin von Ute und Valentin, hat sich auf der FELBA vor Anker auf Sao Nicolao mit heißem Tee die Oberschenkel verbrüht. Sie ist dort einige Tage im Krankenhaus gelegen, bevor sie auf einem Frachter nach Mindelo gebracht worden ist. Die Fahrt auf der FELBA wäre zu riskant für sie gewesen mit ihren großflächigen Wunden. In Mindelo ist sie im öffentlichen Krankenhaus untergekommen. Gemeinsam mit ihrem Mann Hannes habe ich sie besuchen wollen, aber ein Offizieller am Eingang hat mich zurückgewiesen. Nur Familienangehörige dürfen Besuche abstatten. So ist Hannes zweimal täglich alleine zu Fritzi gepilgert, um sie mit Essen zu versorgen, denn die Verpflegung der Kranken und Verletzten ist nicht in der Dienstleistung des Krankenhauses inbegriffen. Nach zwei Tagen hat Hannes die Verlegung in eine Privatklinik organisiert, in der Fritzi sowohl Essen von der Klinik als auch Besuch von uns empfangen hat. Zudem ist sie rund um die Uhr von den Krankenschwestern betreut worden. Auf den Kapverden existiert eine Zweiklassengesellschaft, die man am deutlichsten spürt, wenn es um die Gesundheit geht. Fritzi jedenfalls ist eine Woche später mit der österreichischen Rettungsflugwacht nach Österreich ausgeflogen worden, um sicher zu sein, dass die Wunden richtig behandelt werden und sich nicht entzünden.

„Weißt du", raunt mir Michael zu und holt mich damit in die Gegenwart zurück, „die Schmerzen allein wären ja noch einigermaßen erträglich. Aber was mich so deprimiert ist diese Schwerhörigkeit. Rechts habe ich das Gefühl, gar nichts mehr von außen zu hören. Dafür höre ich mich selbst viel zu laut."

Ich drücke seine Hand und lehne meinen Kopf an seine Schulter. Ausgerechnet Michael, für den das Gehör und seine Stimme so überaus wichtig sind. Sie sind seine Arbeitsinstrumente, mit ihnen verdient er als Coach und Trainer für Rhetorik, Sprechtechnik und Auftrittskompetenz unseren Lebensunterhalt. Hoffentlich hilft ihm der Besuch hier.

Im Kopf gehe ich die anstehenden Schiffsarbeiten durch. Es ist Anfang Februar, in spätestens einer Woche müssen wir starten, da Michael Mitte März zurück in die Schweiz fliegt zum Arbeiten. Im Moment allerdings kommen wir von Mindelo nicht weg, der Wind ist viel zu stark. In der Marina sind einige Yachten eingelaufen, die es erfolglos versucht haben. Eine musste auf dem Weg von den Kanaren her abdrehen, da sie in eine Kreuzsee geraten ist und über die Travellerschienen Wasser ins Schiff eingedrungen ist, das einen Teil der Elektrik zerstört hat. Bei einem anderen ist das Vorstag mit der Rollreffanlage gebrochen, eine dritte Yacht ist nach wenigen Meilen umgedreht, weil die Crew Angst bekommen hat. Wir wollen, wie immer, kein Risiko eingehen und warten auf ein Wetterfenster mit weniger Wind.

„Senhor Miguel." Eine vollbusige Arzthelferin in weißem Kittel wedelt mit einem Hefter in der Hand herum und winkt Michael zu sich. Ich grinse ihm zu und erhebe mich ebenfalls. Die Dame öffnet uns eine Tür, lässt uns eintreten und schließt sie von außen wieder.

Das Behandlungszimmer ist klein und fensterlos. Eine Neonröhre gießt weißes Licht in den Raum. Der Geruch nach Desinfektionsmittel versetz mich zurück in meine Kindheit, in der ich immer wieder wegen Ohrenschmerzen, Stirnhöhlenentzündung und was weiß ich beim Arzt war. Gegenüber der Tür steht ein schlanker Schreibtisch, hinter dem ein gedrungener Mann mit schwarzer Hautfarbe in ebenfalls weißem Kittel sitzt. An der Wand hinter ihm prangt eine Skizze im A3-Format mit der Abbildung des Ohres mit allen anatomischen Einzelheiten.

Der Arzt weist Michael an, sich ihm gegenüber zu setzen. Ich verdrücke mich auf einen Metallhocker neben der Tür. Michael schildert seine Beschwerden in Englisch. Der Arzt untersucht beide Ohren mit denselben Instrumenten, die ich aus der Schweiz kenne – das gibt mir ein gutes Gefühl. In einer Mischung aus Englisch und Portugiesisch erläutert er seine Diagnose: Eine Mittelohrentzündung, die mit Antibiotikum und einem entzündungshemmenden Medikament behandelt werden muss. Dazu verschreibt er Schmerzmittel und rät zu Geduld. Die Schwerhörigkeit ist auf das Trommelfell zurückzuführen, das sich durch die Entzündung in die falsche Richtung wölbt. Seine Ausführungen unterstreicht der Arzt, indem er mit einem Kugelschreiber auf die Darstellung an der Wand deutet.

Zurück auf der Straße meint Michael: „Die Diagnose ist zwar nicht erfreulich, aber immerhin habe ich jetzt eine. Da geht es mir gleich besser, wenigstens mental." Wir besorgen die Medikamente und kehren zurück auf die PINUT, auf der uns eine hungrige Kindermeute erwartet.

Fünf Tage später flaut der Wind ab, und am 14. Februar ist es soweit: Um 12.35 Uhr lösen wir die Festmacher und verlassen die Kapverden, um über den Atlantik zu segeln. 1850 Seemeilen liegen vor uns. 11 Breiten- und 29 Längengrade werden wir überqueren, von 16°N/25°W auf 5°N/54°W. Es ist ein großer Augenblick für uns. So vielen Yachten haben wir in den vergangenen zweieinhalb Jahren nachgeschaut, welche sich auf die Reise über den Ozean begeben haben, und nun sind wir selbst soweit.

Sind wir es wirklich? Sind wir bereit, uns den Naturgewalten auszusetzen? Uns unserem Schiff und dem Meer anzuvertrauen? Dem Leben zu vertrauen?

Ja, wir sind es. Eine Welle der Aufregung schwappt durch die PINUT, als wir durchs Hafenbecken von Mindelo tuckern, am Vogelfelsen vorbei, den Bug nach Westen gerichtet.

Rund drei Wochen lang werden wir kein Land mehr sehen, werden nur Wasser um uns herum und den Sternenhimmel über uns haben. Werden auf uns allein gestellt sein und voneinander abhängig.

Die Windstärke ist mit 15 Knoten angenehm, wir setzen Segel. Dann hängt jeder seinen Gedanken nach, auf einem Kugelfender sitzend, im Cockpit oder an der Reling stehend. Was wird uns erwarten? Wird alles gut gehen? Wird die PINUT den großen Belastungen dieser Fahrt gewachsen sein? Wir haben wieder viel Zeit und Material in sie investiert: Sie hat neue Oberwanten bekommen und vier neue Wantenterminals sowie ein clever durchdachtes Notpinnensystem, mit dem wir sie auch steuern können sollten, falls die Hydraulik versagt. Diesmal ist der Parasailor mit im Gepäck, und nach einer Einführung auf dem Chiemsee wissen wir nun auch, wie er zu handhaben ist. Die Kühlbox ist gefüllt mit in Salzwasser eingelegter Butter in Gläsern und mit Frischkäse in der Hoffnung, dass er auch ohne Kühlung hält. Auf dem Herd steht ein voller Kochtopf mit Katchupa, den uns „unsere" Köchin auf dem Marktplatz für die Reise vorbereitet hat. So müssen wir wenigstens in den ersten zwölf Stunden nicht selbst kochen und können unseren Körpern Zeit geben, sich an die Schiffsbewegungen zu gewöhnen.

Sylvia ist glücklich, ich sehe es ihr an. Sie strahlt übers ganze Gesicht, die Wangen gerötet, den Blick mal auf den Horizont, mal auf Santo Antao gerichtet. Die Insel wird das Letzte sein, das wir von Afrika sehen werden, vielleicht noch morgen früh, vielleicht aber auch schon nicht mehr.

Ich selbst bin einerseits aufgekratzt, andererseits ein wenig erschöpft vom Vorbereitungsmarathon der letzten zwei Wochen. Wir können es drehen und wenden, wie wir wollen, es ist immer dasselbe: Auch wenn wir noch so früh mit den Vorbereitungen auf einen Törn beginnen, wir sind immer erst unmittelbar vor dem Ablegen damit fertig. Da es offenbar nicht nur uns, sondern vielen Crews so ergeht, vermuten wir ein ungeschriebenes Seglergesetz, das besagt, dass der Segler erst ruhe, wenn das Boot in Bewegung ist. Jedenfalls fällt urplötzlich die ganze Spannung von mir ab, ich kann aufatmen, mich zurücklehnen und den Abschied von den Kapverden genießen. Wir hatten eine wunderschöne Zeit auf den Inseln und werden eines Tages bestimmt wiederkommen.

„Wie geht's dir?" Ich geselle mich zu Michael, der auf der Backskiste vor dem Großmast sitzt und seinen Blick über die Küste von Santo Antao schweifen lässt, die langsam an uns vorbeizieht.

„Es geht. Es wäre alles so schön, wenn meine Ohren offen wären. Diese Schwerhörigkeit bringt mich zur Verzweiflung."

„Spürst du noch keine Verbesserung durch die Medikamente?" Aufmerksam betrachte ich sein Gesicht. Zwischen seinen dunklen Augenbrauen steht eine tiefe Falte.

„Die Schmerzen sind fort. Und hin und wieder knackt es im linken Ohr. Das ist alles."

„Immerhin." Ich seufze leise. Ich hatte mir so sehr gewünscht, dass wir die tiefe Freude des Aufbruchs gemeinsam würden genießen können, wie wir es immer getan haben. Bleibt nur die Hoffnung, dass sich die Situation während des Törns verbessert.

Ich kehre zurück ins Cockpit. Das anfängliche Gewusel der Kinder hat sich gelegt. Seraina, Rahel, Ursina und Mika sitzen auf den Cockpitbänken und blicken aufs Meer. Saskia ist in ihrer Koje verschwunden und Jonas schläft bereits im Salon. Er schläft immer sofort ein, sobald wir auf See sind. Ich beschließe, mich trotz der genussvollen Fahrt hinzulegen und auch zu schlafen. Schließlich sind wir noch lange unterwegs.

„Wie wollen wir die Nachtwachen aufteilen?" Fragend wandert Sylvias Blick zwischen Michael und mir hin und her.

Michael schürzt die Lippen. „Wir können die Nacht in drei Wachen einteilen. Wache eins ab Eindunkeln, also ab 19.00 Uhr plus vier Stunden, Wache zwei von 23.00 Uhr bis 03.00 Uhr und Wache drei von 03.00 Uhr bis 07.00 Uhr. Wer seine Wache beendet hat, geht im Cockpit auf Pikett, dh. er schläft auf der Leebank. Nach dem Pikett kommt die Freiwache in der Kajüte."

„Das heißt, wer Wache hat und Unterstützung braucht, der weckt den Pikett?" Sylvia zwirbelt eine blonde Rastalocke zwischen ihren Fingern.

„Richtig. So kommen wir alle auf mindestens vier Stunden Schlaf pro Nacht, eher mehr, solange keine Manöver oder sonstige Arbeiten anstehen."

„Klingt gut. Wer übernimmt die erste Wache?" Ich fühle mich noch immer müde und würde lieber zuerst schlafen gehen.

„Ich kann das machen." Michael nickt mir zu.

„Gut. Dann mache ich Freiwache und du Pikett, Sylvia?"

„Einverstanden."

„Wir können die Wachabfolge ja jede Nacht wechseln, dann mach' ich morgen als erstes Wache, Sylvia Freiwache und Michael Pikett. Dann kommt jeder mal in den Genuss, Pikett und Freiwache nacheinander zu haben. Denn sobald es hell wird, sind die Kinder wach, und dann ist es aus mit der Ruhe." Ich rümpfe die Nase.

„Ich will aber auch Nachtwache machen", wirft Seraina ein, die schweigend zugehört hat.

„Ich auch!"

„Ich auch!"

Rahel und Ursina unterbrechen ihren Disput darüber, wer zuletzt die Zahnpasta gesehen – und verlegt – hat.

Ursina klettert auf meinen Schoß. „Darf ich zuerst Nachtwache machen?" Sie legt den Kopf schief und blickt mich bittend an.

„Das musst du mit Papa klären, er macht die erste Wache."

„Papa, darf ich mit dir Nachtwache machen?" Rahel spricht so schnell, dass Ursina wütend mit dem Fuß aufstampft.

„Nein, ich hab' zuerst gefragt, dann darfst sicher nicht du!"

„Wir können doch beide, oder?"

„Nein. Mehr als ein Kind im Cockpit geht nicht, wir sind schon zwei Erwachsene." Michael schüttelt vehement den Kopf. „Und", sein Gesichtsausdruck wird streng, „geschlafen wird nicht bei der Wache!"

„Aber ich glaube, ich kann nicht so lang wach bleiben." Ursina blickt verzweifelt.

„Siehst du, dann mach eben doch ich mit Papa Wache." Triumphierend streckt Rahel den Kopf in die Höhe.

„Nein! Du schläfst doch selber ein!"

„Wir können es doch so machen, dass Ursina mit Papa anfängt, und wenn sie einschläft, geht sie runter. Wenn ich die Wache übernehme, wecke ich Rahel auf. Einverstanden?"

Die Mädchen nicken.

„Könnt ihr mich auch wecken?" Seraina legt den Kopf schief.

„Ich schlage vor, dass jeder Erwachsene mit einem Kind Wache machen kann, aber nicht muss. Das sind maximal drei Kinder pro Nacht. Wir sind viele Nächte auf See, da kommt jeder mehrmals dran. Heute beginne ich mit Ursina, und Corina weckt Rahel. Du kannst mit Sylvia machen, wenn du willst, Seraina. Und jetzt ab in die Kojen, es dämmert bereits." Michael erhebt sich.

„Zähneputzen nicht vergessen, Kinder!" rufe ich der Kinderschar hinterher, die nach und nach im Innern des Schiffes verschwindet.

Eine halbe Stunde später herrscht Ruhe. Ich liege in meiner Koje und staune darüber, wie viele Passagiere die PINUT zu beherbergen vermag. Eigentlich ist sie viel zu klein für neun Personen. Es geht nur, weil die Kinder noch zu dritt in die Vorschiffkajüte passen. Und weil Sylvia unkompliziert ist und sich nachts auf dem Salonbett mit Kinderfüßen auf dem Bauch arrangieren kann.

„Was gibt's zum Frühstück?"

„Frühstück?" Ich blinzle verschlafen und schließe die Augen rasch wieder. Es ist viel zu hell.

„Ja, Frühstück. Ich hab' Hunger."

Ich erkenne Jonas neben mir. „Frühstück müsst ihr mit Papa schauen, ich geh' jetzt schlafen."

„Aber ich hab' jetzt Hunger. Kann ich einen Apfel essen?"

„Ich hab' auch Hunger, krieg' ich auch einen Apfel?" Ursina taucht hinter ihrem Bruder im Cockpit auf.

„Wenn jetzt jeder einen Apfel isst, dann ist unser Vorrat bald aufgebraucht. Ihr könnt euch einen Apfel teilen."

„Och, dann will ich keinen." Jonas schmollt.

Ich schäle mich aus der Decke und setze mich auf. Die Nacht war gut, und es ist purer Luxus, die Wachen auf drei Personen aufteilen zu können. Dennoch fühle ich mich ein wenig zerschlagen und meine Augenlider sind schwer. Mein Körper muss sich erst an den neuen Rhythmus gewöhnen.

Sylvias Körper auch. Am Mittag verlangt sie nach einem Kübel, und nachmittags sitzt sie erschöpft und frustriert auf dem Achterdeck. Die Schiffsbewegungen machen ihr sichtlich zu schaffen, ihre Haut wirkt blass mit dunklen Stellen um die Augen. Ihr blondes, mit Rastas durchsetztes Haar ist zerzaust. Ich setze mich zu ihr.

„Ach, Mensch, ich fühl' mich so mies!" Sie lehnt den Kopf an meine Schulter.

„Lass mal, das vergeht wieder."

„Ich bin doch mitgekommen, um dich zu unterstützen, und jetzt kann ich gar nichts tun! Letztes Mal auf dem Atlantik ist mir nicht übel geworden."

„Unsere PINUT ist kleiner als die großen Ausbildungsschiffe. Hier sind die Schiffsbewegungen stärker." Sie nickt halbherzig. „Stress dich nicht! Je mehr du dich unter Druck setzt, unbedingt funktionieren zu müssen, desto länger wirst du brauchen, bis sich dein Körper angepasst hat. Gib ihm die Zeit, die er braucht."

Schweigend blickt Sylvia zum Horizont.

„Was ist los?" Rahel späht aus dem Cockpit zu uns.

„Sylvia geht's nicht so gut."

„Jonas hat auch grad gekotzt." Auf Rahels Gesicht liegt ein Anflug von Gleichgültigkeit. „Kann ich was essen?"

„Maiswaffeln."

„Okay." Sie verschwindet, und kurz darauf ertönt aus dem Salon ein lautstarker Streit darüber, wer die Waffeln verteilen darf – Jonas mittendrin.

Nach zwei Tagen hat sich der Hochseealltag eingependelt. Sylvia ist wieder fit, und an meinen Armen, der Hüfte und den Oberschenkeln prangen die ersten blauen Flecken. Die Wellenhöhe schätze ich auf drei bis vier Meter, typische Atlantikdünung. Mit einer Durchschnittsgeschwindigkeit von 4.5 Knoten bei achterlichem Wind kommen wir gut voran.

„Wann sind wir da?" Mika sitzt mir gegenüber im Cockpit, neben ihm Rahel und Seraina. Sein gelocktes, langes Haar schimmert schwarzbraun im Sonnenlicht.

„Wenn es in diesem Tempo weiter geht, kommen wir in etwas mehr als zwei Wochen in Südamerika an."

Seine mandelförmigen Augen, die er von seinem mexikanischen Vater geerbt hat, verengen sich ein wenig, und nachdenklich blickt er mich an. Dann sagt er langsam: „Das ist ziemlich lange."

„Ach was, das geht ganz schnell vorbei!" Seraina schüttelt heftig den Kopf.

„Und was sollen wir die ganze Zeit machen?"

„Malen, Geschichten hören."

„Film schauen."

„Brot backen."

„Essen."

„Kuchen backen."

Die Stimmen der Kinder wirbeln durcheinander. Mika schaut von einem zum andern und wirkt noch nicht so ganz überzeugt.

„Wir können auch Armbänder knüpfen", schlägt Sylvia vor.

„Ou ja, komm, das machen wir jetzt gleich!" Rahel jubelt, sie liebt jede Art von Handarbeit.

„Och nein, darauf hab' ich keine Lust." Mika rümpft die Nase.

„Ich auch nicht." Jonas schüttelt den Kopf.

„Dann gehn jetzt alle, die Armbänder knüpfen möchten, aufs Achterdeck, und die anderen zum Geschichten hören in den Salon." Auffordernd blicke ich in die Runde.

„So machen wir's. Geht voraus, ich hol' die Schnüre und Perlen." Sylvia steht auf und schwankt die Leiter hinunter in die Achterkajüte, wo sie ihre Sachen verstaut hat.

Kurz darauf haben Michael und ich das Cockpit für uns. Die Jungs lümmeln sich auf dem breiten Salonbett, und übers Achterdeck spannt sich eine große, orangefarbene Decke als Sonnenschutz. Darunter sitzt Sylvia mit Seraina, Rahel und Ursina, in der Mitte ein großer Plastiksack mit gewachstem Baumwollfaden und den bunten Glasperlen aus Mindelo. Saskia liegt in ihrer Koje und hört Musik.

„Wie geht's deinem Ohr?" Ich nippe am heißen Kaffee, dessen Duft sich im Cockpit ausbreitet.

„Unverändert." Michaels Augen sind zusammengekniffen.

„Wollen wir Füße massieren?" Ich möchte etwas tun, das ihn aufmuntert.

„Gern."

Wir setzen uns auf die Leebank und massieren uns gegenseitig die Füße. Die PINUT wiegt sich von einer Seite zur anderen, wie immer auf Raumkurs.

„Wir könnten den Parasailor ausprobieren." Michaels Blick ist durch die Cockpitscheibe auf die vorderen Segel gerichtet. Die Genua steht instabil, fällt immer wieder in sich zusammen, und auch das Groß schlägt unruhig. „Sonst müssten wir mehr anluven."

„Ach nein, dieser Kurs ist doch so perfekt! Autsch, da tut's weh." Ich ziehe meinen Fuß ein wenig zurück.

„Wo? Hier?" Ich nicke. Vorsichtig massiert Michael weiter. „Dann lass uns das Segel nachher setzen. Wir sollten damit mehr Stabilität ins Schiff bekommen."

Gesagt, getan. Nach dem dritten Anlauf haben wir die Leinen alle richtig mit dem Leichtwindsegel verbunden, und stolz schaukelt es im Wind. Das Boot neigt sich nun mehr nach steuerbord und liegt tatsächlich viel stabiler. Das Groß fahren wir im dritten Reff, damit es den Parasailor nicht stört. Ganz bergen wollen wir es nicht, denn wir müssen zum Hissen an Deck arbeiten, was je nach Seegang viel Kraft erfordert. Darum halten wir den Aufwand so gering wie möglich.

„Schön sieht das aus!" Seraina blickt vom Achterdeck auf und bestaunt unser neues Segel.

„Gell?" Ich freue mich auch. Der Parasailor ist wirklich eine Schönheit, mit seinen grünen Längsstreifen und dem orangen Flügel in der Mitte.

„Wir machen einen ganzen Knoten mehr Fahrt." Michael blickt auf die GPS-Anzeige und freut sich. „Ich glaube, ich hab' ein neues Lieblingssegel." Er grinst.

Der Parasailor mausert sich zu unserem Hauptsegel während der Atlantiküberquerung. Von den achtzehn Tagen, die wir unterwegs sind, steht er an zwölf. Erst vor der südamerikanischen Küste, als der Wind unbeständiger wird und wir mit den ersten Squalls konfrontiert werden, ersetzen wir ihn wieder durch Groß und Genua.

Die Zeit auf See wird uns nicht lang. Das Wetter ist beständig schön, der Wind bläst konstant und wir kommen mit 4.5 Knoten im Schnitt gut voran. Zu den Highlights im Bordalltag zählen selbst gebackene Kuchen, Duschen an Deck oder das Baden auf der Badeplattform, das wir einführen, als es immer heißer wird, je weiter wir uns dem Äquator nähern.

„Eigentlich könnten wir uns auf die Badeplattform setzen und Füße baden." Ich sitze auf meinem Lieblingskugelfender und blicke auf die Wellen, die unaufhaltsam unter der PINUT hindurch rollen.

„Meinst du, wir kommen da runter?" Skeptisch betrachtet Sylvia den Heckausgang, der mit Wellenbrett, Fendern und Wasserflaschen verbaut ist. Zudem hängt an den Davits unser Dinghi, wir müssten uns also zwischen Bordwand und Schlauchboot der Badeleiter entlang hinunter quetschen.

„Einen Versuch ist es wert. Ich stelle mir das Baden gerade himmlisch vor!" schwärme ich und wische mir den Schweiß von der Stirn.

„Gut, alle Frau fort vom Achterdeck!" Sylvia rappelt sich auf und sammelt Flechtschnüre und Perlen ein, die auf dem Deck verstreut liegen.

„Dürfen wir auch baden?" Erwartungsvoll schaut mich Ursina an.

„Vielleicht. Sylvia und ich testen das jetzt mal, und wenn es nicht gefährlich ist, dann dürft ihr auch."

Kurz darauf zwängen wir uns am Dinghi vorbei auf die Badeplattform. Wir tragen unsere Lifebelts und sichern uns an den starken Holmen der Badeplattform mit Lifelines.

„Huch, ist das Wasser kalt!" Ich ziehe scharf die Luft ein, als eine Welle über meine Füße schwappt.

„Ja, herrlich!" Sylvia lässt sich neben mir auf den Holzplanken nieder.

Ich setze mich zu ihr. Die Wellen rollen auf uns zu. Von hier unten aus wirken sie riesig, und bei den ersten paar halte ich die Luft an und erwarte, dass sie uns komplett überspülen werden. Aber die Wellen heben die PINUT in die Höhe, gehen unter ihr hindurch und setzen sie klatschend wieder ab.

„Juchuh, ist das genial!" Sylvia jauchzt übermütig, und auch mir ist zum Freudenschreien zumute. Es ist ein gewaltiges Gefühl, mitten in diesen Wellen zu sitzen und die geballte Ladung Energie zu spüren. Um uns herum rauscht und schäumt es, immer wieder überspült das Wasser unsere Beine, manchmal tauchen wir bis zum Bauch ein. Wir vergessen alles um uns herum und lassen uns durchdringen von diesem Rauschen, Wiegen, Heben und Senken.

Erst als ich bemerke, dass meine Zähne klappern und meine Finger vom Festhalten steif sind, klettere ich wieder an Deck. Neugierig umringen mich die Kinder.

„Und, wie ist es? Dürfen wir auch?"

Ich wickle mich in ein Handtuch und nicke. „Immer ein Kind und ein Erwachsener können gemeinsam unten sein. Zieht ein T-Shirt an und euren Lifebelt, damit ihr euch anbinden könnt."

„Ich geh' zuerst!"

„Nein, ich!"

„Nein, ich will!"

„Stopp!" Ich hebe die Hand und warte, bis sich die Aufregung gelegt hat. „Jetzt ist Sylvia unten. Ich schlage vor, dass Mika zu ihr geht und ich nachher nochmals mit einer von euch runter gehe. Die anderen kommen dann morgen dran, sonst wird mir zu kalt." So wirklich zufrieden sind die Kinder nicht mit meiner Entscheidung, aber ich bleibe fest. Mehr als ein Kind schaffe ich heute nicht mehr, denn bei allem Spaß ist das Festhalten dort unten bei der Geschwindigkeit doch auch ziemlich anstrengend.

Das Baden wird zum festen Bestandteil unseres Hochseealltags, ebenso wie Armbänder knüpfen, Brot, Zopf oder Kuchen backen, Wäsche waschen, Duschen und die Tobestunden der Kinder. Dazu verkriechen sie sich aufs Salonbett, wo sie sich gegenseitig kitzeln, ärgern und raufen. So werden sie immerhin einen Teil ihrer überschüssigen Energie los. Zwischendurch schauen sie gemeinsam eine DVD auf dem Laptop. Ein Tablet haben wir zwar an Bord, aber das benötigen wir ausschließlich zum Navigieren. Hoch im Kurs steht der Film „Die Vampirschwestern", die sie rauf und runter schauen. Der Titelsong geistert tagelang als Ohrwurm durch die PINUT, abwechselnd mit dem Radiohit „Sofia" von Alvaro Soler, den Saskia leidenschaftlich vor sich hinsummt. Anderthalb Jahre später begegnet uns das Lied wieder in Kolumbien, und prompt werden die Erinnerungen an diese Atlantiküberquerung lebendig.

Weniger hoch im Kurs stehen bei den Kindern Arbeiten wie den Cockpitboden putzen, Geschirr spülen oder Getreide mahlen. Dennoch werden sie abwechselnd eingespannt, einerseits, um uns Erwachsene zu entlasten, andererseits, damit sie ihre Energie los werden. Anstrengend sind alle drei Arbeiten, denn bei einer Wellenhöhe von drei bis vier Metern schaukelt die PINUT kräftig. Da ist es eine Herausforderung sich Festzuhalten beim Wischen mit dem Besen, darauf zu achten, dass keine Schüsselchen aus dem Eimer fliegen oder die Schublade mit dem Mehl nicht aus der Getreidemühle rutscht.

Mit Kochen wechseln Michael, Sylvia und ich uns ab, ebenso mit Abwaschen. Mit drei Erwachsenen an Bord bleibt für jeden genügend Zeit für Rückzug, und ich genieße meine Zeit für mich am liebsten auf dem Fender sitzend, den Blick auf die unendliche Wassermasse um mich herum gerichtet. Am meisten mag ich die Morgendämmerung, wenn sich der Tag aus der Nacht schält und sich alles frisch und neu anfühlt. Das ist der beste Moment für philosophische

Gedanken, denen ich gerne nachhänge, mitten auf dem Ozean.

Die entspannte Gleichmäßigkeit, welche die PINUT-Crew bereits nach den ersten paar Tagen auf See erfasst hat, weicht Ungeduld und leiser Anspannung, je näher wir der südamerikanischen Küste kommen.

„Wann sind wir da?"

Die Frage hören wir nun mehrmals am Tag, und meist folgen dann die buntesten Tagträume der Kinder, was sie alles unternehmen und vor allem essen wollen, sobald wir wieder an Land gehen können. Denn nach zwei Wochen auf See ist ein Großteil unserer Vorräte aufgebraucht, vor allen Obst und Gemüse. Und auch nach Pasta sehnen wir uns, nach Pizza, Rostbratwürstchen, Knödel, Kaiserschmarrn, Pfannkuchen, frischem Salat...

Zur allgemeinen Unruhe tragen auch die Squalls bei, die nun hin und wieder über die PINUT hinweg- oder an ihr vorbeiziehen. Der Regen stört uns nicht, im Gegenteil, wir genießen die Süßwasserdusche für die PINUT. Heikel sind jedoch die wechselnden Winde, die aus einem gemütlichen Raumkurs im Nu einen unerwarteten Am-Wind-Kurs machen können. Oder Winddrehungen, die das Risiko einer Patenthalse in sich tragen. Aber so beängstigend diese Wetterphänomene anfangs auf uns wirken, wir gewöhnen uns an sie, und bald können wir ziemlich zuverlässig einschätzen, ob uns eine Squall erreichen wird oder nicht. Wir lernen, damit zu segeln.

„Es wird nun genau darauf hinauslaufen, dass wir abends an der Mündung des Maroni-Flusses ankommen werden." Nachdenklich studiert Michael die Seekarte. „Es sind noch 200 Meilen, dazu benötigen wir rund 46 Stunden."

„Habt ihr gehört, nur noch 200 Meilen, wir sind bald da!" Seraina jubelt.

„Was, noch so viel?" Mika rümpft die Nase.

„Schade." Ich fühle mich pudelwohl und würde am liebsten noch viel länger so weitersegeln.

„Was heißt das, wenn wir abends bei der Flussmündung ankommen?" Aufmerksam blickt Sylvia Michael an.

„Wir sollten bei Tageslicht an der Mündung sein und den Fluss hinauf motoren. In Küstennähe gibt es Fischer mit Netzen, zudem ist die Fahrbahn im Fluss stellenweise eng, da möchte ich nicht im Dunkeln durch."

„Das heißt, dass wir entweder beidrehen oder nachts vor der Mündung kreuzen müssen bis es hell ist", überlege ich. „Beidrehen geht aber nur, wenn wir keine oder wenig Strömung haben, sonst treiben wir am Fluss vorbei. Wir könnten aber auch jetzt ein paar Stunden beidrehen, hier spielt die Strömung keine Rolle."

„Ich würde lieber nicht jetzt warten. Wenn der Wind doch noch abnimmt, sind wir plötzlich wieder zu spät dort." Michael steht am iPad und rechnet verschiedene Geschwindigkeiten durch.

Wir schweigen. Ich will nicht ankommen. Ich genieße das Gefühl uneingeschränkter Freiheit. Wir sind in dieser Zeit auf See vollkommen für uns selbst verantwortlich, noch viel mehr als sonst. Und gleichzeitig haben wir alle erdenkliche Freiheit. Unser Zeitgefühl ist schon nach den ersten beiden Tagen irgendwo in den Weiten des Ozeans verloren gegangen. Wir orientieren uns am Stand der Sonne und unserem Hungergefühl. Wochentag? Datum? Existieren für uns nicht. Das Leben fühlt sich rund an, es fließt. Schlafen und Wachen gehen ineinander über wie die Helligkeit des Tages in die Dunkelheit der Nacht. Wir haben alles, was wir brauchen, nichts ist überflüssig. Vor allem die Abwesenheit von Internet und Telefonnetz empfinde ich als großes Geschenk. Nicht, dass ich diese Errungenschaften nicht schätzen würde. Ich könnte meine Freundschaften in Deutschland und der Schweiz wohl kaum aufrechterhalten, ohne mit meinen

Freunden in elektronischem Kontakt bleiben zu können. Aber diese zeitlich begrenzte totale Auszeit, diese Unerreichbarkeit schafft eine ganz besondere Freiheit im Kopf. Gedanken beginnen zu fließen, und aus dem Nichts heraus entstehen zwei neue Romanideen. Es erstaunt mich nicht, dass der Schweizer Liedermacher Peter Reber seine besten Songs auf See komponiert hat. Wäre ich mit Michael alleine unterwegs, ich würde wohl ein Buch nach dem anderen schreiben. Mit der plötzlichen Erkenntnis, bald anzukommen und dieses Freiheitsgefühl wieder zu verlieren, überfällt mich Traurigkeit.

Wir erreichen Südamerika mit dem letzten Tageslicht. Der Wind hat aufgefrischt, und die Farbe des Wassers wechselt von Tiefblau über Türkis zu hellbraun.

„Wie tief sind wir hier noch?" Ich runzle die Stirn.

„20 Meter."

„Was?" Erschrocken blicke ich Michael an.

Er nickt. „Ja. Vor der Küste befindet sich ein fast 200 Seemeilen breites Flachwassergebiet. Ideal für die lokalen Fischer, heikel für uns, dass wir nicht über eines ihrer Netze fahren."

„Na toll." Besonders prickelnd finde ich die Aussicht nicht, nachts hier unterwegs sein zu müssen. Denn für die Einfahrt in den Fluss sind wir bereits zu spät. „Beidrehen können wir nicht, die Strömung setzt viel zu stark nach Westen."

„Und was tun wir nun?" Sylvia möchte ankommen, und ich sehe ihr an, dass sie keine Lust hat, so kurz vor dem Ziel die Nacht vor der Küste zu verbringen.

„Tja, es bleibt uns nichts anderes übrig als hier zu kreuzen." In Michaels Stimme liegt Bedauern.

„Was ist das für ein Fähnchen?" Aufgeregt schießt Serainas Zeigefinger in die Höhe und deutet auf eine weiße

Fahne, die etwa 20 Meter von uns entfernt auf einem schiefen Stock steckt. Die PINUT hält direkt darauf zu.

Michael deaktiviert den Autopiloten, ergreift das Steuerrad und reißt es nach steuerbord. Wir passieren die ominöse Fahne in einigen Metern Distanz und mit klopfenden Herzen.

„Was das wohl war?" Angespannt schweift mein Blick über die braune Wasserfläche um uns herum. „Dort ist noch eins!"

Michael kneift die Augen zusammen und durchsucht die Seekarte. „Hier sind einige Wracks verzeichnet. Vielleicht markieren diese Fähnchen die Wracks."

„Oh Gott!" Erschrocken reißt Sylvia die Augen auf.

„Lasst uns wieder ein wenig weiter aufs Meer hinaus fahren. Mir ist das hier nicht geheuer." Mein Herz klopft noch immer, als müsse es einen Marathon laufen.

„Können wir machen. Aber es bleibt ja so lange flach, in tieferes Wasser werden wir nicht kommen." Michaels Blick ist noch immer auf die Seekarte gerichtet.

„Trotzdem. Ich will einfach weg von diesen Fähnchen. Nachts sehen wir die nicht."

„Vielleicht sind es auch Markierungen für Reusen."

„Kann sein. Wir sehen sie trotzdem nicht."

„Einverstanden, wir fahren nochmals weiter raus. Mit dem ersten Tageslicht morgen können wir ja dann direkt auf die Flussmündung zuhalten."

„Was sind Reusen?" Jonas sitzt neben mir.

„Das sind Drahtgeflechte, mit denen Fische gefangen werden."

„Schwimmen die?"

„Nein, die stehen auf dem Meeresgrund."

„Und die Fische sind so doof, dass sie da hineinschwimmen?"

„Da ist ein Lockmittel drin, irgend ein Fischfutter."

„Aber sie können doch einfach hineinschwimmen, fressen und dann wieder rauskommen!"

„Das geht nicht. Die Reusen sind so gebaut, dass der Eingang anfangs ganz weit ist und dann immer enger wird. Von außen kommen die Fische ganz leicht hinein, aber wenn sie in der Reuse drin sind, finden sie den kleinen Ausgang meist nicht mehr."

„Das ist gemein!" Empört stemmt Jonas seine Fäuste in die Hüfte. „Dann will ich zu dem Fähnchen fahren und die Reuse rausholen."

„Wir wissen ja nicht, ob es eine Reuse ist. Vielleicht ist es auch ein Wrack. Jetzt gibt's erst mal was zu Essen." Ich streiche meinem Jungen über die blonden Haare und stehe auf.

Nach dem Abendessen verschwinden die Kinder im Innern der PINUT, während wir Erwachsenen im Cockpit ausharren. Die Welle ist kurz und steil, der Wind bläst kräftig, und zu allem Übel zieht eine Squall nach der anderen über uns hinweg. Eingemummelt in unser Ölzeug, kauern wir auf den Cockpitbänken und warten darauf, dass es wieder hell wird.

„Endlich, es dämmert!" Erleichtert atme ich auf, als das düstere Schwarz der Nacht im Osten langsam, aber beständig dem ersten Tageslicht weicht.

„Perfekt, wir sind kurz vor der ersten Boje bei der Einfahrt in den Fluss." Michael freut sich.

Wider Erwarten ist es ruhig in der Flussmündung. Wir haben mit Fischerbooten gerechnet, aber wir sind allein. Das Wasser bleibt braun, die Luft riecht nach Holz. Obwohl der Himmel bedeckt ist, ist es warm.

„Wann gibt es Frühstück?" Ursina erscheint im Cockpit und schaut sich um. „Wir sind ja fast da!" Ihre verschlafenen Augen beginnen zu leuchten, und rasch bückt sie sich in den Niedergang. „Kommt rauf, wir sind bald da!"

Während wir unter Motor und Groß den Fluss hinauf tuckern, füllt sich das Cockpit. Neugierig betrachten die Kinder die fremde Umgebung.

„Schaut mal, da stehen Bäume mit den Wurzeln im Wasser!" Saskia zeigt auf etwa zwei Meter hohe, buschartig wirkende Bäume, die das linke Flussufer säumen.

„Das sind Mangroven. Sie kommen überall in den Tropen in Südamerika und der Karibik vor", erklärt Michael.

„Aber ist das Wasser denn hier schon süß? Wir sind ja noch ziemlich nah am Meer." Sie lässt ihren Blick zurück schweifen.

„Hier wird eine Mischung aus Salz- und Süßwasser sein. Je weiter wir den Fluss hinauffahren, desto größer wird der Süßwasseranteil. Mangroven können ihre Wurzeln aber sowohl im Süß- wie auch im Salzwasser haben."

„Wow, wie praktisch!" Saskia staunt. Sie ist unser Pflanzenmensch in der Familie und hat zwei grüne Daumen. Bei ihr gedeiht fast alles, von Kapuzinerkresse über Sonnenblumen bis hin zu Cherrytomaten. Leider fehlt uns auf der PINUT der Platz für größere Pflanzenprojekte.

Die Wolkendecke lockert sich und die Sonne zwängt sich hindurch. Sofort wird es heiß. Die PINUT wirft ihren Schatten auf die glatte Wasseroberfläche. Die Luft ist erfüllt von fremdartigen Geräuschen: Vogelgezwitscher, Knarren, Zirpen. Es riecht nach Wald und Moder.

„Wie heißt dieser Fluss?" Mika steht neben mir.

„Das ist der Maroni-River."

„Oh, fein, Maroni!" jubelt Ursina.

„Maroni?" Mika runzelt die Stirn.

Ich grinse. „Maroni ist das schweizerdeutsche Wort für Esskastanien."

„Ach so!" Er grinst auch.

Die Fahrt durch den Fluss ist spektakulär. Die Fahrrinne führt stellenweise ganz dicht am Ufer vorbei, fast können wir Blätter der Bäume berühren.

„Warum fährst du so nah an den Urwald, Papa?" Saskia ist das nicht geheuer. „Rechts ist doch so viel Platz!"

„Rechts ist es untief."

„Oh."

Ganz entspannt bin ich auch nicht. Immer wieder hängt mein Blick am Echolot und beobachtet die Wassertiefe. Es gibt eine Stelle im Fluss, die wir nur bei einem gewissen Wasserstand bei einlaufender Tide passieren können, andernfalls sitzen wir auf. Wir haben gerechnet und die Fahrt entsprechend geplant, dennoch bin ich angespannt. Es ist das erste Mal, dass wir auf die Wassertiefe achten müssen. Sowohl die Kanaren als auch die Kapverden waren immer ausreichend tief.

„Dort vorne sind Häuser." Rahels Arm deutet auf eine kleine Ansammlung von Hütten, die sich unter dem Blätterwerk des Urwaldes zu verstecken scheinen. Wenig später haben wir unser Ziel erreicht. Der Fluss öffnet sich, und vor uns liegt eine Art kleine Insel.

„Das ist ein Wrack", weiß Michael. „Links davon ist das Mooringfeld der Marina, und dort, am linken Ufer, ist die kleine Stadt Saint-Laurent-du-Maroni."

Ein Mann in einem hölzernen Dinghi kommt uns entgegen und zeigt uns, an welcher Mooring wir festmachen können. Wir befinden uns unmittelbar neben dem Wrack, das mehrheitlich überwachsen ist. Sobald unser Ankertau an der Mooring hält, schalten wir den Motor aus.

Stille breitet sich aus. Wir sind da, in Französisch-Guyana, Südamerika. Wir haben es geschafft, haben den Atlantik überquert. So ganz fassen kann ich es noch nicht. Müdigkeit und die Anstrengung der vergangenen Nacht haben Spuren hinterlassen. Ich brauche Zeit, um hier anzukommen. Und um den Atlantik loszulassen. Es ist der 3. März. 18 Tage lang waren wir unterwegs.

Lagerfeuer am Wasserfall

Trinidad, Dezember 17

Der Ozean ist gefühlsmäßig weit weg, im Januar 2018 auf Trinidad, aber den tropischen Regenwald können wir in vollen Zügen genießen. Zwar ist der Urwald hier nicht so gewaltig und undurchdringlich wie in Südamerika, aber es gibt meterhohe Bambusstauden, Philodendron, Lianen und Affen. Und Wasserfälle.

Wir haben einen Lieblingswasserfall. Er liegt in Chaguaramas im Nordwesten der Insel und ist vom Dock aus in fünfzehn Auto- und 30 Fußminuten erreichbar. Er ist nicht besonders groß oder breit, aber er befindet sich in der Nähe eines Mammutbaumes am Rande einer Lichtung, ist von hohem Bambus umgeben und hoch genug, um darunter zu duschen. In regelmäßigen Abständen, manchmal einmal pro Woche, kommen wir her, um dem Dockalltag zu entfliehen und um neue Energie zu tanken.

„Ich bin als Erster beim Wasserfall!"

„Nein, ich!"

„Nein, ich!"

„Ich bin viel schneller als ihr!"

Die Kinder stürmen los. Heute sind wir mit der APATIKI-Crew hier.

„He, und wer sammelt Holz fürs Lagerfeuer?", rufe ich hinter der Kinderhorde her.

„Ich." Seraina bückt sich und nimmt einen kompakten Aststummel vom weichen Waldboden auf.

„Und ich. Guia, bleib hier!" Rahel stoffelt hinter Guia ins Gestrüpp und kommt mit Hund und einem schönen, dicken Ast auf den Weg zurück.

Bevor wir uns an unserem Picknickplatz ums Feuermachen kümmern, statten wir dem Mammutbaum einen Besuch ab. Dicke, geschwungene Wurzeln liegen teilweise auf der Erde und bieten in ihrer Größe Verstecke für die jüngeren Kinder.

„Was ist das? Das sieht aus wie eine Aprikose!" Seraina hält eine runde, dunkelgelbe Frucht in der Hand.

„Tatsächlich. Kannst du sie öffnen?" Neugierig betrachte ich den Fund.

„Hier ist auch so eine. Und dort. Der ganze Boden ist voll davon!" Jonas macht eine ausladende Handbewegung. Der dunkelbraune Waldboden ist gesprenkelt mit den gelben Kugeln.

„Öffnen kann ich sie nicht, sie ist zu hart. Ich glaube nicht, dass es eine Aprikose ist, sie riecht auch nicht so." Seraina rümpft die Nase.

„Hier ist eine halb offen." Ich bücke mich und nehme die Frucht in die Hand. In der dicken Schale liegt eine leicht ovale, dunkelbraune Kugel mit roter Verzierung darauf. „Die Kugel ist hart. Die kann man nicht essen."

Die Frucht macht die Runde durch die Kinderhände und landet schließlich wieder auf dem Boden. „Damit kann man ja nichts machen", meint Jonas.

„Wartet mal. Gibst du mir die Kugel bitte noch einmal, Jonas?" Alice streckt die Hand aus. Dann klemmt sie sie zwischen die Zähne und beißt darauf.

„Was tust du?" Verständnislos beobachtet Jonas Alice.

Sie spuckt was Braunes aus, dann zeigt sie uns die Kugel. Sie ist aufgebrochen, und in der braunen Hülle liegt eine weitere Kugel.

„Eine Muskatnuss!" Augenblicklich beginnen Serainas Augen zu leuchten. „Das sind alles Muskatnüsse! Ich hab' noch nie eine frische Muskatnuss gesehen."

„Kommt, wir sammeln sie ein. Wer am meisten findet, hat gewonnen!"

„Gute Idee!" Mit Indianergeheul stieben die Kinder los. Alice und ich grinsen uns zu und steigen hinunter zu unserem Grillplatz.

Ein Windstoß raschelt in den Blättern der hohen Bambussträucher, die Stämme biegen sich und knarren. Kreischend fliegt ein Vogel auf. Der Geruch nach feuchter Erde vermischt sich mit dem Duft des brennenden Holzes.

Ich breite unsere orange Baumwolldecke aus. Jene Decke, die uns seit Beginn unserer Reise begleitet. Auf der die Kinder in der Bucht Boca do Rio in der Algarve bei Mattes Steine angemalt haben, die uns unzählige Male an den Stränden der Kanaren, der Kapverden und in Südamerika als Picknickdecke gedient hat und unter der wir uns auf See auf dem Achterdeck vor der Sonne schützen. Sie ist groß genug, dass unsere ganze Familie darauf Platz hat, und die bunten Farbkleckse und kleinen Löcher an den Ecken erzählen von den vielen Abenteuern, die sie bereits erlebt hat.

Alice und ich genießen die kurzfristige Ruhe. Wir legen Holz nach, breiten unsere Grill- und Picknickzutaten aus und husten die Rußpartikel aus der Lunge, wenn der Wind mal wieder in unsere Richtung dreht.

„Die Kinder haben aber Ausdauer beim Sammeln. Vielleicht liegt ja sogar ein kurzes Nickerchen drin." Ich blicke den Hang hinauf in Richtung Mammutbaum, wo unsere Jungschar noch immer mit Muskatnusssammeln beschäftigt ist, und lasse mich mit einem wohligen Seufzer auf der Decke nieder. Ich verschränke die Arme unter dem Kopf und betrachte die Äste der Baumkronen, die sich sanft im Wind hin- und herwiegen. Ein Stein drückt in mein rechtes Schulterblatt, ich schiebe ihn ein wenig auf die Seite. Meine Augen fallen zu.

„Mama! Mama, schau mal, wie viel wir gesammelt haben!"

„Wir haben sicher mehr als ihr!"

„Nein, das glaube ich nicht, wir werden es gleich sehen. Jetzt zählen wir die Nüsse."

Unsanft werde ich aus meinem gerade eben begonnenen Mittagsschläfchen gerissen und kann mich noch knapp zum Feuer retten, bevor Saskia den Inhalt ihres Badetuches auf unsere Decke kippt. Munter kullern die dunklen Nüsse mit den roten Verzierungen durcheinander.

„Mama, ich hab' Hunger, kann ich was essen?" Jonas' Frage ist rhetorischer Natur, denn der kleine Kerl schielt unverhohlen auf die Leckereien, die sich am Rand der Decke aneinanderreihen.

„Du kannst schon mal eine Portion Kartoffelsalat haben. Die Gabeln sind noch im Rucksack."

Während die älteren Kinder Muskatnüsse zählen und sich die jüngeren über die Chips und den Kartoffelsalat hermachen, wird mein Blick von den Flammen gefangen gehalten.

Ich liebe Feuer, sei es im Kamin oder im Freien. In den Flammen liegen eine unglaubliche Dynamik, eine Eleganz und eine Kraft, die mich immer wieder aufs Neue faszinieren. Scheinbar unermüdlich schlängeln sie sich am Holz empor, verändern unaufhörlich ihre Form, wachsen in die Höhe, um gleich darauf wieder in sich zusammen zu fallen.

Ein Ast birst auseinander, Funken stieben in alle Richtungen, es duftet intensiv nach Harz. Ich spüre die Wärme in meinem Gesicht, Rauch verfängt sich in meinem Haar und wird das Heute ins Morgen tragen. Ich weiß, dass andere Menschen ihre Kleidung nach einem Lagerfeuer entweder in die frische Luft hängen oder sogar waschen, um den Rauchgeruch loszuwerden. Ich tue weder das eine noch das andere. Ich lasse die Erinnerung gerne auch einige Tage später wieder lebendig werden. Die Wärme meines Gesichtes breitet sich über meine Schultern in die Arme, den Rücken und den Bauch aus und erfasst schließlich meinen ganzen Körper. Mit der Wärme kommt die Entspannung, und ich bemerke, wie ich zu lächeln beginne.

„Wir haben gewonnen! Mama, wir haben gewonnen!"

„Aber nur, weil ihr länger gesammelt habt als wir. Wir haben gedacht, es ist schon fertig, aber ihr wart länger dran." Ursina schmollt.

„Es ist doch egal, wer gewonnen hat", versuche ich zu schlichten, „Hauptsache, wir haben genug Muskatnüsse für uns und zum Verschenken."

„Oh, das haben wir! Wir haben genug für die nächsten zehn Jahre!" Saskia lacht. „Insgesamt haben wir 246 Nüsse gesammelt."

„Du machst Witze!" Ungläubig blicke ich auf den Nusshaufen auf der Decke.

„Nein, das stimmt."

„Ist ja cool. Und wie wollt ihr die zum Schiff bringen?"

„Ach, das ist kein Problem, wir füllen sie in meinen Rucksack. Wir müssen halt allen Proviant aufessen." Seraina grinst breit und angelt sich ein Würstchen. Geschickt spießt sie es auf ihren geschnitzten Stock auf und setzt sich zu mir ans Feuer.

Wenige Minuten später drängen sich alle Kinder mit ihren Würsten ums Feuer. Hin und wieder findet sich eine Wurst in den Flammen wieder, dann wird sie unter lautem Geschrei rasch wieder herausgezogen und am Fluss gewaschen. Guia schleicht um uns herum und wartet vergeblich darauf, etwas abzubekommen. Dafür spielen die Kinder nach dem Essen mit ihr, indem sie ihr Stöcke werfen, die sie brav apportiert. Sie liebt dieses Spiel und spielt es unermüdlich.

„Ich gehe zum Fledermausbunker, wer kommt mit?" Auffordernd blickt Rahel in die Runde.

„Ich!"

„Ich auch!"

Wild schreien die Kinder durcheinander und klettern gleich darauf los den Hang hinauf, wo sie zwischen Bambusstämmen und großen Blättern verschwinden. Die Bunker stammen aus der Zeit der Kolonialkriege und werden heute von Fledermäusen bewohnt. Man kann sie zwar nicht sehen, hört aber ihre Flügelschläge, wenn sie sich von einem Schlafplatz zum nächsten verschieben. Zusammen mit dem leicht modrigen Geruch und der kühlen Luft sorgt der Gang in den Bunker für reichlich Gänsehaut – was den Kids natürlich gefällt.

Kaum ist die Horde verschwunden, schlüpfe ich aus meinen Kleidern und gehe zum Wasserfall. Der Boden im kleinen Teich darunter ist stellenweise glitschig, und vorsichtig taste ich mich voran. Die ersten kalten Wasserspritzer berühren meine Arme. Ich schließe die Augen und stelle mich ganz darunter. Augenblicklich weicht die Tiefenentspannung kribbelnder Energie. Ich lasse das Wasser über meine Haare fließen und spüre der Kälte nach, bis ich mich erfrischt und munter fühle.

„So gerne ich weitersegeln würde, diesen Platz hier liebe ich!" Zurück beim Feuer, rubble ich meine Haare und strahle Alice an, die ein wenig schläfrig an einen Baumstamm gelehnt auf dem Waldboden sitzt.

„Ja. Ich wäre zwar froh, wenn unsere Masten endlich fertig wären und wir weiterziehen könnten, aber du hast Recht.

Es ist paradiesisch schön hier. Es ist, als ob der ganze Dock-dreck und alles Mühsame weg gewaschen würde."

Lächelnd nicke ich. Genauso empfinde ich es auch. Das Schiffsleben ist viel intensiver als das Leben, das wir vorher in der Schweiz geführt haben. Es verlangt uns viel ab, aber es beschenkt uns auch reich. Michael meinte zu Beginn unseres Abenteuers in Faro, die Höhen sind höher und die Tiefen tiefer als im gewöhnlichen Leben. Nach viereinhalb Jahren auf Reisen kann ich diese Aussage noch immer voll und ganz unterschreiben. Die glücklichen Momente sind überwältigend – und die schwierigen äußerst anstrengend, wie damals nach der Atlantiküberquerung in Französisch Guyana, als Michael zum Arbeiten zurück in die Schweiz geflogen ist und ich mit den Kindern alleine auf der PINUT zurückgeblieben bin – in der südamerikanischen Regenzeit.

Generalstreik im Dschungel

„Mama, hier tropft es auch!" Saskias Ruf erreicht mich in der Achterkajüte, wo ich konzentriert versuche, das WLAN-Kabel, das aus der Öffnung zum Besanmast hängt, so zu platzieren, dass das Regenwasser in den Eimer auf dem Boden tropft.

„Ich komme gleich!" Ich verschiebe den Eimer zwei Zentimeter nach links, dann krieche ich durch Serainas Kajüte in den Salon. Auf dem Tisch stehen drei Schüsseln, die sich ganz langsam mit Regenwasser füllen. Die Salonluke ist undicht. Saskia steht unter dem Durchlass zum Großmast und drückt ein Küchentuch an die Wand.

„Das Wasser muss durch den Mast kommen." Sie streicht sich eine dunkelblonde Strähne aus der Stirn.

„Mist." Die Aussicht darauf, den Mast nach unverschlossenen Öffnungen durchsuchen zu müssen, erquickt mich nicht. Aber ich werde nicht darum herumkommen. Wir sind in der südamerikanischen Regenzeit gelandet. Seit unserer Ankunft Anfang März vor drei Wochen sind nur wenige Tage vergangen, an denen es trocken geblieben ist. An sich wäre das nicht so tragisch, wir lieben gemütliche Regentage im Bauch der

PINUT, mit Gesellschaftsspielen, Tee und Vorlesen. Aber so gemütlich ist es in unserem Schiff gerade nicht. Seit Beginn unserer Reise waren wir nur in regenarmen Regionen unterwegs und haben die vielen undichten Stellen nicht bemerkt. Im Wesentlichen sind es die Vorschiff- und die Salonluke sowie die beiden Masten. Die Luken sind alt, und einerseits werden die Dichtungen spröde sein, andererseits sind die Stahlrahmen, auf denen sie verschraubt sind, stellenweise durchgerostet. Beide Probleme würden sich provisorisch beheben lassen, wenn es endlich für einen oder zwei Tage trocken bleiben würde. Mit Epoxispachtel lassen sich die Rahmen verschließen, mit Dichtmasse die Dichtungen verstärken. Aber dieser Dauerregen verunmöglicht jede Arbeit an Deck.

Abgesehen vom Regen ist das Klima hier tropisch-feucht. Seltsamerweise gibt es in Saint-Laurent keine Mücken, was einem besonderen Mikroklima zu verdanken ist und worüber wir sehr erleichtert sind. Zu dem ganzen Regen auch noch Mücken, das wäre eindeutig zu viel.

„Wir könnten doch die weiße Plane über den Großbaum spannen, dann kommt vielleicht weniger Regen durch die Salonluke." Rahel versucht einzelne Wassertropfen aufzufangen, die an der Decke entlang in Richtung ihres Bettes wandern.

„Das ist eine prima Idee! Warum sind wir bloß nicht schon früher darauf gekommen? Wer hilft mir?" Ich schaue meine Kinder an.

„Was? Jetzt? Mitten im Regen? Wollen wir nicht warten, bis er vorbei ist?"

„Nein. Es ist ja nicht kalt, wir ziehen unsere Badesachen an und spannen die Plane. Wer weiß, wie lange das heute so weiter regnet."

„Ich komme mit!" Bevor ich reagieren kann, schlüpft Ursina ins Badekleid.

Eine halbe Stunde später tropft es nur noch durch die Masten, und unter der großen, weißen Regenplane mittschiffs ist es sogar ein bisschen gemütlich. Wir haben Leinen gespannt, um die regennassen Kleider aufhängen zu können.

„Schade, dass wir das Cockpit nicht nutzen können." Nachdenklich steht Rahel im Niedergang und blickt hinauf ins Cockpit.

„Allerdings." Eigentlich wäre unser Cockpit mehr oder weniger regendicht gestaltet. Eigentlich. Denn als wir in Mindelo die Stoffverlängerung des festen Cockpitdaches gewaschen haben, muss sie beim Trocknen von der Reling ins Wasser gefallen sein. Wir haben es nicht bemerkt, aber als wir sie hier wieder montieren wollten, ist sie unauffindbar geblieben. So haben wir das Cockpit einigermaßen mit einer billigen blauen Plastikplane aus dem China-Laden abgedeckt, aber seitlich kommt der Regen trotzdem hinein, und zudem macht das Plastik im Wind einen Heidenlärm. Gemütlich ist anders.

„Da hinten wird es heller, ich glaub', der Regen ist gleich vorbei." Rahel deutet mit dem Kopf zur anderen Flussseite hinüber. Hier kommt das Wetter aus Surinam. Der Maronifluss ist der Grenzfluss zwischen Französisch-Guyana und Surinam. Französisch-Guyana gehört noch heute zu Frankreich, während Surinam als ehemalige holländische Kolonie seit über vierzig Jahren unabhängig ist. „Können wir an Land fahren?"

„Klar. Guia muss auch raus."

Unsere Wasserhündin, die gar keinen Regen mag und ein wenig bedröppelt in einer Ecke auf dem Cockpitboden kauert, hebt den Kopf, dann steht sie auf und wedelt mit dem Schwänzchen.

Am Anlegesteg für Dinghis liegen bereits zwei Schlauchboote. „Karin und Chris sind auch an Land", bemerkt Saskia mit Blick auf eines der Dinghis.

„Ja, und Jutta und Leo auch. Schaut, sie sitzen alle im Marina-Café." Ursina läuft los, Guia an der Leine.

Die beiden österreichischen Paare gehören zu zwei Booten, die in der Nähe der PINUT an Moorings liegen. Wir freuen uns alle, zur Abwechslung mal wieder Deutsch sprechende Segler getroffen zu haben. Alle drei Schiffe haben das selbe Ziel: Wir wollen irgendwann in die Karibik segeln.

Das Marina-Café besteht aus fünf Tischchen mit Stühlen, die vor dem Marina-Büro stehen. Marina ist streng genommen übertrieben, denn es gibt weder sanitäre Anlagen noch Stege. Dafür werden all jene Services angeboten, die Seglern wichtig sind: Abfallentsorgung, Frischwasserversorgung, Gas zum Kochen und Benzin für den Außenborder, Waschmaschine und Trockner sowie die Möglichkeit, sich gemütlich bei einem Bierchen zusammenzusetzen. Aufgebaut hat die Infrastruktur Davide, ein Italiener, der mit seinem eigenen Bötchen vor einigen Jahren hier angekommen ist und sich in die Region verliebt hat. Er ist es auch, der uns beim Einklarieren geholfen und uns die Stadt gezeigt hat.

Während Ursina und Jonas mit Guia am kleinen Strand herumtollen, geselle ich mich mit Rahel und Saskia zu den Seglern. Michael ist mit Seraina bereits kurz nach unserer Ankunft in die Schweiz geflogen zum Arbeiten, und auch Sylvia und Mika haben uns wieder verlassen. Ich bin nicht unglücklich über die Ruhe, die nach der Atlantiküberquerung auf der PINUT eingekehrt ist. Während rund sechs Wochen haben wir zu neunt auf knapp 40m² gelebt.

„Hallo, PINUT!" Jutta winkt uns zu.

„Hallo zusammen! Seid ihr auch froh um die Regenpause?"

„Aber wie! Setzt euch zu uns!" Karin und Chris vom Katamaran TWEENY rücken zusammen, wir holen Stühle von einem Tisch nebenan.

„Hallo ihr Lieben, was kann ich euch bringen?" Aus dem Marina-Büro taucht eine junge, schlanke Frau auf. Ihre Haut ist ebenmäßig dunkelbraun, schwarzes Kraushaar rahmt ein hübsches Gesicht mit klugen, wachen Augen ein.

„Carina, wie geht's dir?"

„Danke, gut. Ein Bier und eine Limonen-Limonade, wie immer?"

„Ja, gerne. Hallo, Jakari, hast du heute keine Schule?"

Hinter Carina versteckt sich ein kleines Mädchen in einem bunten Kleid mit Blumenmuster. Die schwarzen Haare sind zu zwei Zöpfchen geflochten, und ihre Augen blicken fröhlich.

„Nein, wegen des Streiks fällt die Schule aus."

„Streik?"

Carina nickt. „Alle öffentlichen Institutionen sind geschlossen wegen Streik."

„Und weshalb wird gestreikt?"

„Ach, du weißt doch, die Franzosen finden immer einen Grund zum Streiken", ulkt Leo.

„Die Lehrer wollen eine bessere Infrastruktur." Carina zuckt die Schultern.

„In Frankreich sind Ende Monat Präsidentschaftswahlen, und die werden immer als Anlass für Streik genommen." Jutta zieht die Augenbrauen in die Höhe.

„Na, da wird sich Jonas aber freuen, wenn Jakari nun öfter hier ist!" Ich halte nach meinem Wirbelwind Ausschau, aber er hat Jakari schon erspäht und kommt freudestrahlend angerannt. Die beiden Kinder sind in etwa gleich alt und verstehen sich trotz der verschiedenen Sprachen prächtig.

„Komm!" Jonas nimmt das Mädchen an der Hand, und gemeinsam stieben sie in Richtung Spielplatz davon.

„Schön, dass Jakari jemanden zum Spielen hat, solange die Schule geschlossen ist." Carina lächelt und verschwindet wieder im Büro.

„Hört mal, Carina hat am nächsten Mittwoch Geburtstag." Jutta macht eine Kunstpause und wartet, bis sich alle Blicke ihr zuwenden. „Was haltet ihr davon, wenn wir für sie ein kleines Fest organisieren? Wir könnten es entweder bei uns auf der SCHLOSS ORT machen oder wir gehen in den Pavillon dort im Park." Sie zeigt auf einen runden Pavillon mit einem Durchmesser von rund 25m².

„Klasse Idee!" Karin ist sofort begeistert.

„Ja, das machen wir! Wir bringen einen Kuchen mit!" Rahels Augen leuchten. Sie bäckt für ihr Leben gern.

„Und wir bringen Getränke und Brot, ja, Chris?"

„Dann bringen wir Salat." Zufrieden reibt sich Jutta die Hände.

„Geht ihr morgen auf den Markt?" wechsle ich das Thema.

Jutta schüttelt den Kopf. „Wir brauchen nichts. Wir fliegen am kommenden Freitag nach Wien und müssen unsere Vorräte aufbrauchen."

„Und was macht ihr mit dem Boot?"

„Das lassen wir hier an der Mooring. Das Einzige, was uns umtreibt, ist die hohe Luftfeuchtigkeit. Wir wissen noch nicht genau, wie wir am besten dem Schimmel vorbeugen."

„Oh, das Problem kennen wir!" Ich grinse Saskia und Rahel zu.

„Wir putzen alles immer wieder mit Essigwasser und haben alle Kleider in Schrumpfsäcke verpackt."

„Schrumpfsäcke?" Jutta blickt Saskia verständnislos an."

„Ja, da steckt man die Wäsche rein, macht den Sack zu, und dann saugt man mit dem Staubsauger die Luft raus. Der Sack schrumpft zusammen und wird ganz klein."

„Ah, jetzt verstehe ich, was du meinst! Das ist eine ausgezeichnete Idee. Wisst ihr, ob es diese Säcke hier gibt?"

„Ja, in einem der China-Läden haben wir sie gefunden. Wir packen inzwischen wirklich fast alles dort hinein, es schimmelt hier ja schneller als man schauen kann." Unwillkürlich kriecht Gänsehaut über meinen Rücken.

„Du sagst es! Es ist furchtbar. Überall kommt der Schimmel, in der Küche, im Cockpit, sogar an den Wänden!" Jutta rümpft die Nase.

„Und die Kleider im Schrank muffeln schon ein paar Tage nach dem Waschen." Karin schüttelt sich.

„Wir hatten schon mal ein Schimmelproblem auf den Kapverden, als wir die PINUT für drei Monate alleine gelassen haben. Dabei war die Luftfeuchtigkeit nicht halb so hoch wie hier."

„Ich bin wirklich gespannt, in welchem Zustand wir unser Schiff antreffen werden, wenn wir zurückkommen." Jutta wirkt nachdenklich.

„Wie lange bleibt ihr weg?" Chris nippt an seinem Bier.

„Sechs Monate."

„Was? So lang?" Ungläubig blickt Saskia Leo an.

„Ja. Wir machen das immer so. Wir leben ein halbes Jahr auf dem Boot, und im Sommer sind wir zurück in Österreich. Dieses Jahr bekommen wir ein Enkelkind!" Jutta strahlt.

„Wie schön! Aber dann wird das wirklich nicht einfach mit dem Schimmel. Am allerwichtigsten ist, dass das Schiff regelmäßig gelüftet wird", überlege ich.

„Das können wir ja machen, solange wir hier sind", bietet Karin an. „Wir müssen an einem unserer Ruderblätter die Dichtungen ersetzen und neues Antifouling auftragen, das können wir hier machen. Wir lassen den Katamaran trockenfallen. Und wir fliegen von Paramaribo aus nach Rio und reisen durch Brasilien."

„Cool! Wann geht ihr los?"

„Anfang Mai."

„Dann kommen Papa und Seraina zurück. Schön, dass ihr bis dann hier seid."

Ich gehe mit Rahel einig. Auch ich bin erleichtert, dass wenigstens Karin und Chris hierbleiben werden, solange Michael fort ist. So ganz habe ich mich noch nicht an den Gedanken gewöhnt, mit Kindern und Schiff so weit fort von Michael alleine zu sein. Wir haben ja jedes Jahr einige Monate alleine verbracht, aber immer in Flugdistanz von ein paar Stunden. Diesmal liegt ein Ozean zwischen uns.

Am nächsten Morgen stehen wir früh auf, um rechtzeitig auf dem Markt zu sein. Saint-Laurent-du-Maroni ist eine Kleinstadt im Westen des Landes ohne besonderen Charme. Es gibt zwei gut sortierte Supermärkte mit zahlreichen französischen Produkten, eine Bäckerei, einige (teure) Restaurants, zwei Cafés, eine Imbissbude, viele China-Läden, einen Baumarkt, ein Schreibwarengeschäft mit Bastelsachen, einige Boutiquen und eben den Markt, der immer Samstags im Stadtzentrum stattfindet. Er ist in Fußdistanz zur Marina mit einem breiten Angebot frischer Früchte und Gemüse von Bauern aus Französisch-Guyana und dem benachbarten Surinam. Die surinamesischen Bauern kommen frühmorgens in ihren Piroggen über den Fluss gefahren. Piroggen sind lange Kanus, die aus einem einzigen Baumstamm gefertigt und meist bunt angestrichen werden. Früher wurden sie wohl gerudert, heute verfügen sie über starke Außenbordmotoren. Die Piroggen sind das Fortbewegungsmittel zwischen den beiden Ländern schlechthin, da es keine Brücke über den Grenzfluss gibt. Wer von Französisch-Guyana nach Surinam reisen möchte, muss die Pirogge nehmen.

„Was brauchen wir alles?" Saskia blickt sich um.

Der Markt erstreckt sich über die Markthalle sowie die Plätze davor und dahinter. Auf den Plätzen stehen hölzerne Verkaufsstände, die bunten Plastikplanen bereit für den nächsten Regenguss. Je weiter der Morgen fortschreitet, desto mehr Abfall bedeckt den Boden und man muss aufpassen, nicht in braune Salatblätter, Lychihüllen, Radieschenreste oder zerquetschte Tomaten zu steigen. Die Bauern, die hier ihre Waren verkaufen, sind ausschließlich dunkelhäutig. Jene mit schwarzer Haut stammen aus Afrika und sind Nachkommen ehemaliger Sklaven. Jene mit brauner Haut sind Indigene, die als Ureinwohner den südamerikanischen Kontinent bewohnt haben, bevor die Europäer gekommen sind. Beide Bevölkerungsgruppen leben, meist streng voneinander getrennt, in Saint-Laurent neben einer Handvoll Europäer, meist Franzosen, die entweder ausgewandert sind oder für einige Jahre für eine französische Firma hier arbeiten. Viele Europäer in Französisch-Guyana arbeiten zudem für die europäische Raketenbasis in Kourou nahe Cayenne, der Landeshauptstadt.

„Wir brauchen Salat, Karotten, Tomaten, Bananen, Ingwer, Bohnen und einen Kürbis. Und dieses große, grüne Gemüse, das wie eine Mischung aus Kürbis und Zucchetti aussieht und wie gekochte Gurke schmeckt." Mehr steht nicht auf meinem Einkaufszettel.

„Mama, können wir wieder Lychies mitnehmen?"

„Ou ja, Lychies, bitte, Mama!"

Jonas uns Ursina hüpfen an mir hoch.

„Ja, können wir machen. Schaut mal, wo sie am wenigsten kosten."

„Machen wir!" Und schon sind sie im Gewusel verschwunden. Angst habe ich keine um die Kinder. Die Stadt ist so klein, dass hier jeder jeden kennt, und als Segler sind wir hier sowieso bekannt wie bunte Hunde. Nicht selten bekommen wir etwas geschenkt, Bananen oder auch mal ein Bonbon. Zwar sind die Menschen hier zurückhaltend im Vergleich zu den Kapverden, aber freundlich sind sie auch hier.

Nachdem wir unsere Einkaufstaschen gefüllt haben, zieht es uns in die Markthalle. Hier geht es vor allem um ein: ums Suppe essen. Indonesische Familien kochen Suppe, die an langen Tischen gemeinsam genossen wird. In die Suppe hinein, die vorwiegend aus verschiedenen Gemüsen und Hühnchenstreifen besteht, kippt man je nach Geschmack Sojasauce, Fischöl, eine Paste aus Chilischoten, Korianderblätter oder Ketchup. Die Stimmung ist ausgelassen, der Geräuschpegel entsprechend hoch. Viele Familien kombinieren den Einkauf mit dem Mittagessen. Kinder sitzen auf Schößen oder wandern zwischen den Beinen der wartenden Erwachsenen herum, beleibte Mütter unterhalten sich lautstark miteinander, und über allem liegt der Duft der köstlichen Suppe.

Für uns gehört das Suppe-Essen untrennbar zum Marktbesuch.

Am Nachmittag stehe ich mit zwei leeren Gasflaschen und einem Benzinkanister im Marina-Büro.

„Hi Davide. Kannst du mir bitte Gas und Benzin auffüllen?"

Der braunhaarige Mann mit der leicht gebückten Haltung wirft mir einen raschen Blick zu. Davides Augen stehen selten still, ebenso wenig wie seine Hände. „Gas sollte kein Problem sein. Benzin kann ich dir nicht versprechen. Im ganzen Land haben sie Straßensperren aufgestellt, da kommen die Fahrzeuge nicht mehr durch, die den Treibstoff zu den Tankstellen bringen."

„Und wozu soll das gut sein?" Als Schweizerin sind mir weder Streik noch sonstige Druckmittel zur Interessendurchsetzung vertraut.

„Um Druck auf die Regierung in Frankreich zu machen."

„Meinst du, das betrifft dann auch die Supermärkte?"

„Es kommt darauf an, wie lange die Sperren bleiben. Wenn die Lager der Märkte leer sind, dann wird man das auch in den Läden spüren."

„Schöne Aussichten."

„Das wird schon." Er zwinkert mir aufmunternd zu. „Du kannst das Gas morgen abholen."

„Danke, Davide."

Als wir uns zwei Tage später zu Carinas Geburtstagsfest im Pavillon treffen, ist der Streik bereits Thema Nummer eins unter den Seglern.

„Es gibt kein frisches Fleisch mehr zu kaufen, nur noch Würste und gefrorenes." Chris zieht eine Grimasse. „Und dabei sind wir doch gerade so schön im Grill-Fieber!"

„Dann müsst ihr halt Gemüse grillieren", schlägt Saskia vor.

„Das tun wir eh. Gegrillte Zucchini und Paprika schmecken echt lecker." Karin fährt sich mit der Zunge über die Lippen.

„Ja, das könnten wir auch mal wieder machen, Mama."

Ich nicke und balanciere den Behälter mit den Muffins zum Tisch, auf dem sich die Leckereien sammeln. „Mehl wird auch knapp in den Läden."

„Ich bin ja gespannt, wie lange die das durchziehen mit den Straßensperren." Leo schüttelt den Kopf. „Typisch Franzosen!"

„Die Menschen hier haben jedenfalls bereits zu hamstern begonnen. So viele Leute wie gestern hab ich die ganze Zeit zuvor hier nie auf einmal im Laden gesehen." Jutta stellt eine große Schüssel auf den Tisch.

„Was ist da drin?" Neugierig lugt Rahel unter die Alufolie.

„Scht, Finger weg! Das ist Krautsalat."

„Och, ich dachte, was Feines."

„Was findest du denn fein?"

„Knödel, zum Beispiel. Oder Maultaschen."

„Da hast du Recht, das ist wirklich fein." Jutta lacht.

„Könnt ihr mir mal die Schnur geben?" Seraina steht auf dem Geländer, das den Pavillon umgibt, und hält drei Luftballone in der Hand.

„Hier. Wie lang soll sie sein?" Chris reicht ihr ein Stück Schnur, und gemeinsam dekorieren sie den Geburtstagsplatz mit bunten Luftballonen.

„Ich will auch einen. Gibst du mir bitte einen Ballon?" Jonas zupft an Serainas blauem Kleid.

„Aber nur einen." Seraina gibt ihm einen grünen.

„Und einen für Jakari."

„Okay. Ist sie denn schon da?"

„Sie kommt da drüben mit Carina."

Es ist ein schöner Anblick, wie Carina und Jakari durch die Wiese schreiten. Beide tragen bunte Kleider und haben sich rote Blüten ins Haar gesteckt.

„Alles Gute zum Geburtstag, Carina!" schallt es von allen Seiten.

Carinas Augen leuchten. „Vielen Dank! Ich freue mich sehr, meinen Geburtstag gemeinsam mit euch allen zu feiern!" Sie umarmt uns reihum, dann eröffnet sie das Geburtstagsessen. Es gibt gegrillte Würstchen, äußerst leckeren Krautsalat à la Jutta, Brot, Chips, Nudelsalat und zur Nachspeise Rahels Cake mit Bananen und Muffins.

„Ich hätte euch alle gerne zu mir nach Hause eingeladen. Aber die Dorfgemeinschaft möchte keine Touristen." Bedauernd zuckt Carina mit den Schultern. Sie hat die Möglichkeit bekommen, in einem Indigenen-Dorf ein kleines Haus zu bauen und sich in die Gemeinschaft zu integrieren. Die Kenianerin ist nach ihrer Ausbildung zur Informatikerin mit nichts anderem als einem Rucksack aufgebrochen. Sie hat in der Schweiz, in Deutschland und Frankreich gearbeitet, bevor sie nach Brasilien geflogen ist, wo sie Jakaris Vater getroffen hat. Mit ihm zusammenleben wollte sie aber nicht, so ist sie – wieder mit Rucksack – weitergezogen, als Jakari zwei Jahre alt gewesen ist.

„Seit wann lebst du hier in Saint-Laurent?" Jutta blickt die junge Frau aufmerksam an.

„Seit drei Monaten. Ich spüre, dass es Zeit ist, eine Weile an einem Ort zu bleiben, damit Jakari ein bisschen Heimat finden kann. Hier besucht sie die Schule, kann Freunde finden und zum ersten Mal in ihrem Leben auch einige Spielsachen besitzen. Im Rucksack hat nichts Platz gehabt." Carina lächelt und beobachtet Jakari, die gemeinsam mit Jonas und Ursina die Holzeisenbahn auf dem Boden des Pavillons aufgebaut hat, die Jonas ihr geschenkt hat. Es sind nur ein paar Schienen und fünf Waggons, für mehr haben wir auf der PINUT keinen Platz gehabt, aber die Kinder stört das nicht. Sie erweitern den Spielbereich mit Stöckchen, Blättern und Sandbahnen.

Ich lasse meinen Blick durch den Park schweifen. Er bleibt an einer Gruppe von sechs Frauen hängen, von denen zwei schwanger sind. „Sagt mal, täusche ich mich, oder gibt es in Saint-Laurent überdurchschnittlich viele Schwangere?" Neugierig blicke ich in die Runde.

„Ja, die gibt es tatsächlich." Carina nickt. „Das hängt mit dem französischen Gesetz zusammen, das besagt, dass jedes auf französischem Boden geborene Kind Anrecht auf einen Platz in einer französischen Schule hat. Es kommen viele Frauen aus Surinam kurz vor der Geburt hierher, bringen ihre Kinder im hiesigen Geburtshaus zur Welt und schicken sie dann hier zur Schule."

Mir geht ein Licht auf. „Ach so, darum kommen immer morgens die Piroggen mit den vielen Kindern über den Fluss!"

„Genau. Frankreich trägt auf diese Weise dazu bei, dass das Bildungsniveau zwischen den beiden Ländern in Grenznähe einigermaßen ausgeglichen ist. Das verhindert soziale Spannungen."

„Clever." Ich schöpfe mir nochmals von Juttas Salat und beobachte die jüngeren Kinder, die inzwischen zum Ballspiel übergegangen sind. Saskia macht Fotos, und Rahel hat sich in die Nähe des Marina-Büros geschlichen, um auf ihrem iPod Filme zu schauen. Über uns im Gebälk des Pavillons zwitschert ein Vogel, und die Luft ist heute trocken und warm und duftet nach Blüten.

„Freunde, ich möchte euch gerne etwas schenken." Carina zieht ein kleines Lederetui aus ihrer Handtasche. Darin stecken geknüpfte Ohrringe in verschiedenen Farben.

„Wie schön! Machst du die selber?" Saskia ist begeistert.

„Ja. Ich habe das Makramé-Knüpfen für mich entdeckt. Bitte, sucht euch was aus!"

Wir beugen uns über die kleinen Kostbarkeiten, nehmen ein Pärchen auf, halten es uns ans Ohr und holen Feedback ein.

„Das ist eine schöne Erinnerung an unser Fest, ganz lieben Dank, Carina!" Ich umarme sie. „Wie schön, dass wir uns begegnet sind!"

Geburtstagsfeste bieten eine willkommene Abwechslung im Bordalltag, vor allem wenn Michael fort ist und ich mit den Kindern weniger Ausflüge unternehme. Wir verbringen dann mehr Zeit auf dem Schiff, machen Spiele, puzzlen und widmen uns bei Bedarf dem Schulstoff. Morgens mit Saskia im Cockpit, Mathestunde.

„Wie kannst du 6/12 kürzen?"

„Mit 2."

„Richtig. Und womit auch noch?"

„Mit 3?"

„Probier's aus."

„6:3=2 und 12:3=4. Der Bruch ist 3/4."

„Richtig. Und jetzt machst du dasselbe mit den nächsten fünf Rechnungen."

„Das ist ja einfach, aber wie rechne ich das da?"

„13/6 kürzen? Du teilst 13 durch 6 und was übrig bleibt schreibst du in Sechstel auf."

„Versteh ich nicht. 13 kann man ja gar nicht durch 6 teilen."

„13 nicht, aber welche kleinere Zahl kann man durch 6 teilen?"

„12."

„Und was bleibt übrig?"

„1."

„Genau. Und diese 1 ist 1/6."

„Versteh ich nicht."

„1/6 ist nichts anderes als 1:6. Du musst das nicht ausrechnen, sondern schreibst nur den Bruch auf."

„Und für was brauche ich dieses Bruchrechnen?"

„In der Musik werden die Takte in Brüchen angegeben."

„Ja, aber da muss ich nicht damit rechnen."

„Beim Backen brauchst du es auch, wenn angegeben ist 1/2 Kilo Mehl oder 1/3 Teelöffel Backpulver."

„Ich hab' immer ohne dieses Bruchrechnen gebacken."

Ich lehne mich zurück und schließe die Augen. Mit Saskia über den Nutzen von mathematischen Inhalten zu diskutieren ist sinnlos, wenn sie sich über Mathe ärgert. Und das tut sie leider immer öfter. Für andere „schulische" Themen kann sie sich begeistern und lernt ohne mein Drängen, aber Mathe ist zurzeit ein rotes Tuch für sie. Bereits wenn ich sie zum Unterricht auffordere, kann ich sehen, wie sie sich innerlich verschließt. Das war nicht immer so, aber mit dem Bruchrechnen kann sie sich überhaupt nicht anfreunden.

„Können wir für heute Schluss machen?"

Ich öffne die Augen wieder und werfe einen Blick in ihr Heft. Sie hat die fünf Aufgaben gelöst. Daneben prangen phantasievolle Schnörkel und Blumen. Ich grinse verstohlen und erinnere mich an meine eigenen Hefte, die ähnlich ausgesehen haben.

„Okay, lass uns morgen weitermachen."

„Danke, Mama!" Sie drückt mir einen Kuss auf die Wange, versorgt blitzschnell ihr Schreibzeug und verschwindet in ihrer Koje.

Ich stehe auf und setze mich auf die Backskiste auf dem Vordeck. Vom Wrack neben der PINUT klingt Vogelgezwitscher herüber, sonst ist es still. Es ist das erste Mal, seit wir das Trockendock in Faro verlassen haben, dass es still ist ums Schiff herum. Egal ob auf See, vor Anker oder in der Marina, immer haben uns bisher Geräusche wie das Rauschen des Windes oder das Plätschern der Wellen umgeben. Aber hier, im Maroni-Fluss, gibt es keine Wellen, und oft ist es windstill. Ich lasse mich von der Stille durchdringen und spüre der Ruhe nach, die sich in mir ausbreitet.

„Hach, ist das herrliches Wetter! Es hat schon lange nicht mehr geregnet!" Rahel steigt von der Saling des Großmastes herunter.

Ich lache. „Dasselbe habe ich auch gerade gedacht! Dabei haben wir erst seit drei Tagen schönes Wetter."

„Das ist mehr als alles vorher, seit wir hier sind."

„Recht hast du. Ich glaube, jetzt ist die kleine Trockenzeit."

„Kleine Trockenzeit?"

„September bis Januar ist die große Trockenzeit, und April/Mai die kleine."

„Na dann. Können wir an Land fahren?"

„Ja, wir sollten einkaufen. Ich möchte noch mehr Mehl, Milch und Nudeln kaufen, wer weiß, wie lange der Streik noch dauert."

Bereits zwei Wochen sind seit Beginn des Streiks vergangen, und die Regale in den Supermärkten leeren sich in beängstigendem Tempo. Durch die Straßensperren sind die Lieferketten unterbrochen, und die Lagerräume der Läden scheinen ebenfalls immer leerer zu werden. Saint-Laurent ist nur über die Küstenstraße mit Cayenne im Osten verbunden, und wenn die gesperrt ist, dann kommen die Waren, die mit den Frachtern nach Cayenne transportiert werden, nicht mehr hier an. Mindestens Dreiviertel der Landesfläche sind mit Urwald bedeckt und nur mit Piroggen zu erreichen.

„Wer kommt mit zum Einkaufen?" rufe ich ins Innere der PINUT.

„Ich!"

„Wir bleiben hier. Wir spielen grad so schön." Ursina und Jonas sind ins Legobauen vertieft.

„Gut, in zwei Stunden sind wir zurück."

Kurz darauf sitze ich mit Rahel und Saskia im Dinghi und versuche vergeblich, den Außenborder zu starten.

„Was ist los?" Saskia schaut besorgt.

„Ich weiß es nicht. Der wird schon anspringen." Noch fünfmal ziehe ich an der Schnur, dann schnurrt er plötzlich und wir nehmen Kurs auf den Anlegesteg. Doch dann stirbt er auf einmal ab. „Mist." Es gelingt mir nicht, ihn wieder zu starten.

„Mama, wir treiben ab, die Strömung ist stark!" Saskias Stimme klingt ängstlich.

Ich schaue mich um. Es ist einlaufende Tide und die Strömung treibt uns flussaufwärts. Wir sind tatsächlich ziemlich schnell unterwegs. Rahel zerrt die Paddel hervor und wir versuchen, gegen die Strömung anzurudern.

„Ihr seid zu langsam, das klappt nicht!", ruft Saskia.

„Rahel, lass uns auf diese Mooring zusteuern, dann machen wir daran fest. Der Motor wird einfach ein bisschen Zeit brauchen, dann läuft er schon wieder."

Die angepeilte Mooringboje kommt rasch näher. Saskia beugt sich über den Bug des Dinghis, um den Ring auf der Boje zu erwischen. Doch wir kommen nicht nahe genug ran. Sie zieht sich T-Shirt und Hose aus, ergreift die Bugleine des Dinghis und springt ins Wasser. Mit einigen kräftigen Schwimmzügen ist sie an der Boje und zieht die Leine durch den Ring.

„Hier, nehmt sie an Bord, ich kann das Dinghi nicht lange halten!"

Ich nehme ihr die Leine ab und helfe ihr ins Schlauchboot. „Super gemacht! Ganz große Klasse!"

Sie strahlt und rubbelt sich trocken. Nachdem sie sich wieder angezogen hat, machen wir einen nächsten Startversuch. Und siehe da, der Motor springt an, als ob er nie etwas anderes getan hätte. Trotzdem ist er mir nicht geheuer. Er läuft zu unzuverlässig. Im Marina-Büro frage ich Davide nach einem Mechaniker und bekomme die Handynummer des Surinamesen Bryan. Wir verabreden uns auf den nächsten Morgen bei der PINUT.

Eine halbe Stunde später sind wir im größeren der beiden Supermärkte.

„Ui, schaut mal, die Regale sind aber leer!" Mit einer Mischung aus Faszination und Erschrecken steht Rahel vor den total leeren Kühlregalen. Nur drei Liter pasteurisierter Orangensaft stehen noch in einer Ecke. Als ich mein Handy zücke, um Fotos zu machen, taucht aus dem Nichts ein Securitymann auf und schüttelt den Kopf. Ich lächle ihn an und lasse das Smartphone in meiner Tasche verschwinden.

„Mal schauen, was es noch gibt. Wir brauchen Rosinen, Mehl, Haferflocken, Zimt, Eier und Milch."

„Milch ist hier. Wie viel brauchen wir?" Saskia hält zwei Liter in der Hand.

„Nimm zehn Liter."

„Soviel?"

„Ja. Und hol' sicherheitshalber ein Kilo Milchpulver."

„Mehl gibt es keins mehr und Haferflocken hab' ich auch keine gefunden." Rahel zuckt die Schultern.

„Okay, dann müssen wir sparsam sein mit dem, was wir noch haben."

In unseren Einkaufstaschen befinden sich weder Zimt noch Rosinen, als wir den Laden eine Stunde später verlassen, dafür andere Dinge, die wir üblicherweise nicht kaufen. Rote Bohnen, gefrorene Fleischklöße und gefrorenes Gemüse, weil kein frisches Gemüse verfügbar ist.

Zurück in der Marina, stoßen wir auf Karin und Chris.

„Habt ihr noch was bekommen?" Karin lugt in unsere Einkaufstüten.

„Naja, nicht alles, was wir wollten."

„Wenn ihr frisches Gemüse braucht und der Markt am Samstag nicht stattfinden sollte, sagt mir Bescheid. Eine Marktfrau aus Surinam hat mir ihre Telefonnummer gegeben. Sie bringt uns Gemüse, falls wir hier nichts mehr bekommen."

„Das ist ein Lichtblick! Im Moment haben wir noch genug, aber ich melde mich, wenn's eng wird."

Die zunehmende Lebensmittelknappheit in den Geschäften beginnt mich zu belasten. Nicht, dass wir ein ernsthaftes Versorgungsproblem auf der PINUT bekommen würden, wenn der

Streik noch länger dauern sollte. Wir haben vor allem Getreide und Nudeln sowie Mais, Thunfisch, Pelatti und Oliven immer im Schiff, aber für eine ausgewogene Ernährung brauchen wir mehr. Zudem essen alle Kinder leidenschaftlich und freuen sich über Abwechslung im Menüplan.

Doch, wie immer, hat auch diese Situation ihr Gutes. Wir kommen nämlich auf Koch- resp. Backideen, die wir schon länger nicht mehr verwirklicht haben.

„Können wir nicht mal wieder Dampfnudeln machen?"

„Oder Kaiserschmarrn?"

„Oder Omeletten?"

„Oder Gemüseauflauf?"

Und so verwenden wir einen nicht unwesentlichen Teil unserer Zeit damit, sämtliche Geschäfte der Stadt nach Zutaten für unsere Gerichte abzuklappern und sie dann gemeinsam zu kochen.

„Hallo? Ist jemand hier?"

Ein Poltern an der Bordwand holt mich an Deck. Neben der PINUT liegt eine große Pirogge. Ein beleibter Mann mit indigenen Gesichtszügen und milchkaffeefarbener Haut blickt mich aus schmalen Augen forschend an.

„Brauchst du einen Mechaniker?"

„Ja, bist du Bryan?"

Der Mann nickt. Ich steige über die Badeplattform ins Dinghi. In der Pirogge sitzen noch eine zierliche Frau in einem weiten, türkisblauen Umhang und ein junger Mann, der den Außenborder bedient.

Ich erkläre Bryan mein Problem und warte neugierig auf seine Diagnose.

„Das ist ein Zweitaktmotor, richtig? Klingt nach Schmutz im System. Sind die Benzinschläuche neu?" Ich schüttle den Kopf. „Hast du neue Schläuche an Bord?" Ich nicke. „Dann wechsle du die Schläuche. Ich schaue mir den Vergaser an."

Während ich neue Benzinschläuche an unseren Tank anschließe, nimmt Bryan den Motor auseinander – direkt am Dinghi resp. über Wasser. Ich hoffe inständig, dass ihm nichts aus der Hand fällt. Er arbeitet langsam und sorgfältig.

„Hier." Er hält mir ein Metallstück unter die Nase. „Der Vergaser ist verschmutzt. Es reichen kleine Partikel, um ihn zu verstopfen, und dann kommt kein Benzin mehr durch." Er bläst in diverse kleinste Öffnungen, spült das empfindliche Stück mit frischem Benzin und baut schließlich alles wieder zusammen. Nach dreimaligem Ziehen springt der Außenborder an, ruckelt ein bisschen und stirbt wieder ab. Bryan stellt das Standgas höher ein und wiederholt den Versuch. Diesmal bleibt der Motor an. „Er sollte nun funktionieren. Und falls nicht, musst du ihn noch einmal reinigen."

Ich hoffe, dass es nicht dazu kommen wird. Zwar habe ich ihm zugeschaut und wüsste nun, wie ich es machen müsste, aber Spaß machen würde mir die Arbeit nicht.

„Danke." Ich bezahle, er hebt die Hand zum Gruß und er lässt sich von seinem Sohn davonfahren.

Wenn es nicht regnet, findet man die Kinder an ihrem Lieblingsplatz: im Wasser. Sie genießen das Baden im Fluss, schwimmen zum Bug und lassen sich von der Strömung zum Heck treiben. Ich schaue dem ausgelassenen Treiben zu und lasse mir die Sonne aufs Gesicht scheinen.

„Mama, Mama, hast du das gesehen? Jonas ist gerade alleine geschwommen! Ohne Schwimmnudel!"

Vor Aufregung überschlägt sich Ursinas Stimme. Ich lehne mich über die Reling und beobachte Jonas, der sich an der Badeplattform festhält und konzentriert aufs Wasser starrt. Plötzlich lässt er los, paddelt mit den Armen und Beinen, schwimmt einige Züge vom Boot weg, um gleich darauf wieder umzukehren. Rasch greift er nach Ursinas ausgestreckter Hand. Freudestrahlend blickt er zu mir auf.

„Super! Ganz genial, Jonas! Das ist ja schnell gegangen!"
Ich freue mich. Vor vier Tagen haben wir für ihn die
Schwimmnudel gekauft, weil er unbedingt schwimmen lernen wollte. Mit seinen 5 ¾ Jahren ist er von den Kinder derje-
nige, der am jüngsten Schwimmen gelernt hat. Nun will er
gar nicht mehr aufhören und traut sich schließlich sogar, in
Richtung Bug nach vorne zu schwimmen. Den ganzen Weg
schafft er dann noch noch nicht.

Ich strecke mich, dann raffe ich mich auf. Unsere Kühlbox
wartet auf mich. Wir haben von den Kapverden einen neuen
Kompressor und einen neuen Verdampfer mitgebracht weil
wir davon ausgehen, dass die mangelhafte Kühlleistung auf
das fortgeschrittene Alter unseres Kühlsystems zurückzuführen ist. Der Einbau der beiden Komponenten bereitet mir allerdings ein wenig Bauchschmerzen. Ich weiß, dass sich irgendwo in den beiden Einbauteilen Kühlflüssigkeit befindet,
aber ich weiß nicht genau, wo. Ich weiß nur, dass sie auf keinen Fall auslaufen darf.

Seufzend verkrieche ich mich im Maschinenraum und
baue den alten Kompressor aus. Das geht unkompliziert,
ebenso das Entfernen des Verdampfers in der Kühlbox. Entsorgt sind die beiden Dinge ebenso rasch. Nun kommt der
Einbau. Der Kompressor ist auf einer Platte befestigt, die
ohne Probleme mit vier Schrauben im Maschinenraum fest-
geschraubt wird. Anspruchsvoller gestaltet sich der Einbau
des Verdampfers. Er besteht aus einem weißlackierten, gebo-
genen Blech mit streifenförmig angeordneten Verdickungen
und einem langen, ebenfalls weißlackierten halbstrarren Rohr
mit Schraubverschluss am Ende. Der alte Verdampfer ist mit-
tels zweier Schrauben an der Oberseite der Kühlbox befestigt
gewesen. Am neuen Verdampfer befinden sich aber keine
Löcher. Also muss ich die wohl selbst hineinbohren. Ich beschließe, sie ein wenig mehr zu zentrieren. Sorgfältig bohre
ich die Löcher und teste die Schrauben. Sie passen noch
nicht, die Löcher sind noch zu klein. Ich vergrößere sie vor-

sichtig. Als ich den Bohrer aus dem zweiten Loch ziehe, vernehme ich ein leises Zischen, dem ich aber keine weitere Bedeutung zumesse. Ich hänge mich kopfüber in die Kühlbox, um den Verdampfer festzuschrauben. Doch je weiter ich die Schraube hineindrehe, desto lauter wird das Zischen. Und dann spüre ich Kälte an meiner Hand. Kühlflüssigkeit. Schlagartig verstehe ich den Verdampfer. In den Verdickungen des Blechs befindet sich Kühlflüssigkeit! Klar, wo denn sonst. Doch diese Erleuchtung kommt zu spät. Ich löse die Schraube wieder, stürze in den Maschinenraum und bewaffne mich mit einer Knetmasse aus dem Sanitärbereich zum Abdichten von Schläuchen. Hektisch drücke ich die Masse ins Loch. Erst ist es ruhig, doch dann bildet sich eine kleine Blase, die wächst und schließlich aufplatzt. Zzschsch! Es nützt nichts. Ich habe nichts Schnelltrocknendes an Bord, mit dem ich innert nützlicher Frist das Loch verschließen könnte, ohne dass zu viel Kühlflüssigkeit ausläuft.

„Mist." Verdrossen starre ich auf den Verdampfer.

„Was ist los?" Rahel steigt mit einem Handtuch um den Kopf die Niedergangsleiter herunter.

„Ich hab' soeben unseren neuen Verdampfer zerstört."

„Warum?"

„Weil ich zu spät verstanden habe, wo die Kühlflüssigkeit durchfließt. Ich hab' das Loch für die Schraube zu nah an dieser Verdickung gebohrt. Jetzt strömt hier die Flüssigkeit raus, hörst du?"

Rahel legt den Kopf schief und lauscht. Dann nickt sie. „Was machst du jetzt? Baust du den alten Verdampfer wieder ein?"

„Nein, der ist bereits auf dem Müll." Ein wenig ärgere ich mich über mich selbst. Nicht darüber, dass ich falsch gebohrt habe, immerhin habe ich daraus eine Menge über Verdampfer gelernt. Aber darüber, dass ich voreilig die alten Sachen weggeschmissen habe.

„Dann holen wir halt Eis aus der Marina-Bar und Papa bringt einen neuen Verdampfer mit." Rahel rubbelt sich die Haare.

„Das ist eine brauchbare Idee, so machen wir es. Wenn wir täglich frisches Eis holen, sollten die Lebensmittel kühl bleiben." Ich schiebe eine Strähne hinter mein Stirnband und richte mich auf. „Und diesen Verdampfer trage ich nun auf den Müll, denn der taugt definitiv nichts mehr."

Der Vollständigkeit halber sei erwähnt, dass sich die Kühlleistung sehr zu meiner Enttäuschung trotz der neuen Komponenten nicht verbessert hat. Warum, das sollten wir erst auf Trinidad herausfinden.

Pünktlich zu Michaels und Serainas Rückkehr ist der Streik zu Ende, und auch der Dinghimotor läuft zuverlässig. Allerdings scheint auch die kleine Trockenzeit vorbei zu sein, und am Ankunftstag der beiden regnet es. Immerhin setzt der Regen aus, als sie gegen zehn Uhr abends aus dem Taxi ins Schlauchboot steigen.

Die Rückkehr aufs Schiff nach längerer Abwesenheit ist für Michael nicht immer einfach. Es ist ein Wechsel zwischen zwei Welten, zwischen der Arbeitswelt der Erwachsenen mit organisierten Tagesabläufen, Ordnung, Platz und relativer Ruhe und zwischen der Welt der kleinen PINUT mit quirligen Kindern, Chaos, Terminfreiheit und lautstarken Auseinandersetzungen. Eine Hauptschwierigkeit ist zudem die fehlende Rückzugsmöglichkeit auf dem Schiff. Zwar können wir unsere Achterkajüte abschließen, aber wir bekommen trotzdem alles mit, was im Schiff los ist. Und sich einfach mal kurz ins nächste Café setzen, um abzuschalten, Geschäftliches zu erledigen oder auch einfach nur zu lesen, ist nur möglich, wenn die PINUT in einer Marina am Steg liegt. Diesmal kommen der Jetlag und die Klimaveränderung dazu, vom vergleichsweise kühlen Schweizer Frühling in die südamerikanische Regenzeit. Trotz aller Wiedersehensfreude nach sieben Wochen

Trennung fällt Michael die Rückkehr diesmal besonders schwer. Das Cockpit ist durchs fehlende Bimini unbewohnbar, und alleine das Auspacken der vielen Gepäckstücke, die allerlei heißersehnte Bestellungen aus der Schweiz beinhalten, entpuppt sich als Herausforderung in unserer Kajüte. Die Luft ist nicht nur im Innern des Schiffs stickig und schwül.

Obwohl sich auch die Kinder sehr auf Michael gefreut haben, spüre ich, dass er erst mal Ruhe und Zweisamkeit braucht. So verschließe ich am ersten Morgen nach der Ankunft die Türen zu unserer Achterkajüte und kuschle mich zu ihm unter seine Decke. Üblicherweise helfen eine Rückenmassage, gegenseitiges Kopfkraulen und weitere Streicheleinheiten. Doch heute ist irgendwie alles im Eimer.

„Es tut mir leid, aber ich kann nicht aus meiner Haut raus. Diese Hitze hier, die Enge im Schiff und die schwüle Luft, ich kann kaum atmen. Und dann der Regen, alles ist nass."

Ich kann ihn verstehen und weiß nicht, wie ich ihm helfen soll. „Es ist nur Wasser. Irgendwann ist der Regen vorbei, dann trocknet alles wieder." Ich fühle mich ein wenig unbeholfen, aber Michael dreht mir den Kopf zu und schaut mich an. Lange. Dann zieht er mich zu sich und nimmt mich in den Arm. Ich streichle seine Brust und spüre, wie sich die Muskeln entspannen. Ich streichle weiter, bin erleichtert über die Ruhe im Schiff und hoffe, dass die Kinder ruhig bleiben. So lange, bis Michael sich wieder einigermaßen zurecht gefunden hat. Oder wenigstens so lange, bis wir – fürs erste – genug vom gegenseitigen Streicheln, Küssen und Schmusen haben.

Der Countdown läuft

Aus unserer ausgiebigen Zweisamkeit an jenem verregneten Morgen im Mai 2017 im Maroni-Fluss vor Saint-Laurent nehmen wir – außer der schönen Erinnerung – etwas viel Nachhaltigeres mit: unser achtes Crewmitglied!

Einen Einfluss auf die Weiterführung unserer Reise hat unsere sechste Schwangerschaft nicht. Unsere Schwangerschaft, denn Michael lebt sie intensiv mit:

„Wir stehen vor der Bewältigung der nächsten Ausnahmesituation. Wo soll das Kind zur Welt kommen? Welchen Einfluss haben Schwangerschaft und Geburt auf unsere weiteren Reisepläne? Unsere Zukunft? Wir wissen aus Erfahrung: Gerade in Ausnahmesituationen haben wir als Paar und als Crew, als Team immer hervorragend funktioniert. Darauf können wir uns verlassen. Getreu unserem Motto: Bloß keine Routine... An Unterstützung mangelt es uns nicht. Fünf Kinder, drei Vögel, ein Hund und rund 20 Tonnen Stahl, verteilt auf knapp 40m2 Wohnfläche. Was will man mehr?"

Wir sehen also keinen Grund, nicht weiterzusegeln. Jonas war zwei Jahre alt, als wir aufs Boot gezogen sind, viel anstrengender wird es mit einem Baby auch nicht werden. Glauben wir. Höchstens der Platz auf der PINUT könnte mittelfristig knapp werden. Aber darüber machen wir uns im Moment noch keine Gedanken.

Es geht mir gut. Am Schiff arbeite ich wie gewohnt mit, auch im achten Schwangerschaftsmonat. Nur die Schleif- und Streicharbeiten an Deck geben wir diesmal in Auftrag, anstatt sie selbst auszuführen. Schwanger zu sein in den Tropen empfinde ich als sehr angenehm. Luftig bekleidet in kurzen Shorts und T-Shirt ertrage ich die Wärme gut und finde es wesentlich besser, mir die Sonne auf den wachsenden Babybauch scheinen zu lassen, als ihn in drei Schichten Hosen- und Pullistoff einzupacken, wie ich das in der Schweiz bei meinen anderen Winterschwangerschaften getan habe. Immerhin ist jetzt Januar. Einzig das Rauf- und Runterklettern über die Leiter und der Einstieg ins Cockpit bereiten mir je länger desto mehr Mühe. Vor allem am Morgen, wenn Babyzwerg auf die Blase drückt, ist es unangenehm, dass wir noch auf dem Trockenen stehen, da wir hier die Bordtoilette nicht benützen können. So steige ich des Öfteren im Morgengrauen im Halbschlaf und Pyjama vom Boot runter zum Klo und bin dann natürlich, wieder oben angekommen, zu wach um nochmal einzuschlafen. Aber unsere To-Do-Liste wird von Tag zu Tag kürzer und die Einwasserung naht.

„Was steht heute auf dem Programm?" Ich lehne mich zurück und nippe an meinem koffeinfreien Kaffee, den mir Alice von ihrer letzten Shoppingtour mitgebracht hat, denn auf ausgiebige Einkaufstouren verzichte ich nun.

„In 30 Minuten kommt Jessy, der Elektriker, wegen der Batterien und der Kühlbox." Michael blickt auf den Laptopbildschirm.

„Ach, ja. Gut. Bin ja gespannt, ob er was rausfindet wegen der Kühlbox."

„Ich auch. Und am Nachmittag wollte Jonas vorbeikommen und die beiden Vorstage montieren."

„Was soll ich machen?" Jonas hat mit seinen Autos auf dem Cockpittisch gespielt und blickt interessiert auf.

Ich lache. „Nicht du! Jonas ist der Rigger. Er wird die Stage wieder montieren."

„Was sind Stage?"

„Das sind die Drahtseile, die vom Großmast nach hinten und nach vorne gehen."

Der Junge legt den Kopf in den Nacken und richtet den Blick auf die Mastspitze. „Die, die ganz nach oben gehen?"

„Ja, genau die."

„Und warum haben wir die weggenommen? Dann hält doch der Mast nicht mehr wenn wir segeln."

„Wir müssen sie ersetzen weil sie alt sind."

„Ach so." Fall erledigt, er wendet sich wieder seinen Autos zu.

Auf den Kapverden haben wir vor der Atlantiküberquerung die Wanten und einige Terminals ersetzt, jetzt sind die Stage fällig. Zwar haben wir bisher keine Probleme mit der Verdrahtung der beiden Masten gehabt, aber das Rigg dürfte rund 20 Jahre alt sein und gehört dringend erneuert.

Es klopft am Rumpf.

„Das wird Jessy sein." Michael steht auf. „Komm rauf!"

Ein junger Mann mit kurzgeschnittenem, schwarzem Haar und weißem Shirt steigt ins Cockpit. Der Geruch nach süßlichem Aftershafe irritiert meine empfindliche Schwangerschaftsnase.

Michael erklärt Jessy unsere Anliegen. Einerseits sind wir uns nicht sicher, wie fit unsere Bordbatterien noch sind und ob wir sie nicht ersetzen sollten, andererseits müssen wir nun dringend herausfinden, warum unsere Kühlbox auch mit den neuen Komponenten nicht richtig kühlt.

„Für die Batterien schlage ich vor, dass ihr den Landstrom abhängt und ein Protokoll führt. Tragt alle zwei Stunden die Batteriespannung und die Ladetätigkeit der Solarpaneele ein. So können wir herausfinden, ob die Paneele richtig arbeiten und in welchem Zustand die Batterien sind." Er unterbricht sich und greift nach seinem klingelnden Handy. Nach einem kurzen Disput legt er es entschuldigend zur Seite. Dann verschwindet er mit Michael im Rumpf der PINUT und lässt sich die Kühlbox zeigen.

Ich nutze die Gelegenheit, um mir im Dockladen ein kaltes Kokoswasser zu kaufen und unter Einwirkung der Klimaanlage ein bisschen abzukühlen. Als ich erholt zurück zum Schiff komme, empfängt mich Michael mit einem leicht irritierten Gesichtsausdruck.

„Und? Neue Erkenntnis?" Fragend blicke ich ihn an.

„Naja. Jessy meint, einerseits sei der Platz des Kompressors im Maschinenraum unglücklich gewählt, weil der Raum während der Fahrt unter Motor zu warm wird. Wissen wir ja selbst, hat aber nichts mit der Kühlleistung vor Anker oder unter Segeln zu tun. Andererseits sollten wir in der Betriebsanleitung den empfohlenen Kabelquerschnitt nachlesen. Er hat den Eindruck, dass die Stromkabel zwischen Kompressor und Sicherung zu dünn sind."

„Seltsam. Rainer ist doch jahrelang mit dieser Verkabelung gefahren. Der hätte doch was Dickeres verbaut, wenn das nicht stimmen würde." Irgendwie leuchtet mir das nicht ein.

„Rainer war nie in tropischen Regionen unterwegs. Und in Portugal und auf den Kanaren hatten wir ja auch kein Problem mit der Kühlung, erst ab den Kapverden, als die Umgebungstemperatur gestiegen ist."

„Das stimmt. Also lass uns die Bedienungsanleitung suchen."

Nach einer Weile fährt Michael auf. Vor ihm liegt die Bedienungsanleitung. „Schau mal, tatsächlich! Der empfohlene

Kabelquerschnitt beträgt 2.5mm, unserer ist aber nur 1.5mm."

„Dann lass uns die Kabel gleich auswechseln und dann werden wir ja sehen, ob's daran gelegen ist."

Und so unglaublich es für mich klingt, die Kühlleistung steigert sich mit den dickeren Kabeln um Welten. Plötzlich können auch wir unseren Gästen kaltes Bier anbieten! Eine durch und durch gelungene Sache. Den Gedanken, dass ich mir das Auswechseln von Kompressor und Verdampfer vielleicht sogar hätte ersparen können, verdränge ich schleunigst.

Mit jedem Tag, der verstreicht, rückt nicht nur die Einwasserung der PINUT näher, sondern auch der Geburtstermin. Während unseres Heimaturlaubs haben wir uns eingehend mit der Frage nach dem Geburtsort auseinandergesetzt. Die anderen fünf Kinder sind alle zuhause zur Welt gekommen, ausschließlich in Anwesenheit von Michael und einer Hebamme. Aber damals haben wir in der Schweiz gelebt in einem Haus, mit einem Auto und einem Krankenhaus in der Nähe für einen Notfall. Immer sind Menschen erreichbar gewesen, die uns unterstützt haben: Meine Mutter, die auf die älteren Kindern aufgepasst hat, eine Freundin, die nach der Geburt Hühnersuppe gekocht oder eine professionelle Haushaltshilfe, welche das Haus geputzt hat.

Wie würde das auf dem Schiff werden? Allein mit den fünf Kindern? Auf dem engen Raum? In einem Land, dessen Kultur uns auch nach über sechs Monaten in vielerlei Hinsicht noch fremd ist? Immerhin haben wir mit der APATIKI Freunde hier, die uns sicher helfen werden. Trotz aller Ungewissheit ist eine Geburt in der Schweiz für mich keine echte Alternative gewesen. Wir haben ja keine Grundlage, kein Haus und keine Wohnung mehr in der Schweiz. Mein Traum ist es, dass auch unser sechstes Kind in seinem Zuhause das Licht der Welt erblicken darf. Auch, wenn sein Zuhause nun halt ein Segelboot in der Karibik ist. Ob das realistisch ist oder ob doch noch alles anders kommt, weiß ich nicht. Noch bleiben uns ein paar Wochen Zeit, um uns auf die Geburt vorzubereiten und uns für einen Geburtsort zu entscheiden. Die Erinnerung an den positiven Schwangerschaftstest ist noch so lebendig, den wir in unserem Airbnb in Paramaribo in Surinam gemacht haben. In diesem kleinen, feuchten Haus mit den surrenden Klimaanlagen in jedem Zimmer und der Waschmaschine, in die wir das Wasser selbst einfüllen mussten. Wo Lili und Ricki, die beiden Reisfinken aus der Tierhandlung, den Weg zu uns gefunden haben.

Es regnet heftig. Wir entscheiden uns für einen Faulenzertag. Und schieben den Test vor uns her. Am Abend gilt's. Die Kids sind schon in ihren Betten. Jetzt wird getestet. Beide starren wir wie gebannt auf die Anzeige. Im Kontrollfenster sehen wir erstmal das blaue Bälkchen. Soweit so gut. Das muss ja auch da sein. Unsere Augen wandern nach rechts zum zweiten Fensterchen. Nichts zu sehen. Doch, da, langsam aber immer deutlicher werdend erscheint der zweite Balken. Kein Zweifel: Ein zweiter Balken! Der Balken! Und was für einer. Aber sowas von tiefblau und kraftvoll. Wir sind schwanger! Nummer sechs ist unterwegs und kündigt sich als kraftvolle Persönlichkeit an. Zumindest, was den Balken angeht. Ich nehm Corina in den Arm. Wir schweigen. Die Gefühle fahren Achterbahn.

„Träumst du?" Ich spüre Michaels Hand an meiner Schulter und öffne die Augen.

„Ein bisschen. Ich habe mich gerade an die erste Zeit meiner Schwangerschaft in Surinam erinnert."

Ein Lächeln erscheint auf Michaels Gesicht. „Surinam. Es war eine schöne Zeit dort, mitten im Urwald."

Multikulti im Regenwald

Von Surinam, dem kleinen Land an der Nordküste Südamerikas zwischen den beiden Guyanas, haben wir bereits zu Beginn unserer Reise auf dem Dock in Faro zum ersten Mal gehört. Haiti, unsere Freundin vom Dock, stammt aus Surinam, und als wir uns 2014 von ihr verabschiedet haben, haben wir uns gegenseitig versprochen, uns in Surinam wiederzusehen. Damals klang das zugegebenermaßen utopisch, denn für uns Hochseeanfänger lag das Land fast auf einem anderen Planeten.

Und jetzt sind wir da. Die PINUT liegt im Surinam-Fluss in der kleinen Marina Waterland, südlich der Hauptstadt Paramaribo, mitten im Dschungel. Hier kommt man nur mit dem Schiff oder einem Auto hin. 364 Seemeilen haben wir benötigt von Saint-Laurent-du-Maroni hierher.

Der Surinam-Fluss wird in der einheimischen Sprache *Sranan Liba* genannt. Er ist insgesamt rund 480 km lang und bildet die Hauptschlagader Surinams. Über den *Sranan Liba* verlassen die Hauptexportartikel Bauxit und Aluminium und in neuerer Zeit auch Edelhölzer das Land.

Die Marina Waterland besteht aus einem Schwimmsteg mit einer Handvoll Fingern, an denen sieben Jachten liegen, als wir ankommen. Die Wassertiefe wird mit mindestens drei Metern angegeben, was mir etwas viel vorkommt, da man den Grund trotz des Schlicks vom Steg aus sehen kann. Neben einer Art großem Pavillon mit Tischen, Stühlen, einer Bar und einer kleinen Küche gibt es einige Bungalows, die meistens übers Wochenende besetzt sind. Der Hit für die Kinder sind Gokarts, mit denen sie über die schmalen Teerstraßen rasen, die sich durch die Anlage schlängeln. Hier liegt auch die Segelyacht BONNEFOI des holländischen Seglerpaares Peter und Anne. Peter und Michael wissen zu diesem Zeitpunkt noch nicht, dass sie sich im Kampf gegen schwimmende Inseln vereinen werden.

Das Klima ist noch schwüler als in Französisch-Guyana. Wir sind dauernd nass, entweder vom Schweiß oder vom Regen, der sich mehrmals täglich über uns ergießt. Eine Plage sind die Mücken, und immer kurz vor Eindunkeln hetzen wir auf die PINUT, um Mückennetze vor alle Fenster, Luken und übers Cockpit zu spannen. So sind wir wenigstens im Schiff vor den lästigen Stechtieren geschützt.

Wir verbringen viel Zeit im Pavillon mit Schreiben und Unterrichten. Ich arbeite an meinem ersten Roman, und Michael schreibt an seiner Masterarbeit für seinen Studienabschluss in Sprechwissenschaften. Der Geruch nach feuchter Erde umgibt uns, und in den hohen Bäumen zirpen und zwitschern allerlei Grillen und Vögel. Aber nicht nur.

„Was ist das?" Erschrocken macht Saskia einen Sprung zur Seite und starrt auf den Baumstamm vor sich.

Etwas Graues bewegt sich langsam abwärts. Es hat Fell, ist etwa fünfzig Zentimeter lang und hat große Hände und Füße.

Neugierig kommen wir näher.

„Ich glaube, das ist ein Faultier." Michael betrachtet den gemütlichen Gesellen, der sich auf die Erde plumpsen lässt. Langsam schiebt er sich vorwärts in Richtung Wasser.

„Will das Faultier baden gehen?" Amüsiert läuft Ursina hinter ihm her.

„Meinst du, ich kann es streicheln?" Kritisch beobachtet Jonas das Tier, das sich über den Sand schiebt. Es wirkt behäbig und schwerfällig und ich kann mir nicht vorstellen, wie es sich auf dem Baum bewegen soll.

„Tu es nicht, vielleicht beißt es dich!" Rasch hält Saskia ihren Bruder zurück.

Das Tier ändert die Richtung und steuert auf den nächsten Baum zu. Kaum ist es am Stamm angelangt, angelt es sich hinauf und ist im Nu zwischen den Ästen verschwunden.

„Wo ist es hin'?" Verblüfft starren wir ins Geäst.

„So schnell, und dabei war es auf dem Boden so langsam!" Seraina staunt.

„Ich geh' es suchen." Entschlossen stellt sich Rahel an den Baumstamm und hebt die Hände, um daran hinauf zu klettern. Doch dann lässt sie die Hände wieder sinken. „Der Baum hat Dornen."

Wir treten näher. Die graubraune Rinde ist übersät mit etwa zentimeterdicken, grünen Dornen.

„Tja, das wird nichts. Kommt, wir gehen baden!" Ursina wirbelt davon, Jonas und Seraina hinter ihr her.

Das Faultier bleibt nicht die einzige Bekanntschaft mit Urwaldtieren in Surinam. An einem Putztag stoße ich an Deck auf eine dicke, braune Vogelspinne, die sich unter unserem Spibaum zum Schlafen verkrochen hat. Aufgeschreckt läuft sie übers Deck. Um zu verhindern, dass sie sich ins Schiffsinnere verirrt, scheuche ich sie mit dem Bootshaken in Richtung Bug. Als sie auf die Fußreling klettert, stoße ich sie ins Wasser. Ich habe nicht gewusst, dass Vogelspinnen schwimmen können. Sie schwimmt zum Steg und klettert am Pfahl wieder hinauf. Dann verliere ich sie vorerst aus den Augen und begegne ihr erst abends wieder.

Da es in der Marina keine Duschen gibt, duschen wir jeweils abends nach Eindunkeln mit unserem Wasserschlauch auf dem Steg. Ich räume im Cockpit das Geschirr weg, als ich Ursina rufen höre.

„Iiihhh, was ist das? Eine Riesenspinne!"

„Wo?" Mit einem Satz steht Michael auf dem Steg.

Die Spinne sitzt reglos in der Nähe des Schlauches. Als er auf sie zutritt, verschwindet sie unter den Holzplanken. Sicherheitshalber spritzt er etwas Wasser hinterher.

„Passt auf mit dieser Spinne. Vogelspinnen sind giftig."

„Ich will nicht mehr duschen." Ursina rettet sich an Deck.

„Komm, ich helf' dir." Michael holt sie wieder auf den Steg.

Von diesem Abend an versichern wir uns immer erst mit der Taschenlampe, dass die Spinne an ihrem Platz unter den Planken sitzt, bevor wir zu duschen beginnen.

Ein anderes Mal, als wir vor der Weiterreise nach Tobago das Schiff seeklar machen, greift Seraina fast in eine Schlange. Sie hat sich mit dem Leinenbündel der Fockschot verwoben, und Seraina bemerkt sie, als sie die Leinen lösen möchte, um sie zum Waschen herauszuziehen.

„Ist die giftig?" Mit zitternden Knien steht sie neben dem Leinenbündel, das sie aufs Deck hat fallen lassen.

„Keine Ahnung." Ich zucke die Schultern. „Wir nehmen sie mit und fragen Faisal."

„Und wie bekommen wir sie von der Schot weg?" Saskia blickt skeptisch.

„Am besten nehmen wir sie samt Schot von Bord und legen die Leine in die Wiese. Dort können wir sie dann mit einem Stock wegschieben."

Wir machen es so und zeigen die Schlange vorher Faisal, dem jungen, sympathischen Mitarbeiter der Marina. Doch der Einheimische hat nicht mehr Ahnung, dafür aber mehr Angst als wir. So kitzeln wir das Tier wach und schauen zu, wie es sich gemächlich von unserer Leine löst und im Dickicht verschwindet.

„Hoffentlich kommen nicht noch mehr Tiere zu uns!" stöhnt Seraina, der der Schreck noch immer in den Gliedern sitzt.

„Ach, gegen ein paar Kapuzineräffchen an Bord hätte ich nichts", ulkt Michael.

„Ou ja, ich auch nicht!" Rahels Augen strahlen.

„Oder Brüllaffen", ergänze ich.

„Lieber nicht, die sind mir zu laut!" Jonas hält sich die Ohren zu und wir brechen in Gelächter aus.

„Kommt, wir fahren zu Rishi. Er will sich unseren Außenborder nochmal anschauen." Michael streckt sich.

Unser Dinghimotor hat in den ersten Tagen in Surinam bestens funktioniert, doch auf einer längeren Erkundungstour, die Michael und ich im Fluss unternommen haben, hat er plötzlich wieder zu stocken begonnen. Rishi ist der Vermieter unseres Autos und wohnt mit Frau und Sohn unweit der Marina in Domburg. Er hat uns angeboten, den Motor zu untersuchen.

Rishis Haus ist ein typisches surinamesisches Haus. Einstöckig, mit einer offenen Wohnküche und einigen Zimmern. Vor dem Haus weist eine kleine Terrasse zur Straße hin und hinter dem Haus befindet sich ein großer, überdachter Bereich, eine Art offener zusätzlicher Wohnraum. Unter dem Blechdach hängen zwei Hängematten an der Holzverstrebung, an der brusthohen Mauer befinden sich ein Waschbecken, ein Gasherd und eine Arbeitsfläche. Ein Hund an einer langen Kette empfängt uns laut bellend und wird sofort von Rishi zurechtgewiesen. Über die Wiese gackern Hühner.

Michael und ich nehmen am Tisch mit den sechs weißen Plastikstühlen Platz, während sich die Kinder um die Hängematten streiten. Rishis Frau Marijke stellt einige Süßgetränke auf den Tisch.

„Hallo, Arush!" Ich grüße den kleinen Jungen mit den schwarzen Knopfaugen, der sich noch ein wenig schüchtern an seine Mutter drückt.

„Hier, dein Ball, Arush." Rishi wirft ihm einen kleinen Fußball zu. Jonas stürzt sich sofort darauf, und im Nu sind die Kinder ins Spiel vertieft.

„Ich muss euch informieren, dass mein Sohn die Wasserpocken hat. Die Krankheit ist harmlos, aber ansteckend."

„Wie äußert sie sich?"

„Mit diesen kleinen Bläschen auf der Haut und ein wenig Unwohlsein und Fieber. Das Fieber ist bei Arush aber schon wieder vorbei."

„Ist Wasserpocken nicht eine andere Bezeichnung für Windpocken?" grüble ich. Ich meine, den Begriff schon mal gehört zu haben.

„Das ist möglich. Wenn man die Krankheit einmal gehabt hat, dann ist man immun dagegen." Marijke beobachtet die Kinder, die gemeinsam versuchen, den Ball vom Blechdach des Autounterstandes herunter zu holen.

„Okay, dann sind das die Windpocken. Das ist kein Problem. Viel wichtiger ist, dass die Kinder zusammen spielen können." Ich freue mich darüber, dass auch hier wieder das gemeinsame Spiel trotz verschiedener Sprachen so einfach funktioniert. Rishi und seine Familie sprechen Holländisch, wir verständigen uns in Englisch.

„Euer Garten ist ja riesig!" Bewundernd gleitet mein Blick über Bananenstauden, Papaya- und Mangobäume.

„Kennt ihr diese Frucht hier? Wir nennen sie Brotfrucht." Marijke nimmt eine große, ovale Frucht von einem der Bäume und reicht sie mir.

„Ich glaube nicht."

Sie schneidet sie auf und entfernt die grüne Schale. Das Fruchtfleisch ist weiß und fest. „Wir machen daraus eine Art Pommes. Habt ihr Lust?"

„Klar!"

„Sehr gerne!"

Neugierig schaut Ursina zu, wie Marijke die Frucht in fingerdicke Stäbchen schneidet. Dann erhitzt sie viel Fett in einer Eisenpfanne und legt die Stäbchen hinein. Das Fett zischt, und sofort beginnt es zu duften.

„Magst du rühren?" Auffordernd schaut Marijke Ursina an.

„Ja, gerne!" Mit geröteten Wangen steht sie vor der Kochstelle. Kurz darauf ruft sie: „Essen ist fertig!"

Marijke lacht. „Warte noch. Du kannst sie nun in diese Schüssel geben. Magst du probieren?"

Ursina nickt heftig und beißt genussvoll in eines der Brotfruchtstäbchen. „Mh, lecker! Schmeckt viel besser als Pommes!"

„Hier, diese Soße essen wir gerne dazu. Aber Vorsicht, sie ist scharf!"

Michael nimmt das kleine Schüsselchen mit der roten Soße und riecht daran. „Das erinnert mich ans georgische Adjika."

„Hier, Papa, die sind uh fein!" Ursina steht mit den Brotfruchtpommes vor ihm.

Die Schüssel macht die Runde und leert sich rasch. Marijke bäckt bereits die zweite Portion.

„Woher stammt ihr ursprünglich?" Interessiert blickt Michael Rishi an. Seine Haut ist braun und die Form seiner Augen erinnert an Menschen aus Südostasien.

„Wir sind hier in Surinam geboren. Unsere Eltern und Großeltern sind auch hier aufgewachsen, aber unsere Urgroßeltern stammen aus Indonesien. Sie sind nach Ende der Sklaverei als Vertragsarbeiter 1880 für die Holländer hierher gekommen."

„Die meisten Menschen hier stammen aus Afrika, Indien oder Indonesien. Aus Afrika kamen die Sklaven, aus Indien und Indonesien die Vertragsarbeiter. Seit einigen Jahren kommen immer mehr Chinesen, kaufen Land und bringen große Firmen." Marijke stellt die nächste Schüssel mit Brotfruchtpommes auf den Tisch. Die Kinder stürzen sich darauf, als ob sie heute noch nichts zu essen bekommen hätten.

„Wie viele Holländer leben heute in Surinam?" Dass das Land ehemals holländische Kolonie war, erkennt man noch an der niederländischen Amtssprache.

Rishi schüttelt den Kopf. „Nicht viele. Die meisten besitzen ein Haus oder eine Wohnung in Paramaribo, die sie für den Urlaub nutzen und in der restlichen Zeit vermieten."

„Das Klima ist anstrengend für Europäer. Wir sind uns die schwüle Hitze gewöhnt, aber Ausländer haben damit oft zu kämpfen." Marijke lächelt. „Besonders die Regenzeit ist anspruchsvoll, das erlebt ihr ja gerade selbst. Es kommen nicht viele Touristen hierher während der Regenzeit." Sie wischt sich die Hände an der weißen Schütze ab, dreht die Gasflamme aus und lässt sich mit einem leisen Ächzen auf einem der weißen Plastikstühle nieder.

Zurück in der Marina, platzen wir in ein großes Geburtstagsfest. Auf den Liegestühlen, an den Tischen und am Wasser tummeln sich stylisch gekleidete dunkelhäutige Menschen, Cocktailgläser in der Hand, Sonnenbrillen auf den Nasen. Aus den Lautsprechern klingt Jazzmusik, und vom Buffet her steigt mir der Duft nach gegrilltem Fisch in die Nase. Den vielen Pommes zum Trotz knurrt mein Magen.

Rasch wende ich mich ab und steuere auf die PINUT zu. Doch was ist das? Die Wasseroberfläche befindet sich deutlich unter der Wasserlinie des Schiffes.

„Wir sitzen auf." Vor Aufregung kratzt meine Stimme.

„Was tun wir?" Saskia blickt mich irritiert an.

„Schau, die PINUT, sie sitzt auf." Mein ausgestreckter Arm deutet aufs Schiff.

„Versteh' ich nicht."

„Die Wasseroberfläche ist viel tiefer unten als normal. Schau dir mal den Abstand zwischen der Badeplattform und dem Wasser an!"

„Tatsächlich!" Michael ist neben mich getreten und kneift die Augen zusammen.

„Ist das gefährlich?" Irritiert wandert Saskias Blick zwischen uns hin und her.

Ich schüttle den Kopf. „Nicht bei unserem Langkiel. Für eine moderne Yacht mit Kurzkiel und Bleibalastbombe wäre das nicht lustig, die würde kippen."

„Ich finde das auch nicht lustig. Was machen wir denn nun? Die Marina hat uns doch versichert, dass die Wassertiefe mindestens drei Meter ist!" Auf Saskias Stirn steht eine steile Ärgerfalte.

Michael zuckt die Schultern. „Wir können nichts machen außer warten, bis die Flut wieder einsetzt. Dann müssen wir das Schiff auf einen anderen Platz verschieben. Ich kläre das gleich mit Noel." Er macht auf dem Steg kehrt und bahnt sich seinen Weg durchs Getümmel auf der Suche nach dem Chef der Marina.

Es ist ein seltsames Gefühl, auf die PINUT zu steigen und zu wissen, dass sie nicht wie gewohnt schwimmt, sondern auf dem Grund des Flusses steht.

„Kann sie denn nicht kippen, wenn wir jetzt hinein gehen?" Zweifelnd kaut Seraina auf der Unterlippe.

„Ich glaube nicht. Sie steht ja gerade und der Kielboden ist breit. Trotzdem sollten wir vielleicht eher nicht durchs Schiff toben, solange sie nicht schwimmt." Ich werfe Rahel einen Blick von der Seite zu, gerade noch rechtzeitig, bevor sie sich ans Cockpitdach hängen möchte.

„Och, ich bin doch so leicht! Dann geh' ich halt baden. Kommt jemand mit?"

„Ja, ich!"

„Ich auch!"

Gleich darauf planschen Rahel, Seraina, Jonas und Ursina neben der PINUT im Wasser.

Das Verschieben des Schiffes kurz vor Eindunkeln gelingt ohne Probleme. Wir warten den Tidenwechsel ab und fahren auf unseren neuen Platz kurz vor Höchststand, bevor das Wasser wieder ausläuft und uns der Strom gegen den Steg drückt. Nun liegen wir am äußersten Finger in sichtbar tieferem Wasser. Obwohl ich keine Angst um unser Schiff gehabt habe, bin ich erleichtert.

Die Kinder freuen sich auch. Unsere neue Nachbarin ist nun die BONNEFOI von Anne und Peter. Die beiden sind nett, und Michael freundet sich besonders mit Peter an, während ich in der Schweiz bin:

„Ich sitz' gemütlich im Bug, lass Seele und Beine baumeln. Mein Blick schweift den Flusslauf des Surinam hoch. Und bleibt hängen. Mitten im Fluss ist eine Insel entstanden. Die gab's gestern noch nicht! Da bin ich mir ganz sicher! „Wie kommt die denn da...", will ich mich gerade fragen, als ich sehe, dass sich das Ding bewegt. Jetzt bin ich aber rasch auf den Beinen. Wir haben auslaufende Tide. Bedeutet, die Insel treibt den Fluss runter und damit in Richtung unserer Marina. Ich beobachte noch etwas. Die Insel wird immer größer. Es braucht weder Mathematik-Genius noch Skipper-Knowhow zu begreifen: Das Teil wird mit an Sicherheit grenzender Wahrscheinlichkeit in unsere Marina donnern.

Was zum Teufel soll das? Und was tun? Da kommt Peter im Laufschritt angerannt. In einer Hand ein dickes Tau, in der anderen den Schlüssel für den Außenborder des Resort-Dinghis. Er meint trocken: „Jetzt zeig ich dir, was schwimmende Inseln

sind." Und schon sitzen wir im Dinghi und rasen los.
Es folgt ein zweistündiger Kampf.
Was da mitten im Fluss treibt, ist das Resultat von
Kreek-Säuberungsaktionen. Kreeks werden die Ka-
näle genannt, welche als Zuflüsse den Surinam spei-
sen. Sie kommen oft aus den ehemaligen Plantagen
und sind über Jahrhunderte als Bewässerungssyste-
me genutzt worden. Sowohl Bauxit-Abbau als auch
das Schlagen von Edelhölzern sind für Surinam
wichtige Wirtschaftszweige. Die Unternehmen roden
weite Flächen und säubern nachgewachsene Teile.
Dazu werden Baumaschinen eingesetzt, die den Be-
wuchs aus dem Dschungel zusammenstampfen und
danach in den Fluss werfen. In einen Fluss notabe-
ne, der intensiv durch die eigene Schifffahrt genutzt
wird. Diese schwimmenden Inseln gefährden auf
ihrem Weg bis zum Ozean nicht nur Schiffe, sondern
auch Dörfer und Stege.
Unser Kampf ist von Erfolg gekrönt: Wir können
die Insel so weit in die Flussmitte ziehen, dass sie an
unserer kleinen Marina vorbei treibt. Diesmal...
Acht Tage später sitzen wir im Pavillon, schrei-
ben, lesen und spielen „Mensch ärgere dich nicht".
Zufällig schaue ich zum Fluss und sehe eine Riesen-
insel auf unsere Marina zutreiben. Das Ding ist gi-
gantisch. Knapp die Größe der ganzen Marinastege..
Mit richtigen Baumstämmen drauf. Wenn wir das ins
Schiff kriegen, dann gute Nacht. Stahlschiff hin oder
her. Mit drei Knoten Strom seh' ich da ziemliche
Schäden.
Es ist zu spät. Ich kann nichts mehr tun. Zum
Glück schwimmt das Ding vorbei. Allerdings kippt
der Strom in wenigen Stunden und dann... Mit Peter
vereinbare ich, dass wir Ausschau halten und wenn's
zurück kommt etwas unternehmen.

Es ist kurz vor halb sechs. Die Ereignisse über-
stürzen sich. Ich seh' die Monsterinsel zurück kom-
men. Peter hat sie auch gesehen und ist schon mit ei-
nem Tau unterwegs in Richtung Marina-Dinghi. Ich
spurte über die Brücke, werf' mich in die Badehose
und spring zu ihm ins Dinghi. Wir düsen los. Dann
kämpfen wir über eine Stunde lang. Wir schaffen es
mit voller Kraft im Rückwärtsgang, die ganze Insel
auf die andere Flussseite etwa zwei Seemeilen
stromaufwärts zu ziehen. Zum Glück macht der Au-
ßenborder gut mit und ist mit 15 PS auch ordentlich
bestückt. Die Insel kriegen wir zwar rüber, aber drü-
ben können wir sie nicht wirklich „grounden".

Es ist bereits am Eindunkeln, als wir zurück brau-
sen. Am Steg empfängt mich meine aufgebrachte
Kinderschar. Während wir weg waren, sei ins Auto
einer Familie von Gästen eingebrochen worden. Al-
lerdings ist das Auto draußen vor der Anlage gestan-
den. Rahel und Seraina rufen vom Schiff aus, dass
die Moskitos kommen. Im selben Moment braucht
Faisal Hilfe, weil die LADY OF THE LOWLANDS mit dem
Bug an den Steg schlägt und schon eine ordentliche
Schramme hat. Die Moskitos stürzen sich auf mich.
Die Kids haben Hunger. Und ich bin verschwitzt und
verdreckt vom Inselschleppen. Das i-Tüpfelchen
bleibt zum Glück aus: Es regnet mal nicht."

Mit der BONNEFOI verbinden uns aber auch entspannte Erinnerungen. Gemeinsame Geburtstagsfeste zum Beispiel oder
Kinoabende mit *Fluch der Karibik.* Ob der Film allerdings
eine gute Idee ist, kurz bevor wir nach Tobago in der Karibik
segeln werden?

28

Alle drei Bilder: Atlantiküberquerung

28. Abendstimmung auf der Atlantiküberquerung

29. Arbeit mit dem Parasailor

30. Reffen des Großsegels

30

31

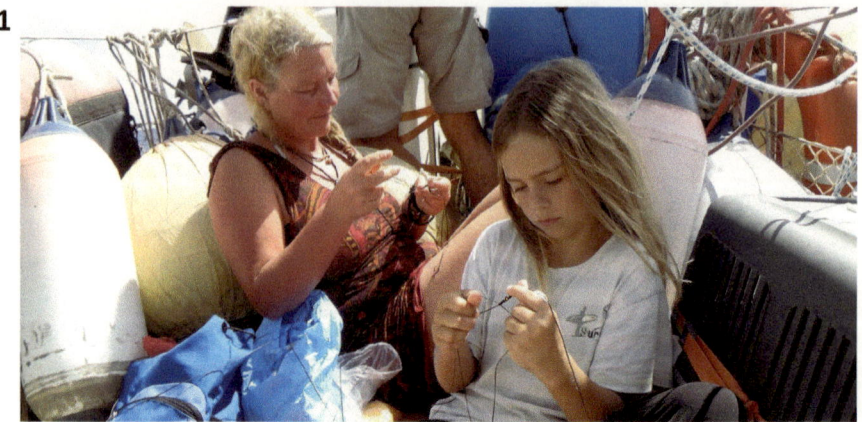

32

33

Alle drei Bilder: Atlantiküberquerung

31. Armbänder und Ketten knüpfen auf dem Achterdeck

32. Seraina genießt auf dem Vordeck

33. Musikalische Einlage von Sylvia

Alle drei Bilder: Atlantiküberquerung

34. Leinenarbeit

35. Vier Piraten auf hoher See

36. Genuss auf dem Atlantik

37. Michael und Ursina

38. Auch Abwaschen muss sein

39. Jonas und der Fisch

40. Sonnenuntergang in der Pirate Bay, Tobago

41

42

Alle Bilder: Französisch-Guyana

41. Pirogge (Einbaumboot)
42. Jonas steuert das Dinghi
43. Innenhof, Saint Laurent du Maroni
44. Briefkästen, Saint Laurent

43

44

Alle Bilder: Surinam

45. Ursina und Jonas mit der Surinamflagge

46. Faultier zu Besuch

47. Ursina kocht mit Marijke.

48. Idyllischer Platz in der Marina Waterland

47

48

49

Alle Bilder: Paramaribo, Surinam

49. Haus aus der Kolonial-zeit

50. Öffentliche Busse

51. Auf dem Markt der Maroons

50

51

52

53

54

52. - 54. Surinam

55

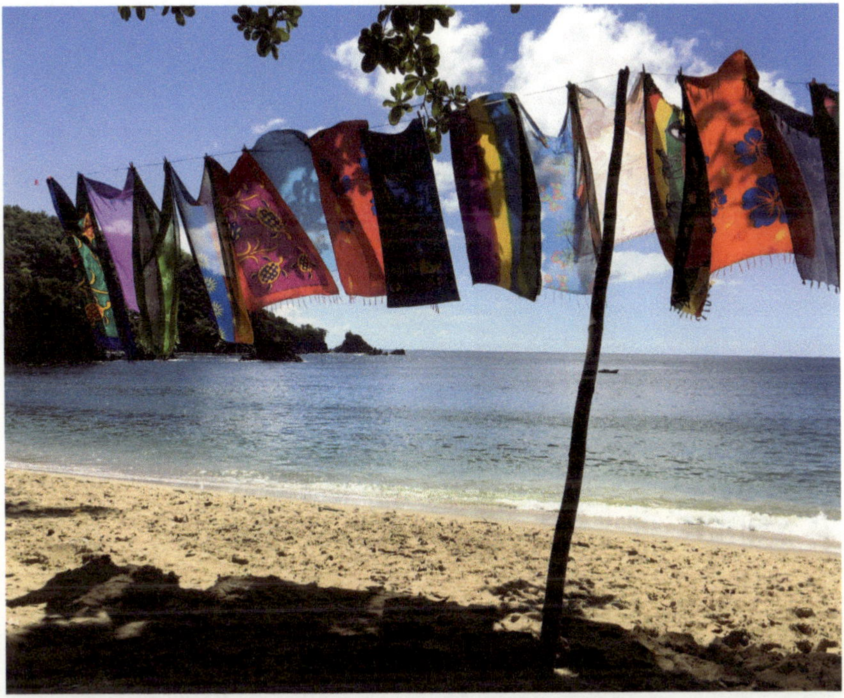

56

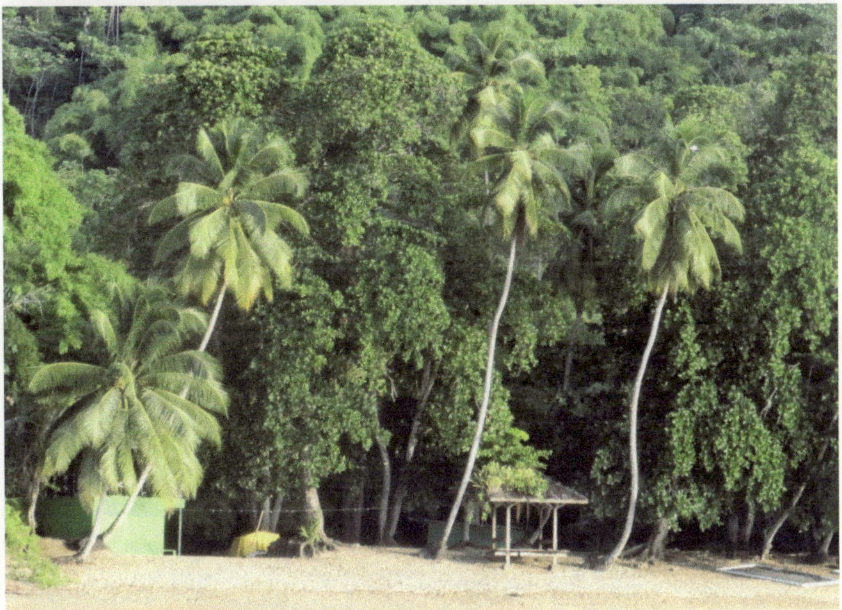

55. und 56. Englishman-Bay, Tobago

58

57

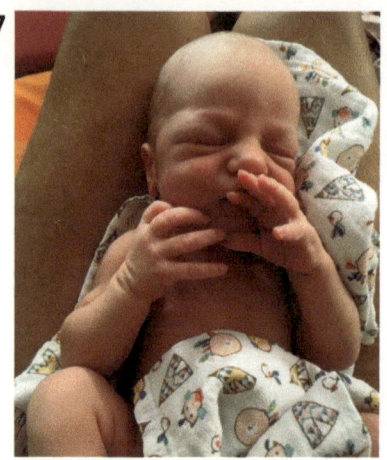

Alle drei Bilder: Trinidad

57. Das jüngste Crew-Mitlied der PINUT, Andri Laurent

58. Segeln mit Baby

59. PINUT-Besatzung im Mai 2018

59

Unsichtbare Monsterkräfte

So grauslig wie in *Fluch der Karibik* ist es auf Trinidad nicht. Mit beängstigenden Kräften werden wir aber hier dennoch konfrontiert.

Die Zeit auf dem Trockendock verläuft erfolgreich, alle Arbeiten, die wir uns vorgenommen haben, werden zügig und ordentlich erledigt. Der Tag, an dem die PINUT wieder in ihr Element zurückkehrt, ist immer besonders bewegend. Immerhin hängen 22 Tonnen Stahl in den Seilen des Krans – unser ganzer Besitz, unsere Behausung, unser Fahrzeug, unser Alles. Entsprechend groß sind die Aufregung und die Vorfreude. Nicht ganz optimal ist diesmal allerdings der künftige Liegeplatz des Schiffes. *Powerboats*, die Werft, in der wir an der PINUT gearbeitet haben, verfügt nur über eine Handvoll Plätze im Wasser, von denen die meisten Anfang Januar bereits besetzt sind. Der Platz, den uns die Marina zuteilen möchte, liegt direkt neben dem Schiff eines Eigners, der weder Kinder noch Hunde mag. Wir verzichten darauf.

Stattdessen finden wir uns am Fischersteg wieder. Steuerbord liegt ein Fischer, der seinen Platz während unserer gesamten Anwesenheit nie verlässt. Backbord liegt die ALTOKA, ein schweres Stahlboot, das ringsherum mit Autoreifen abgefendert ist. Vor Trinidad, insbesondere vor der Südküste, befinden sich zahlreiche Ölbohrplattformen. Die Besatzung, die auf den Plattformen arbeitet, hält sich zwei Wochen am Stück dort auf, dann wechselt sie. Die ALTOKA bringt jeweils die neuen Besatzungsmitlieder zu den Inseln und holt die alten ab. So zittern wir alle zwei Wochen um die Integrität der PINUT. Denn nicht jeder Kapitän, der das Boot steuert, ist auch tatsächlich dazu in der Lage.

„Wie schön die Aussicht ist, wenn die ALTOKA nicht hier ist!" Seraina lässt den Blick übers Hafenbecken schweifen.

„Ja, das finde ich auch." Die Sonne steht bereits etwas tiefer am Horizont, das Licht ist weicher und die Schatten werden länger. Milliarden kleinster Wassertröpfchen glitzern auf der Wasseroberfläche. Auf dem Stahlpfosten vor unserem Bug sitzt ein Pelikan, den Kopf unter einen Flügel geschoben, und scheint zu schlafen. Sein graubraunes Flügelkleid schimmert silbern. Es riecht nach Frühling, irgendwie. Leicht süßlich nach Blüten.

Aus der Ferne dringt ein Motorgeräusch an mein Ohr. Ich wende den Blick aufs Meer.

„Oh nein, die ALTOKA kommt zurück!" Serainas Stimme klingt entsetzt.

Auch in mir macht sich leise Unruhe breit. Schade um den Nachmittagsfrieden. Die Rückkehr der ALTOKA bedeutet meistens Stress für uns, da der Liegeplatz eng ist und viel Erfahrung und Fingerspitzengefühl des Kapitäns erfordert.

„Weißt du, wer am Steuer ist?" Ich betrachte Serainas blondes Haar, das in der Sonne leuchtet.

Aufgeregt nickt sie. „Ja, der Chef. Er ist erst vor etwa einer Stunde weggefahren, wie ein Turbo ist er aus der Box geschossen."

„Dann machen sie wohl nur eine Testfahrt." Ich seufze und stehe auf. „Komm, lass uns einen zusätzlichen Fender an der Backbordseite anbringen."

Seraina steht bereits an der Reling und verknotet gekonnt den Fender. Kaum ist sie fertig, donnert das Stahlboot auch schon auf die PINUT zu.

„Mama, der kommt genau auf uns zu, der muss abdrehen!" ruft Seraina erschrocken.

Ich laufe einige Schritte nach vorne und baue mich an der Reling auf. Das Schiff bremst ab, touchiert den Pfosten. Kreischend flattert der Pelikan mit den Flügeln, steigt in die Luft und segelt davon. Der Chef am Steuer gibt Gas, die Heckwelle schlägt an den Steg und lässt das Wasser brodeln. Das Boot korrigiert seine Position, dann schiebt es sich wieder rückwärts auf den Steg zu.

„Das reicht nicht, das ist noch immer zu nah an uns!" Serainas Gesicht ist ganz blass.

Ich winke mit beiden Händen und brülle dem Steuermann zu, er solle langsamer fahren, aber da wird die PINUT bereits durchgeschüttelt. Die ALTOKA hat uns in die Seite gerammt. Der Chef wirft einen Blick über die Schulter zurück, nun auch sichtlich erschrocken, und gibt nochmals Gas nach vorne. Das Boot löst sich von der PINUT, korrigiert aus und schiebt sich dann mit Wucht hinein in die Box, prallt am Steg ab, wo ein Mitarbeiter hastig eine Leine um einen Poller wickelt.

„Mann, ist das ein Trottel! Der kann ja überhaupt nicht fahren!" Seraina macht ihrer Empörung Luft.

„Nein, fahren kann der nicht, nur angeben." Ich werfe dem Chef einen unwilligen Blick zu und beuge mich über die Reling. Die Autoreifen haben zwei schwarze Streifen auf dem weißen Lack hinterlassen, sonst sieht alles heil aus.

„Sorry!" Mit dunkelbraunem Hemd und kurzgeschnittenen, schwarzen Haaren steht mir der Chef gegenüber und schaut sich kurz den Schaden an. Dann zuckt er die Schultern und steigt vom Boot.

„Ist ja nichts passiert." Ich lege Seraina die Hand auf die Schulter und schiebe sie ins Cockpit. Die ALTOKA-Leute sind alle freundlich, ich mag keine schlechte Stimmung zwischen uns und ihnen wegen dieses Vorfalls.

„Doch, sie haben uns gerammt!"

„Ja, aber die PINUT ist heil geblieben. Wir sind ja nicht umsonst ein Stahlschiff."

Der Vorfall mit der ALTOKA macht rasch die Runde durch die Familie. Doch schon bald darauf beunruhigt uns etwas anderes viel stärker. Die PINUT liegt an einem Betonpier mit zwei Heckleinen und zwei Springleinen auf die Poller mittschiffs. Zwei Bugleinen und zwei weitere Springleinen fixieren das Schiff vorne an den Stahlpfosten. Das Wasser, das vom offenen Meer in die Bucht läuft, klatscht direkt an den Betonpier. Jedes Mal, wenn ein Motorboot rücksichtslos durchs Hafenbecken brettert, wird die PINUT kräftig durchgeschüttelt. Doch viel beeindruckender sind seltsame, unterirdische Strömungen, die ohne erkennbare Ursache und Systematik plötzlich auftreten.

„Was ist das?" Saskia reißt die Augen auf und blickt uns angsterfüllt an. Das Schiff fährt mit für ein vertäutes Boot hoher Geschwindigkeit nach vorne, bis die Heckleinen straff gespannt sind, und schießt dann nach hinten, bis es durch die Bugleinen gebremst wird. Durch die Wellen, die an die Pier schlagen, wird es zudem noch in die Höhe gehoben und wieder hinuntergelassen. Die Mayonnaisetube fällt vom Cockpittisch und eine Kartoffel kullert von Ursinas Teller. An Abendessen ist nicht mehr zu denken.

Michael und ich springen gleichzeitig auf. Er stürzt aufs Vordeck, ich hechte aufs Achterdeck. Die Pier kommt bedrohlich nahe, dann gibt es einen Ruck und die PINUT bewegt sich wieder vom Steg weg. Die Leinen straffen sich, reiben mit einem quietschenden Geräusch an den Pollern und ich habe Angst, dass sie reißen. Das Schiff neigt sich ein wenig nach backbord, dann bewegt es sich wieder auf den Steg zu.

So plötzlich, wie es begonnen hat, ist das Schauspiel wieder vorbei. Das Schiff hat seinen gewohnten Schaukelrhythmus wieder gefunden, und nichts weist auf das soeben Erlebte hin.

„Was zum Teufel war das?" Rahels Augen sind ebenfalls weit aufgerissen, sie schluckt hörbar.

Michael schüttelt den Kopf. „Keine Ahnung. Das müssen unterirdische Strömungen sein. Es ist kein großes Schiff vorbeigefahren, das den Schwell ausgelöst haben könnte."

Ich zerteile eine Kartoffel mit der Gabel. Ganz wohl ist mir nicht. Wenn das tatsächlich Strömungen sind, dann werden sie wiederkommen.

„Können wir das Schiff noch besser vertäuen?" Fragend schaue ich Michael an.

„Wir könnten alle Leinen auf Slip nehmen und damit die Zugkraft verdoppeln. Und wir könnten je eine Leine auf die ALTOKA und aufs Fischerboot rüberlegen, das stabilisiert zusätzlich."

„Gute Idee. Dann lass uns morgen gleich noch mehr Festmacher kaufen."

Ein pikantes Detail der Situation ist die Unmöglichkeit, unseren Motor im Notfall zu bedienen. Wir lassen ihn einer gründlichen Wartung unterziehen und Duncan, der britische Maschineningeneur, hat gestern das Getriebe ausgebaut und mitgenommen.

Die neuen Festmacher vermitteln zwar ein etwas besseres Gefühl, aber die Situation bleibt kritisch. Ich bin mir nicht sicher, ob ich lieber an Bord bin oder vor dem Schiff stehe und zuschaue, wenn die Strömungen die PINUT wie einen Spielball hin- und herschleudern. Es sieht beängstigend aus. Aber es fühlt sich auch nicht gut an.

„Vielleicht sollten wir doch besser den Platz wechseln und uns neben den unfreundlichen Segler setzen?" Grübelnd sitze ich im Cockpit und lasse mir von Michael den Rücken massieren.

„Dann haben wir täglich Ärger. Diese heftigen Bewegungen sind bisher einmal in zwei Wochen vorgekommen."

„Hmm. Und sie dauern höchstens 30 Sekunden. Stimmt. Das steht in keinem Verhältnis zur emotionalen Belastung, derer wir in der anderen Box ausgesetzt wären." Ich schließe die Augen und spüre Michaels Händen auf meiner Haut nach. Mein Bauch ist zu einer beachtlichen Größe herangewachsen und belastet entsprechend meine Rückenmuskulatur. Die Massage tut gut.

So entscheiden wir uns für unseren bisherigen Platz ohne zu ahnen, was noch auf uns zukommt.

Bereits beim nächsten Mal geschieht etwas, womit wir nicht gerechnet haben: Die Leinen halten, aber ein Poller der Marina reißt aus dem Boden und versinkt auf dem Meeresgrund.

„Wow!" Tief beeindruckt stehen wir an der Reling und starren ins Wasser.

„Dort unten liegt er! Dort, das Helle, das ist er!" Aufgeregt zeigt Saskia nach unten.

„Und was tun wir jetzt? Wir können unsere eine Heckleine nicht mehr befestigen." Ursina runzelt die Stirn.

Michael steigt auf den Steg. „Wir legen die Leine auf den Poller der ALTOKA." Ich ziehe den Festmacher aus dem Wasser und werfe ihn ihm zu. „Und dann benachrichtigen wir die Marina."

Wir erwarten, dass der herausgerissene Poller rasch wieder fixiert wird, damit wir die PINUT wieder so sicher wie möglich befestigen können. Doch nichts geschieht. Bei den nächsten Strömungen spitzt sich die Situation zu: Auch der zweite Poller versinkt im Meer. Nun gibt es weder für uns noch für die ALTOKA eine stabile Befestigungsmöglichkeit.

Das scheint nun auch der Marina klar zu sein, und innerhalb weniger Stunden werden die beiden Poller neu in den Steg zementiert. Wir atmen auf. Geht doch.

Doch es kommt noch schlimmer.

„Was war das?" Wir springen alle auf, die Kinder im Salon, Michael im Cockpit und ich auf dem Achterdeck. Es hat geknallt, lauter als bisher, als die Marina-Poller versenkt wurden. Die Leinen ächzen und knarren, das Schiff schwankt von einer Seine auf die andere, droht mit der Badeplattform an den Steg zu stoßen, stoppt wenige Zentimeter davor und bewegt sich wieder nach vorne.

Da erst erkenne ich, was passiert ist. „Unser Poller ist ausgerissen!" Ungläubig starre ich auf das Loch vor mir im Achterdeck.

„Das gibt's nicht!" Kopfschüttelnd steht Michael neben mir.

„Aber der war doch angeschweißt, oder?" Unsicherheit schwingt in Ursinas Stimme.

Ich nicke wortlos und schaue über die Reling. Unser Edelstahlpoller blitzt unter Wasser. Er hängt noch am Festmacher. Seraina zieht ihn herauf, Michael löst ihn von der Leine.

„Tja." Einträchtig stehen wir beisammen und betrachten unseren Poller.

„Der ist ja innen hohl! Schau mal, Rahel, unser Poller ist innen hohl!" Aufgeregt zupft Ursina an Rahels T-Shirt.

„Tatsächlich. Das hätte ich nicht gedacht." Nachdenklich betrachte ich unser gutes Stück.

„Das spielt ja keine Rolle, ob gefüllt oder hohl, Hauptsache, die Schweißnaht ist gut gesetzt. Ich werde gleich mit dem Poller bei Jaggi vorbeigehen." Michael verlässt das Schiff und macht sich auf den Weg zum Schweißer.

„Und ich klebe unser neues Loch zu. Dort hinten sieht's nach Regen aus." Über dem urwaldbewachsenen Hügel drängen sich dunkle Wolken.

„Es riecht auch schon nach Regen", meint Jonas und streckt die Nase in den Wind.

Drei Tage später schneidet Jaggi auch den zweiten Heckpoller weg und schweißt beide mit einer zusätzlichen Verstärkung neu auf. Nun fühlen wir uns deutlich sicherer. Klar, theoretisch könnten nun auch die Bugpoller ausreißen oder die Poller mittschiffs, aber was auch immer noch kommen mag: Das schlimmste Szenario ist eingetroffen, und die PINUT ist trotzdem nicht aufs Meer hinausgefahren. Sie hat sich noch nicht mal eine Schramme geholt. Zuversichtlich bleiben wir auch nach diesem Erlebnis unserem Liegeplatz treu und finden, dass es gut ist, dass das hier in der Werft passiert ist, wo alles gleich wieder repariert werden kann. Hätten wir eine vergleichbare Erfahrung in Surinam machen müssen, wäre alles viel umständlicher gewesen. Dort gibt es keinerlei Infrastruktur für Segelyachten. Vielleicht hätten wir Glück gehabt und einen Schweißer gefunden, der sich bereit erklärt hätte, auf dem Wasser zu schweißen. Irgendwie wäre es bestimmt gegangen.

Irgendwie geht es immer, das haben wir in den vergangenen Jahren gelernt. Oft liegt die Lösung nicht auf der Straße, sondern man findet sie über Umwege. Je weniger klar man den Weg zur Lösung vor sich sieht, desto rascher stößt man darauf. Denn desto offener ist man für seine Umgebung und die darin schlummernden Möglichkeiten. Grinsend erinnere ich mich an meine Begegnung mit den surinamesischen Grenzbeamten zurück.

Grenz-Erfahrung

Surinam, Juni 17

Ich habe drei Wochen in Deutschland und in der Schweiz verbracht, meine Mutter und meine Schwester besucht und meinen ersten Roman fertiggestellt. *Das stille Lied des Sturms* erscheint am 7. Juli 2017, am Tag meines Rückflugs nach Südamerika. Es ist zwar nicht mein erstes Buch, aber dennoch bin ich ganz beschwingt von diesem Gefühl, ein weiteres „Baby" in die Welt entlassen zu haben. Zumal sich Romanschreiben deutlich von allem anderen unterscheidet, was ich bisher publiziert habe. Es ist eine Wissenschaft für sich mit eigenem Handwerkszeug, und der Weg zu meinem ersten Roman ist äußerst spannend und lehrreich gewesen.

Da die Flüge von Deutschland über Amsterdam nach Paramaribo teurer sind als über Paris nach Cayenne, fliege ich nach Französisch-Guyana und mache einen Zwischenstopp in Saint-Laurent-du-Maroni. In der kleinen Marina am Maroni-Fluss liegt noch immer die TWEENY mit Chris und Karin. Ich freue mich, dass ich bei den beiden übernachten darf.

Es ist bereits dunkel, als ich mit meinem schweren Gepäck am Schwimmsteg ankomme. Es riecht nach Fisch, Blüten und feuchtem Gras. In den Bäumen am Fluss schreit ein Käuzchen, an der Straße hupt ein Auto.

Bevor ich mein Handy zücke, um Karin anzurufen, löst sich ein Dinghi aus der Dunkelheit und fährt auf mich zu. Die große, leicht gebückt sitzende Gestalt darin entpuppt sich als Chris. Behände springt er auf den Steg, die Dinghi-Leine in der Hand.

„Hey, schön, dich wiederzusehen!"

„Ja, das finde ich auch! Danke, dass ich bei euch übernachten darf." Wir umarmen uns, dann wuchten wir meine Taschen ins Schlauchboot. Meine Schultern schmerzen vom Gepäckschleppen, und ich bin unendlich dankbar, endlich angekommen zu sein.

Karin erwartet uns im Cockpit mit zwei Bier. Ich streife meine Schuhe ab, genieße die Luft an meinen Füßen und lehne mich zurück.

„Erzählt von Brasilien. Wie war eure Reise?"

Die nächste Stunde verrinnt mit kurzweiligen Reiseberichten, bis mir vor lauter Müdigkeit fast die Augen zufallen. Immerhin habe ich fünf Stunden Zeitverschiebung, bei meiner inneren Uhr ist es bereits nachts um drei.

„Hast du die Touristenkarte für Surinam schon?" Karins Frage verscheucht mit einem Schlag alle Müdigkeit.

„Nein. Ich muss sie morgen hier noch besorgen."

„Morgen ist Sonntag. Ich glaube nicht, dass das surinamesische Konsulat morgen geöffnet ist." Chris zieht die Nase kraus.

Das glaube ich auch nicht. Aber irgendwo in meinen hintersten Gehirnwindungen meine ich mich zu erinnern, dass wir im Frühling unsere Touristenkarten auch am Wochenende bekommen haben. Oder ist es doch ein Freitag gewesen? Für die Einreise nach Surinam braucht man ein kostenloses Visum, das man an der Grenze bekommt, sowie eine Touristenkarte für € 30.-, die im Ausland nur die Konsulate und im Inland der Flughafen ausstellen.

„Ach, das schau ich dann morgen. Jetzt muss ich ins Bett." Ich kann mir ein Gähnen nicht verkneifen.

„Du kannst morgen auch Davide fragen, der weiß es sicher." Karin steht auf und räumt die Bierflaschen weg. „Schlaf gut!"

„Ohne Touristenkarte kommst du nicht rein. Wahrscheinlich bekommst du am französischen Zoll ohne Touristenkarte gar keinen Ausreisestempel. Darin sind sie knallhart." Davide schüttelt bedauernd den Kopf.

„Wo hätte ich die Karte denn kaufen können? Ich bin ja über Cayenne hier eingereist. Am Flughafen?" Es ist neun Uhr morgens und ich bin bereits seit vier Stunden wach. Jetlag.

„Nirgends. Du bekommst sie nur auf dem Konsulat, und das ist erst morgen wieder offen. Bleib noch eine Nacht hier und fahr morgen rüber."

„Das geht nicht. Jonas hat heute Geburtstag, und ich habe ihm versprochen, dass ich an seinem Geburtstag zurück sein werde." Ich war einmal vor zwei Jahren nicht bei seinem Fest dabei, und das hat er mir bis heute nicht verziehen. Ich kann unmöglich erst morgen auf der PINUT ankommen.

Davide spürt meine Entschlossenheit. „Ich könnte dir eine Pirogge besorgen, die nicht vom Zoll aus abfährt. Du hast dann zwar keinen EU-Ausreisestempel, aber der interessiert die Surinamesen nicht. Fährst du von Surinam aus mit dem Schiff weiter?"

„Ja. Wir segeln in etwa zwei Wochen nach Tobago."

„Okay, dann könntest du das riskieren. Du wärst dann wenigstens schon mal aus Französisch-Guyana draußen. Allerdings glaube ich trotzdem nicht, dass sie dich drüben reinlassen. Ich hatte schon einmal Gäste, die wieder zurückgeschickt worden sind."

Klingt wenig ermutigend. Aber, wie lautet Saskias Motto? Wer kämpft, kann verlieren. Wer nicht kämpft, hat schon verloren. „Bitte bring mich zum Zoll. Ich will es versuchen."

Davide zieht die Augenbrauen in die Höhe und blickt mich nachdenklich an. In seinen Augen liegen Zweifel. „Okay. Ich bin in einer halben Stunde soweit."

„Danke."

„Wenn sie dich wieder rüberschicken, kommst du einfach wieder zu uns." Karin drückt mich.

„Danke, das mach ich. Ich geb' euch auf jeden Fall Bescheid, wie's rauskommt." Ich steige zu Chris ins Dinghi und winke Karin zu.

Davide wartet bereits beim Auto. „Wenn sie dich nicht durch den Zoll lassen, können wir es immer noch illegal mit der anderen Pirogge versuchen." Der Motor heult auf, und ruckartig fährt das Auto rückwärts aus dem Parkplatz.

„Einverstanden." Ich lehne den Kopf an die Sitzstütze und schließe für einen Moment die Augen. Hinter meiner Stirn hämmert ein dumpfer Schmerz und mein Magen ist ein harter Klumpen. Ich könnte es so einfach haben. Eine Nacht hier dranhängen, morgen früh aufs Konsulat und mit dieser depperten Karte rüberfahren. Wäre wesentlich nervenschonender als die Aktion, für die ich mich entschieden habe. Aber eine echte Alternative ist das nicht. Alles in mir will da rüber, will zu Jonas, meinem kleinen Jungen. Ich sehe ihn vor mir, seinen blonden Haarschopf und seine leuchtenden Augen. Ich kann unmöglich hier bleiben.

Davide bremst ab und hält an. Wir stehen vor dem Zollgebäude. „Ich warte hier. Solltest du Probleme haben, kommst du zurück. Wenn nicht, nimmst du die Pirogge, die dort liegt. Die fährt dich direkt rüber zum Grenzposten."

Ich wende den Kopf und blicke ihn an. „Danke, Davide. Ich bin sehr froh um deine Hilfe."

Er lächelt schief, dann steigt er aus und holt meine Taschen aus dem Gepäckraum.

Mein Herz klopft heftig im Hals, als ich der Beamtin meinen Pass vorlege. Sie blättert darin herum, runzelt die Stirn. „Hier haben Sie schon einen Ausreisestempel."

„Ich bin im März per Segelschiff eingereist und im Mai per Segelschiff wieder ausgereist. Von Surinam aus bin ich vor drei Wochen zuerst hierher gekommen und dann nach Deutschland geflogen und gestern mit dem Flugzeug wieder hierher." Ich habe keine Ahnung, ob die Dame mein Gestotter auf Französisch versteht. Sie blättert den Pass von hinten nach vorne durch und nochmals nach hinten, dann ergreift sie den Stempel und haut ihn schwungvoll auf eine Seite.

Uff. Der erste Schritt ist geschafft. Ich stopfe den Pass in meine Hüfttasche, schultere mein Gepäck und wende mich dem Ausgang zu. In der Pirogge sitzen bereits ein Mann und eine Frau, ein weiterer Mann ist damit beschäftigt, offensichtlich schwere Säcke einzuladen. Aus den Augenwinkeln schiele ich zu Davides Auto. Ich wage nicht ihm zuzuwinken.

Die Fahrt hinüber auf die andere Flussseite dauert eine gute Viertelstunde. Der Außenbordmotor rattert, es riecht nach Benzin. Mein Puls, der sich mit Verlassen des Zolls beruhigt hat, beginnt zu steigen, je näher wir dem Ufer kommen. Meine Fingerspitzen werden feucht und ich nehme wahr, wie ich auf meiner Unterlippe herumkaue.

Die Pirogge stößt auf der Rampe auf. Ein Mann springt ab, zieht das Boot ein wenig höher. Ich drücke dem Steuermann das Fahrtgeld in die Hand und steige aus. Der Mann und die Frau vor mir scheinen zu wissen, wohin sie gehen müssen, denn sie marschieren gezielt auf ein flaches, graues Gebäude zu. Ich folge ihnen. Vielleicht ist es ganz gut, dass ich nicht alleine einreise. Vielleicht winken die mich einfach nur durch und ich habe mir umsonst Gedanken gemacht. Vielleicht... Ich versuche, meine Gedanken auszuschalten und mich auf meine Schritte zu konzentrieren. Der Griff meiner Rolltasche schneidet in meine Finger ein und die Tasche stößt mit jedem Schritt gegen meinen rechten Unterschenkel.

Mein Handy vibriert. „Sind da und warten vor dem Zoll. Bussi." Michael! Sie sind schon hier! Dann wird alles gut werden.

Vor dem Gebäude sehe ich niemanden, wahrscheinlich gibt es einen zweiten Ausgang auf der anderen Seite zur Straße hin. Ich bin nun so aufgeregt, dass meine Hände zu zittern beginnen.

Der Raum, in dem der Zoll untergebracht ist, ist weiß gekachelt und etwa 30m² groß. Rechts befinden sich zwei Schalter, hinter deren Glasscheiben dunkelhäutige Männer in hellbraunen Uniformen sitzen. In der Mitte des Raumes prangt eine lange, steinerne Sitzbank mit hoher Rückenlehne, die gleichzeitig als Ablage für Gepäck oder zum Ausfüllen von Formularen dient. Es riecht leicht modrig, obwohl alle Türen offen stehen.

Ich deponiere mein Gepäck bei der Sitzbank und trete an einen der Schalter, lege meinen Pass hin. Doch der Beamte schiebt mir direkt ein Formular hin, ohne meinen Reisepass zu beachten. Ich kenne den Papierkram, der mit jeder Einreise in ein außereuropäisches Land verbunden ist, und fülle den Bogen gewissenhaft aus. Bei der Frage nach einer Gelbfieberimpfung stocke ich. Ich habe zwar die Impfung, aber der Impfausweis befindet sich auf der PINUT.

Der Beamte lässt seinen Blick über mein Formular fliegen, dann greift er zum Pass. Er blättert ihn ganz durch und wieder nach vorne, dann blickt er auf. „Haben Sie keine Touristenkarte?"

Ich schüttle den Kopf. „Ich muss das Visum noch hier kaufen."

Die Augen des Mannes verengen sich, er kratzt sich am Kopf. Dann dreht er sich um zu sich zwei Kollegen um, die mit ihm den kleinen Raum hinter der Glasscheibe teilen. Ich höre, wie er auf Holländisch mit ihnen spricht, dann wendet er sich wieder mir zu. „Ohne Touristenkarte können Sie nicht einreisen."

Ich schlucke. „Und wo bekomme ich diese Karte?"

„Am Flughafen. Aber wenn Sie von Saint-Laurent gekommen sind, dann muss ich Sie wieder zurückschicken und Sie müssen die Karte dort kaufen."

„Aber dort ist das Konsulat geschlossen."

„Morgen. Morgen können Sie dort vorbeigehen."

„Das heißt, ich muss jetzt wieder nach Saint-Laurent zurückfahren und morgen wiederkommen?" Entsetzt blicke ich den Beamten an.

„Ja." Ich kann in seinem Gesicht nicht lesen. Es wirkt unbewegt, wahrscheinlich ist ihm mein Fall gleichgültig. Wahrscheinlich hat er schon viele Touristen zurückgeschickt. Aber ich gebe nicht auf und setzt alles auf eine Karte.

„Ich bin schwanger und muss dringend ins Krankenhaus nach Paramaribo. Ich kann nicht bis morgen warten."

Ich spüre seinen eindringlichen Blick auf meinem Gesicht und halte ihm stand. Dann deutet er mit dem Kopf leicht nach rechts. „Kommen Sie dort rein."

Auf der Seite neben den Glasscheiben erkenne ich eine schmale Türe. Als ich darauf zugehe, öffnet sie sich und einer der Beamten lässt mich eintreten. Er zieht einen kleinen Vorhang vor die Scheibe und bietet mir einen Stuhl an.

In dem Kabäuschen sitzen zwei weitere Beamte. Einer hat einen Plastikteller mit Roti vor sich stehen, dem surinamesischen Fladenbrot mit Linsen-, Fleisch- und Gemüsefüllung. Der Essensduft lässt meinen Magen leise knurren, trotz Anspannung. Die Männer diskutieren kurz auf holländisch miteinander, dann blickt mich der Beamte an.

„Wir können Ihnen keine Touristenkarte verkaufen. Wir haben hier keine."

Mist. Damit habe ich nicht gerechnet. Aus dem rechten Augenwinkel sehe ich durch einen Spalt des Vorhangs, wie

Jonas den Raum betritt. Ich stehe auf, öffne die Tür. „Jonas, hier bin ich!"

„Mama!" Mit einem Freudenschrei rennt der Junge auf mich zu. Ich gehe in die Hocke und fange ihn auf. Wie lange habe ich seine Umarmungen nicht mehr gespürt! Ich vergrabe mein Gesicht kurz in seinem Nacken und atme seinen Duft ein. Ganz fest hält er mich und will mich nicht mehr loslassen. „Mama."

Ich stehe auf und halte ihn noch immer auf dem Arm. Gemeinsam mit ihm kehre ich zu den Männern zurück. „Entschuldigen Sie bitte."

Die Männer lächeln. Dann werden sie wieder ernst. „Wir haben hier keine Karten. Wir stempeln hier nur die Pässe."

„Der Stempel ist doch das Visum, oder?" Ich schöpfe Hoffnung.

Der Mann nickt. „Aber die Karte brauchen Sie, um sich in Surinam frei bewegen zu dürfen. Überall, wo sie unterwegs sind, können Sie von der Polizei nach der Karte gefragt werden." Er macht eine Pause, dreht sich zu seinen Kollegen um und sagt etwas in einem kreolischen Dialekt.

Plötzlich entdecke ich Ursina, wie sie sich suchend im großen Raum umschaut. Ich öffne erneut die Tür und rufe Ursina zu mir. Erleichtert stürmt sie auf mich zu. „Mama! Da bist du ja! Warum kommst du nicht raus?" Sie drückt mich, ich fahre ihr mit der Hand durchs Haar.

„Ich brauche noch ein Visum. Warte hier, ich komme gleich."

Widerwillig lässt sie sich aus der kleinen Kammer hinausschieben. Jonas hält meine Hand fest.

„Die Touristenkarte kostet € 30.-." Die tiefe Stimme des kommt mir freundlicher vor als vorhin.

„Ich könnte € 50.- bezahlen für das Visum." Ich spüre, dass ich eine Chance habe. Natürlich weiß ich, dass das Visum hier kostenlos ist.

„Mama!" Ich drehe mich um und sehe Rahel, Seraina und Saskia, die alle auf Ursina zulaufen, die neben der schmalen Tür wartet.

„Sind das alles Ihre Kinder?"

Ihre Ungläubigkeit steht den Männern ins Gesicht geschrieben, ich kann mir ein Grinsen nicht verkneifen. „Ja. Ich habe fünf Kinder und bin mit dem sechsten schwanger."

Der Beamte, der meinen Fall behandelt, räuspert sich, senkt die Stimme und beugt sich ein wenig nach vorne. „Hören Sie. Wir haben alle auch Kinder. Wenn wir erwischt werden, sind wir unseren Job los. Wir können Ihnen einen Stempel in den Pass drücken, aber wir haben keine Touristenkarte für Sie. Sollten Sie auf der Straße von der Polizei kontrolliert werden, müssen Sie sagen, dass Sie die Karte verloren haben." Er blickt mich eindringlich an. Ich jubiliere innerlich und würde ihm am liebsten um den Hals fallen.

„Selbstverständlich." Es fällt mir schwer, mich zu beherrschen und ernst zu bleiben.

„Schieben Sie das Geld hier unter dieses Papier." Seine Hand berührt einen Papierstapel.

Unauffällig ziehe ich mein Portemonnaie aus der Hüfttasche, ergreife mit zitternden Fingern einen 50-Euro-Schein und lasse ihn unter dem Papier verschwinden. Die Sekunden dehnen sich aus, während der Mann meinen Pass öffnet, die richtige Seite sucht, den Stempel in die Hand nimmt und ihn – endlich – in meinen Reisepass drückt.

Ich kann mich nicht erinnern, jemals mehr erleichtert gewesen zu sein als an diesem Sonntagmittag am 8. Juli 2017, als ich völlig erschöpft vor mentaler Anspannung in Michaels Arme falle.

„Bin drinnen!", schreibe ich kurz darauf Karin. Und dann feiern wir Jonas Geburtstag mit holländischen Pfannkuchen im Pfannkuchenrestaurant.

Im Geburtshaus

Trinidad, Januar 18

Ins Krankenhaus bin ich damals in Paramaribo natürlich nicht gegangen. Überhaupt lasse ich in dieser sechsten Schwangerschaft kaum eine medizinische Kontrolle machen. Diese Entscheidung fällt weniger bewusst, sondern ist mehr dem Umstand geschuldet, dass wir halt eben auf Reisen sind und ich keine Lust habe, mich irgendwo von irgendwelchen Ärzten untersuchen zu lassen. Es geht mir gut, ich fühle mich gesund, ich spüre unser Baby, wie es sich in meinem Bauch bewegt, und ich kann schon seit dem sechsten Monat sehr zuverlässig sagen, wo gerade der Po, wo der Rücken und wo der Kopf ist.

In meinen fünf anderen Schwangerschaften habe ich jeweils nur einen Ultraschall zu Beginn der Schwangerschaft machen lassen, um Zwillinge ausschließen zu können, alle anderen Untersuchungen haben sich auf Urinkontrolle und Abtasten des Bauches beschränkt und waren vor allem gemütliche Treffen mit viel Zeit für Gespräche. Besonders glücklich schätze ich mich eine Frauenärztin zu haben, die alle meine Entscheidungen respektiert. Sie vertraut meiner Entscheidungsfähigkeit und unterstützt mich darin.

Durch meine bisherigen Schwangerschaften und Geburten, vor allem aber auch durch die letzten Jahre auf dem Schiff, die wir ja in vollständiger Eigenverantwortung und

Freiheit verbracht haben, ist es mir in Fleisch und Blut übergegangen, selbst zu entscheiden, vor allem auch in medizini-
schen Fragen. Wir sind in den vergangenen Jahren viel ge-
sünder gewesen als während unserer Zeit in der Schweiz –
was weniger mit der Schweiz als mit dem Leben in vorwiegend geschlossenen Räumen zu tun hat, was das Bewohnen
eines Hauses nun mal mit sich bringt. Die seltenen Ma-
gen-Darm-Verstimmungen und Erkältungen in den letzten
vier Jahren haben wir entweder überhaupt nicht behandelt
oder homöopathisch unterstützt. Bei Quallenbissen, Zecken-
stichen, Schnitt- oder Brandwunden hat sich die Homöopa-
thie ebenfalls bewährt. Platzwunden, die sonst gern genäht
werden, konnten wir mit Klammerpflastern schmerzfrei verschließen. Je länger wir ohne Arztbesuche unterwegs sind,
desto mehr wächst das Vertrauen in die Selbstheilungsfähig-
keit unserer Körper.

Das stellt uns jetzt vor eine neue Herausforderung: Ich
brauche für die Geburt jemanden, der mich in meiner Selbstbestimmung respektiert. Das weiß auch Michael.

Wo soll unser Buuchzwergli zur Welt kommen? Zu-
rück in die Schweiz für die Geburt? Die Option ver-
werfen wir rasch. Also: eine Schiffsgeburt. Gerne
wieder mit Hausgeburtshebamme, wie bei den bishe-
rigen fünf Geburten. Auf geht die Suche. Doch rasch
kommt die erste Ernüchterung: Riccarda, unsere
Hausgeburtshebamme aus der Schweiz, sagt ab. Hat
für Januar 2018 bereits einige Geburten und kann
nicht für mehrere Wochen in die Karibik kommen.
Verständlich. Wir suchen weiter und finden über ein
Hebammen-Netzwerk Susanne aus Hamburg. Haus-
geburtshebamme, Seglerin und dreifache Mutter. Sie
sagt zu. Wir scheinen das Glückslos gezogen zu ha-
ben und schauen recht entspannt in Richtung Ge-
burtstermin.

Uns gefällt es gut auf Trinidad, aber alle schwärmen von Grenada. Da wir nun doch schon seit einigen Monaten hier sind, entschließen wir uns, noch vor der Geburt nach Grenada zu segeln. Der Törn sollte kaum mehr als drei Tage dauern. Doch dann kommt die Hiobsbotschaft: Susanne aus Hamburg sagt ab. Was jetzt? Eine Geburt ohne Hebamme kommt für mich nicht in Frage, denke ich. Nach einigen Versuchen in Europa merken wir, dass wir so kurzfristig niemanden mehr hierher kriegen. Also begeben wir uns auf die Suche vor Ort.

„Es gibt ein Geburtshaus auf Trinidad. Das einzige in der Karibik. Gegründet wurde es von ehemaligen Hausgeburtshebammen. Eventuell ist ja eine von ihnen bereit, auf die PINUT zu kommen?" Ich sitze im Cockpit vor meinem Laptop und durchforste sämtliche Gesundheitsseiten auf verschiedenen karibischen Inseln.

„Klar, gut möglich. Lass uns doch einen Termin im Geburtshaus machen, dann können wir die Frauen persönlich kennenlernen. Und vielleicht gefällt es dir ja so gut, dass du die Geburt dort machen möchtest."

Zwei Tage später machen wir uns auf den Weg. Das Geburtshaus *Mamatoto* liegt in einem ruhigen Wohnquartier in Port of Spain, rund vierzig Autominuten von der Marina entfernt.

„Herzlich Willkommen in unserem Geburtshaus. Ich bin Debbie." Eine hochgewachsene Frau mit kurzem, dunkelbraunem Kraushaar, dunkler Haut und freundlichen Augen tritt auf uns zu und schüttelt uns kräftig die Hand. „Was möchtet ihr zuerst: Ich kann euch das Geburtshaus zeigen oder wir sprechen zuerst miteinander."

„Ich will das Geburtshaus anschauen!" Ursina strahlt neugierig.

„Ich denke auch, dass wir uns zuerst umschauen. Dabei tauchen sicherlich Fragen auf, die wir im Anschluss besprechen können." Michael nickt und blickt mich fragend an.

Mir ist es egal. Ich will am liebsten gar nicht hier sein. Bereits auf der Autofahrt hierher hat sich mein Körper verkrampft, und jetzt habe ich so schlechte Laune, dass ich besser schweige. Das liegt nicht an genau diesem Geburtshaus. Es macht einen freundlichen, einladenden Eindruck. Die Wände sind pastellfarben gestrichen, im Aufenthaltsbereich befindet sich eine Spielecke für die Kinder und über eine Wand zieht sich ein großer, gemalter Baum, in dessen Blätter die Namen und Geburtsdaten der hier zur Welt gekommenen Kinder stehen. Auf einem runden Tischchen steht ein Korb mit Flyern und Tee, in der Ecke steht eine große Topfpflanze. Es duftet nach Lavendel.

Trotzdem fühle ich mich unwohl. Die Vorstellung, hier zu gebären, treibt mir den Schweiß auf die Stirn und Übelkeit in den Magen.

„Kommt mit." Debbie durchschreitet einen schmalen Raum mit einem großen Fernseher und einer Kommode, auf der ein Wasserkocher, Tee, Kaffee und einige Tassen stehen.

Michael legt mir eine Hand auf die Schulter und schiebt mich vorwärts. Die Kinder sind bereits vorausgegangen.

„Hier ist unser größtes Zimmer. Es verfügt über ein separates Badezimmer mit Badewanne für Wassergeburten." Debbie zieht die Vorhänge vor den Fenstern auf. Das Licht fällt auf ein hohes, breites Bett, das mitten im Raum steht. Eine dunkelrote Tagesdecke mit goldenem Muster liegt darauf. Daneben hängt ein dickes Seil von der Decke herunter. In einer Ecke des Raumes steht ein kleiner Tisch mit zwei Stühlen, daneben liegt ein Sitzball. An den Wänden hängen Bilder mit bunten Farbkompositionen. Es wirkt alles sauber und gut gepflegt.

„Während der Geburt sind eine Ärztin, eine Hebamme und eine Doula anwesend. Der Mann kann natürlich dabei sein. Nach der Geburt bleibt ihr mindestens sechs Stunden hier zur Nachkontrolle. Ihr könnt gerne auch einige Tage bleiben, sofern das Zimmer nicht bereits reserviert ist."

Debbie spricht weiter, aber ihre Ausführungen prallen an mir ab. Eine Ärztin, eine Hebamme und eine Doula. Drei fremde Menschen sollen die Geburt beobachten. Mir ist zum Heulen zumute. Ich will Michael bei mir haben und die Kinder und sonst niemanden! Die Hausführung geht weiter, wir betrachten zwei weitere Zimmer in unterschiedlichen Größen. Dann setzen wir uns in den Aufenthaltsbereich.

„Es ist uns wichtig, dass die Kinder bei der Geburt dabei sein können." Michael hat sein Notizheft gezückt, in dem wir die für uns relevanten Punkte aufgeschrieben haben.

Debbie räuspert sich. „Es gibt vor den Zimmern den Aufenthaltsraum mit dem Fernseher. Dort gibt es auch die Möglichkeit, sich mit Mitgebrachtem zu verpflegen. Wir haben auch WLAN im Haus für eigene Tablets. In den Geburtszimmern ist es zu eng für so viele Menschen."

Ich höre Michael weitersprechen, aber seine Worte verstehe ich nicht. Plötzlich sehe ich rot. Ich mag nicht hierher kommen. Ich will das hier alles nicht, keine Badewanne, kein riesiges Himmelbett, keinen Aufenthaltsraum, kein medizinisches Personal. Ich will nur einen geschützten Ort für mich und Michael, an dem ich ungestört gebären kann und an dem sich die Kinder frei bewegen können.

Wir erkundigen uns nach einer Hebamme, die die Geburt an Bord der PINUT durchführen würde. Debbie erklärt uns, dass das bis vor einigen Jahren möglich war. Die Behörden hätten dies aber untersagt und sie könnten den Service nicht mehr anbieten. Schade. Vom Geburtshaus aber habe ich einen guten Eindruck und bin erleichtert, dass, für uns

eher zufälligerweise, keine Dreiviertelstunde entfernt
vom Schiff das einzige Geburtshaus der ganzen Ka-
ribik steht. Für mich ist die Sache geritzt: Im Januar,
wenn's so langsam in Richtung Geburtstermin geht,
Köfferchen vorbereiten, unser Mietauto steht direkt
neben unserem Schiff, und sobald Buuchzwergli raus
will, ab die Post ins Geburtshaus. Tja, weit gefehlt...
Mann denkt und Frau lenkt...

Corina sitzt im Vorzimmer. Ich schau mir mit Jo-
nas und Rahel noch ein paar Räume an. Als wir zu-
rück ins Vorzimmer kommen, laufen Corina die Trä-
nen übers Gesicht: „Es ist zwar alles ganz nett hier.
Aber es ist nicht mein's. Ich fühl mich nicht wohl,
nicht zuhause. Wenn ich daran denke, wie gemütlich
und warm wir es in unserem Haus bei den letzten
Geburten hatten. Ich will keine drei fremden Men-
schen dabei haben. Ich brauche nur dich, sonst nie-
manden, schon gar keine Ärztin. Ich will nicht beob-
achtet und kontrolliert werden."

Michael übersetzt, Debbie schweigt. Sie scheint nachzudenken. Dann meint sie: „Die Doula muss nicht dabei sein,
wenn ihr das nicht wollt. Die Hebamme ist aber auf jeden
Fall dabei, und die Ärztin muss zwischendurch vorbeischau-
en. Das sind die Bestimmungen des Geburtshauses, an die
müssen wir uns aus rechtlichen Gründen halten."
Michael versucht noch, ihr wenigstens die Ärztin auszure-
den, aber Debbie bleibt konsequent. Langsam beruhige ich
mich wieder. Michael lässt sich die Anmeldeunterlagen geben. Wir werden sie mitnehmen und in Ruhe auf dem Schiff
die Situation analysieren. So, wie wir es immer machen,
wenn Stolpersteine vor uns liegen. Auf meinen Wunsch hin
führt Debbie eine Kontrolle durch. Ich möchte sicher sein,
dass meine eigene Beurteilung über die Lage des Babys kor-
rekt ist. Debbie bestätigt, das Baby liegt Kopf voran vor dem

Ausgang. Sie misst Bauchumfang und Gewicht und hört die Herztöne ab. Dann legt sie die Blutdruckmanschette an.

„Der Blutdruck ist an der oberen Grenze."

„Das ist unüblich. Ich messe regelmäßig, und er ist immer im Normalbereich mit Tendenz niedrig." Blutdruck und Urin kontrolliere ich selber und kenne daher meine Normalwerte. Dass Blutdruck jetzt so hoch ist, überrascht mich aber nicht. Er wird direkt durch psychischen Stress beeinflusst. Wenn er bereits jetzt so hoch ist, wo wir nur das Geburtshaus besichtigt haben, wie würde das unter der Geburt ausschauen? Ich mag es mir nicht vorstellen.

Im Auto schließe ich die Augen. Mir ist es in den vergangenen acht Monaten blendend gegangen, körperlich wie mental. Dieser eine Geburtshausbesuch hat mich vollkommen an meine Grenzen gebracht. Da arbeite ich lieber acht Stunden täglich unter sengender Sonne auf dem Deck der PINUT oder segle bei 5-Meter-Wellen und 30 Knoten Wind in einem brodelnden Hexenkessel.

Flautenbaden

Surinam-Tobago, August 17

Mit starkem Wind und hohen Wellen ist im August 2017 nichts, als wir von Surinam nach Tobago segeln wollen. Wir befinden uns noch immer in der südamerikanischen Regenzeit, und alle Segler, die das Gebiet kennen, haben uns vorhergesagt, dass wir nicht mit viel Wind rechnen können. Wir beobachten dennoch hartnäckig die Windprognosen und wollen unsere Abreise aus Surinam auf einen Tag legen, an dem wenigstens ein bisschen Wind vor der surinamesischen Küste bläst, damit wir nicht die ganzen 550 Seemeilen bis Tobago motoren müssen.

Abgesehen vom Wetter bereitet uns etwas anderes Kopfzerbrechen. Auf noonsite, der einschlägigen Seglerinfoseite, die weltweit über verschiedenste Aspekte des Segelns in allen Ländern informiert, haben wir gelesen, dass beim Einklarieren auf Tobago außerhalb der üblichen Arbeitszeiten sowie am Wochenende Bußgelder anfallen. Die wollen wir, wenn irgendwie möglich, vermeiden. Doch so ganz genau lässt sich ein Mehrtagestörn nicht planen, vor allem nicht mit Schwachwindprognose und unserem für das Gewicht der PINUT unterdimensionierten Motor. Unsere Reisegeschwindigkeit bei 20 Knoten Wind und moderater Welle von achtern oder seitlich liegt bei 4-5 Knoten, das sind rund 8,5kmh.

Bei schwachem Wind und Motorunterstützung sind es dann schnell nur 3 Knoten. Jedenfalls rechnen wir für die 500 Seemeilen bis in die Store Bay auf Tobago mit etwa fünf Tagen auf See.

Ich freu' mich unbändig auf den Törn. So spannend das Ländererkunden ist, ganz in meinem Element fühle ich mich auf See. Wenn um mich herum nur Wasser ist und sich in der Ferne der Horizont in alle Richtungen ausbreitet. Wenn ich die Erdkrümmung sehen und die gewaltige Energie des Meeres spüren kann. Dieses ununterbrochene Wälzen, Plätschern, Klatschen, Rauschen und Rollen des Wassers, das mich bis in den Schlaf in meiner heimeligen Koje begleitet.

Das Ablegen in der Marina Waterland gestaltet sich sehr emotional. Einerseits ist das Zeitfenster, das wir fürs Manöver haben, kurz, denn wir müssen den Moment abwarten, in dem die Tide kippt und von einlaufend auf auslaufend wechselt. Würden wir bei auslaufender Tide ablegen, würden wir von der Strömung an den Steg gedrückt werden und kämen vermutlich gar nicht aus unserer Box raus. Und bei einlaufendem Wasser müssten wir den ganzen Fluss abwärts gegenan fahren, was ebenso unmöglich wäre. Also bleibt uns nur alles vorzubereiten und abzuwarten, bis der Fluss seinen Höchststand erreicht hat und das Wasser für rund 30 Minuten stillsteht. Wenn wir in dieser halben Stunde ablegen, können wir uns mit der Strömung flussabwärts ins Meer schieben lassen.

Der andere emotionale Aspekt bezieht sich aufs Abschied nehmen. Die Zeit hier in Surinam ist sehr intensiv gewesen. Wir haben Haiti wiedergetroffen, unsere Freundin aus Faro, und haben durch Rishis Familie einen Einblick in das Leben hier erhalten. Faisal, der junge, engagierte Mitarbeiter der Marina, hat unzählige Kinoabende für die Kinder organisiert, und wir haben gemeinsam über dem Lagerfeuer Marshmallows gebraten – ganz zu Michaels Entsetzen. Wir haben das Indianerdorf Reti Doti besucht und im braunen, aber rätselhaft klaren Wasser des Cola-Kreeks gebadet. Wir haben in Paramaribo zwei neue Mitsegler an Bord geholt – die beiden Reisfinken Ricki und Lilli – und auf dem Markt der Maroons bunte Vogelfedern erstanden. Auf die in vielen Variationen angebotenen Aphrodisiaka haben wir mangels Notwendigkeit verzichtet. Wir waren im kleinen, aber ansprechend gestalteten Zoo und im beeindruckenden Schmetterlingshaus und haben mehrmals im Pfannkuchenrestaurant und beim Indonesier gegessen. Kurz: Surinam ist uns ans Herz gewachsen.

„Es ist soweit, das Wasser steht!" Seraina sitzt auf dem Steg und beobachtet die Blätter und Stöckchen, die auf der Wasseroberfläche treiben.

„Okay, dann alle an ihre Plätze!" Ich nehme zwei Handtücher von der Reling ab.

Anne, Peter und Faisal postieren sich bei den Festmachern an den Klampen auf dem Steg, Michael geht ans Steuer. Die Kinder und ich verteilen uns an den Pollern an Deck.

„Heckleine steuerbord lösen!"

„Heckleine steuerbord ist los!"

„Bugleine lösen!"

„Bugleine ist los!"

„Heckleine backbord lösen!"

„Heckleine backbord ist los, ihr seid frei!"

Michael gibt Gas, und die PINUT schiebt sich langsam aus der Box. Ich sammle die Festmacher ein und schieße sie zu Bündeln auf. Die Kinder holen die Fender an Bord. Die PINUT macht eine Schlaufe und wendet den Bug in Richtung Norden, dem Meer entgegen. Winkend lassen wir Anne, Peter und Faisal auf dem Steg zurück.

Ich habe gelernt, Abschied zu nehmen. Aber wenn ich Rahel sehe, wie sie am Mast steht, den Blick nach hinten gerichtet und von Schluchzen geschüttelt wird, dann kommen wir mir unweigerlich auch die Tränen. Ich lege meinen Arm um sie und ziehe sie zu mir. Sie wischt die Tränen nicht weg, sie tropfen aufs Deck und sammeln sich zu kleinen Pfützen. Behutsam streiche ich über ihr blondes Haar.

„Sobald ich alt genug bin und Geld habe, komme ich hierher zurück." Rahels Stimme klingt rau und bestimmt.

In völliger Windstille gleitet die PINUT durchs Wasser, vorbei an Mangroven und tiefhängenden Lianen. Als ob sie uns verabschieden wollten, hören wir in der Ferne noch einmal die Brüllaffen, die uns allmorgendlich geweckt haben. Obwohl der Himmel wolkenlos ist, riecht es nach Regen. Auf der linken Seite zieht das Dorf Domburg vorbei mit der kleinen Mooring-Marina. Noch einige Windungen, und dann liegt sie vor uns: die imposante Jules Wijdenbosch Brücke, unter der wir durchfahren müssen. Sie verbindet Paramaribo mit dem Distrikt Commewijne im Osten. Sie wurde im Jahr 2000 eröffnet und hat eine Spannweite von 1.5 Kilometern. Schweigend fahren wir zwischen zwei Brückenpfeilern hindurch. Über uns hinweg rauschen die Autos. Unmittelbar nach der Brücke passieren wir das Wrack der GOSLAR, das als rostiges Denkmal teilweise aus dem Wasser ragt. Die GOSLAR war ein Frachtschiff, das unter deutscher Flagge bei Ausbruch des zweiten Weltkrieges vor Paramaribo Schutz vor den US-Amerikanern suchte. Nach der Kriegserklärung Deutschlands an die Niederlande versenkte die deutsche Besatzung das Schiff, das heute zum erweiterten Stadtbild Paramaribos gehört.

Endlich. Ich höre das Meer, bevor ich es sehen kann. Das sanfte Rauschen der Wellen, vermischt mit dem Kreischen einer Schar aufgeregter Möwen, die über einem einlaufenden Fischerboot kreisen. Es riecht so intensiv nach Fisch, dass mir das Wasser im Mund zusammenläuft.

Es ist keine Frage, ich habe die Stille im Fluss genossen. Nach so langer Zeit auf dem Meer, pausenlos begleitet vom Geräusch des Wassers, hat die Stille unglaublich gut getan. Und auch das Süßwasser habe ich geschätzt, das unser Unterwasserschiff wie von Geisterhand von Muscheln und Algen befreit hat. Trotzdem bin ich glücklich, wieder auf dem Meer zu sein. Voller Vorfreude stehe ich im Bugkorb, meine Augen suchen das tiefe Blau des Ozeans, das ich nirgends sonst in der Natur bisher gefunden habe. Nicht mal im Himmel über unseren Schweizer Bergen. Noch ist das Wasser braun, aber je weiter wir hinausfahren und den Fluss hinter uns lassen, desto klarer und blauer wird es. Sorgfältig suche ich nach Anzeichen von Fischernetzen, denn die zahlreichen Netze sind spärlich bis gar nicht gekennzeichnet. Sobald wir den Schutz der Küste hinter uns gelassen haben, setzt auch der Wind ein. Nicht viel, aber doch ausreichend, um Genua, Groß und Besan zu setzen. Und nach zwei Stunden können wir den Motor ausschalten.

Perfekt. Ich liebe diesen Moment, wenn das Motorengeräusch verstummt und das Ohr in die relative Stille zu fallen scheint. Den Prozess, bis man sich wieder an die leisen Töne gewöhnt hat, das Plätschern der Wellen und das Säuseln des Windes.

In den ersten beiden Tagen bleibt uns der Wind treu und wir kommen mit vier Knoten wie erwartet voran. Hin und wieder zieht eine Squall neben uns vorbei, aber keiner der Regenschauer trifft uns. Doch dann nimmt der Wind ab.

„Meinst du, wir sollten den Motor zuschalten?" Naserümpfend werfe ich Michael einen Blick zu. Er liegt an zwei Kugelfender gelehnt auf dem Achterdeck und hat die Augen geschlossen. Sein schwarzes Haar mit den grauen Strähnchen schimmert in der Sonne. Eine leichte Röte zeichnet sich auf den hohen Wangenknochen und der Stirn ab.

„Mmh."

„Heißt das ja oder nein?"

„Mmh."

„Pass auf, sonst kriegst du noch einen Sonnenbrand. Deine Stirn ist schon leicht gerötet."

Mit einem tiefen Seufzen setzt sich Michael auf. Er blinzelt vorsichtig, streckt sich und gähnt. „Wie schnell sind wir?"

„Schnell?" Ich grinse. „Wir machen noch ganze zweieinhalb Knoten Fahrt."

„Mmh. Das ist nicht viel." Er rappelt sich auf und steigt zu mir ins Cockpit.

„Nein."

„Na dann, schmeißen wir halt den Motor an." Er legt die Hand an den Zündschlüssel und dreht ihn in Vorheizstellung. Gleich darauf schnurrt unser Motor in nervtötender Monotonie vor sich hin. Da wir lieber das Fenster vom Maschinenraum ins Cockpit offen haben anstatt die Lüftung anzuschalten, ist es im Cockpit relativ laut, wenn der Motor läuft. „Tun wir wenigstens unseren Batterien was Gutes. Magst du einen Kaffee?"

„Gerne." Er gibt mir einen Kuss und verschwindet im Niedergang. Ich lächle ihm hinterher und bin froh, oben liegenbleiben zu können. Meine Schwangerschaft scheint zwar keinen negativen Einfluss auf meine Seefestigkeit zu haben, aber auch nach drei Jahren Bordleben bin ich auf See lieber an Deck als unter Deck.

„Mama, haben wir eigentlich eine Flagge von... Wo segeln wir schon wieder hin?" Ursina setzt sich mir gegenüber.

„Nach Tobago."

„Ah, ja. Haben wir eine Flagge von Tobago?"

„Nein."

„Dann müssen wir eine machen!" Ein Strahlen breitet sich auf ihrem Gesicht aus. „Können wir sie jetzt gleich machen? Wie sieht sie aus? Haben wir passenden Stoff?" Vor Aufregung bekommt sie ganz rote Wangen.

Ich versuche nachzudenken. Dabei hätte ich jetzt eigentlich gerne ein Nickerchen gemacht, bis der Kaffee fertig ist. „Ich weiß nicht, wie sie aussieht. Schau doch mal im Länderbuch nach."

„Mach ich!" Sie verschwindet im Salon. „Kinder, wo ist das Länderbuch? Ich brauche es für die Flaggen. Hallo, hört mich jemand? Wo ist das Länderbuch?"

Ich grinse in mich hinein. Ursina, unser kleiner Wirbelwind, bringt Schwung in die Situation, wenn auch zum Unwillen ihrer Geschwister. Ich höre sie noch einige Minuten vor sich hin schimpfen. Dann erscheint sie plötzlich wieder im Cockpit. Triumphierend hält sie das Buch in der Hand.

„Hier, Mama. Jetzt können wir die Flagge basteln."

Bei der Einreise und während des Aufenthalts in einem fremden Land ist es üblich, die Landesflagge des jeweiligen Landes unter der Steuerbordsaling zu fahren. Die sogenannte Gastlandflagge ist jedoch im Voraus nicht immer überall zu bekommen. Auf den Kanaren hat es zwar viele karibische Flaggen gegeben, nicht aber südamerikanische. Und da wir immer viele Pläne haben, aber fast genauso viele davon nicht umsetzen (und das auch wissen...), haben wir damals noch keine Flagge von Trinidad und Tobago gekauft. In Surinam gibt es nur ein Yachtzubehörgeschäft, und das führt die Flagge nicht. Also schneidern wir sie selbst, wie bisher auch schon die surinamesische.

„Schau mal, die ist ja einfach! Nur rote, weiße und schwarze Streifen." Ursina hat die richtige Seite bereits aufgeschlagen und die Flagge gefunden. „Haben wir roten, weißen und schwarzen Stoff?"

„Rot haben wir noch von den Polsterbezügen der Cockpitpolster. Weiß haben wir auch, aber keinen schwarzen."

„Dann malen wir den weißen einfach an! Wo sind die Filzstifte?"

„Moment. Zuerst müssen wir die Stoffe rausholen, zuschneiden und zusammennähen. Dann kannst du malen."

Ursinas Wangen glühen vor Eifer, als sie aus den Stoffen die Streifen ausschneidet. Wir entscheiden uns dafür, die Nähmaschine verstaut zu lassen und von Hand zu nähen.

Eine Stunde später ist unsere Trinidad-Tobago-Flagge fertig.

„Können wir sie gleich aufhängen? Wir sind ja eh schon bald da!"

Ich grinse über Ursinas Eifer und erwidere nichts. Bei dieser Geschwindigkeit brauchen wir mindestens nochmal drei Tage. Aber wir sind bereits 200 Seemeilen von der südamerikanischen Küste entfernt, befinden uns also in neutralem Seegebiet und dürfen hissen, was immer wir möchten. Also ziehen wir die Flagge hoch. Die Kinder freuen sich, aber ich finde, sie hängt ein wenig schlapp dort unterhalb der Saling. Ich lasse meine Augen über die Wasseroberfläche gleiten. Sie ist zwar nicht spiegelglatt, aber so richtige Wellen sind auch keine zu sehen. Eher eine sanfte, ruhige Bewegung der oberen Wasserschichten.

Ich gehe zurück ins Cockpit und schalte den Motor aus. Die Geschwindigkeitsanzeige fällt gemächlich von 3 Knoten auf 2.5, dann 2, 1.5, 1, 0. Wir stehen. Ich trete erneut an die Reling. Es ist still. Vollkommen still. Kein Windhauch, kein Plätschern. Nichts. Einfach nichts. Mein Blick schweift übers Wasser, dem Horizont entlang. Ich habe nicht gewusst, dass der Ozean schweigen kann. Die Stille ist gewaltig, viel größer als jene in einem Zimmer. Sie ist irgendwie allumfassend. Sie durchdringt jede Zelle meines Körpers, und es kommt mir vor, als schweige die ganze Welt.

Die Kinder stehen neben mir und lauschen genauso ergriffen. Reglos schauen sie aufs Wasser, in den Himmel. Kein Vogel, keine Wolke. Nur die Sonne, die bereits tief steht. Fast scheint es mir, als wolle niemand diese Magie brechen. Sekunden verstreichen, vielleicht Minuten, ich vermag es nicht einzuschätzen. Bis Ursina plötzlich in die Stille hinein fragt: „Dürfen wir baden gehen?"

„Ou ja, baden! Mitten auf dem Ozean!"

„Das ist eine feine Idee! Dürfen wir?"

„Wo ist meine Badehose?"

„Badehose? Brauchst du doch hier nicht, hier sieht dich doch keiner!"

Die Kinderstimmen wirbeln durcheinander und lassen mich schmunzeln.

„Ja, ihr könnt baden gehen. Aber ihr müsst eine Möglichkeit finden, an der Seite der PINUT wieder hinaufzuklettern, bei der Badeplattform hängt das Dinghi."

„Klar, das schaffen wir schon! Wir können ja einen Fender ins Wasser werfen, dann können wir uns daran festhalten und über ihn rausklettern."

Eifrig organisieren sich die Kinder. Und dann springen sie, eins nach dem anderen, ins Wasser. Mitten auf dem Ozean bei totaler Flaute. Unter ihnen 4000m Wasser, über ihnen der Himmel. Dazwischen wir, unser treues Segelboot und die badenden Kinder. Plötzlich komme ich mir winzig klein vor. Für einen Augenblick kann ich die Unendlichkeit erfassen, sie spüren.

Michael tritt hinter mich und legt seine Arme um meine Schultern. Er hat geschlafen und muss von der Stille aufgewacht sein. Auf See reagiert man nicht auf absolute Geräusche, sondern auf die Veränderung von Geräuschen. Auf das Lauter oder Leiser werden, das Hinzukommen, das Verschwinden. Ich spüre die Wärme seines Körpers, sein Atem kitzelt meinen Hals. Ich schließe die Augen und wir atmen gemeinsam.

„Mama, kannst du Jonas helfen? Er kommt nicht mehr raus!" Ich blinzle und erkenne Seraina, die angestrengt ein Bodyboard festhält, auf das Jonas versucht hinaufzuklettern, um von dort aus zur Reling zu gelangen. Das Brett rutscht immer wieder weg, bevor Jonas die Relingstütze erreicht.

Michael lässt mich los, lehnt sich über die Reling und streckt Jonas seine Hand hin. Der Junge ergreift sie, und Michael zieht in mit Schwung aufs Deck.

„Wow, das war cool! Kannst du das nochmal machen?"
Bittend blickt er Michael an und springt dann ins Wasser,
bevor Michael reagieren kann. Ich lache.

Nach einer halben Stunde beenden die Kinder ihr Flauten-
bad. Die Sonne steht eine Handbreit über dem Horizont, der
Himmel färbt sich orange und wirft sein Licht aufs Wasser.

„Wenn es so ruhig ist, könnten wir doch Nudeln kochen",
schlägt Rahel vor.

„Au ja, Nudeln mit Thunfischsauce!" Seraina nickt heftig.

„Klar, warum nicht. Wer kocht?"

„Ich übernehm' das." Michael nickt mir zu.

„Gut, dann kümmer' ich mich um diese nasse Mannschaft
hier." Lächelnd helfe ich Ursina über die Reling.

Es wird das ruhigste Essen, dass wir jemals auf der Pinut
erlebt haben. Denn ohne Umgebungsgeräusche kommen uns
unsere Stimmen laut vor, sodass wir ganz intuitiv leiser sprechen.

Die Flaute dauert bin in den nächsten Morgen hinein und
wir verbringen eine magische Nacht unter freiem Sternenhimmel in vollkommener Stille. Michael und ich wechseln
uns mit Schlafen im Cockpit ab, denn ein driftendes Boot ist
ein Boot in Fahrt, und außerdem könnte der Wind ja jeder-
zeit wieder einsetzen. Wir schlafen auch vor Anker gerne im
Cockpit, aber diese Nacht mitten auf dem Ozean ist viel
schöner als alle bisher erlebten. Wir genießen sie so intensiv
wir können.

Am nächsten Morgen sind wir für beides dankbar: Für die
Flaute und den Wind, der sich durch ein fernes Rauschen an-
kündigt, langsam aber stetig zunimmt und uns unserem Ziel,
der kleinen Karibikinsel Tobago, näher bringt.

Eine Entscheidung

Trinidad, Januar 18

So, wie wir damals unserem Ziel Tobago stetig näher gekommen sind, so unaufhaltsam rückt nun der erwartete Geburtstermin näher. Und mit ihm die Notwendigkeit, eine Entscheidung bezüglich des Geburtsortes zu treffen.

„Wir haben keine andere Möglichkeit als das Geburtshaus. Ein Krankenhaus schließen wir wohl beide aus, oder?" Michaels Frage ist rhetorischer Natur. Er weiß, dass ich nach fünf Hausgeburten nicht im Krankenhaus gebären werde. Ein Krankenhaus ist für mich das, was der Name sagt: Ein Haus für Kranke und Verunfallte. Ich bin weder das eine noch das andere, sondern kerngesund und im Prozess, einen neuen Menschen entstehen zu lassen. Dieser kleine Mensch soll an einem Ort das Licht der Welt erblicken, der frei ist von Krankheit und Schmerz.

„Ja, das sieht wohl so aus." Ich bin weder glücklich noch überzeugt von der Tatsache, dass das Geburtshaus die einzige Möglichkeit sein soll.

„Dann mache ich einen Termin ab, um den Vertrag vorbeizubringen und die Kontrolle machen zu lassen, die sie vorschreiben."

Ich schweige und bemerke, wie sich mein Unterkiefer verkrampft.

Auf dem Weg zu Mamatoto fahren wir am Spital vorbei. „Da bringen mich keine zehn Pferde rein", meint Corina, und ich versteh sie. Mich auch nicht. Im Geburtshaus besprechen wir nochmals die Formalitäten und stoßen auf Schwierigkeiten. Sollten wir im Laufe des Geburtsvorgangs aus irgendwelchen Gründen ins Spital verlegen müssen und Corina keinen gültigen HIV-Test vorweisen können, würde das Spital ihr das Neugeborene nicht an die Brust geben. In einem Land mit einer überdurchschnittlich hohen HIV-Rate ist dieses Vorgehen durchaus nachvollziehbar. Das heißt aber, dass Corina jetzt in einem Spital einen HIV-Test durchführen müsste.

Auch die zweite Kontrolle zeigt: alles bestens mit Buuchzwergli. Für mich ist immer noch klar: Wir gehen ins Geburtshaus. Die HIV-Test-Geschichte müssen wir noch lösen.

Am nächsten Tag sind Michael und ich in unserer Achterkajüte.

„In rund zwei Wochen wird die Geburt sein. Ich meine, wir müssten nun die entsprechenden Vorbereitungen für die Verlegung ins Geburtshaus in Angriff nehmen."

Bei Michaels Worten beginnt mein Herz zu rasen und Schweißperlen bilden sich auf meiner Stirn. Mein Atem geht rascher und ich habe das Bedürfnis, mich anzulehnen.

„Ich kann nicht", presse ich hervor. Schweigend blickt mich Michael an. „Ich kann nicht im Geburtshaus gebären."

Ich starre die Maserung der Holzwand an und spüre Michaels Blick auf meinem Gesicht. Er setzt sich neben mich aufs Bett und wartet. Ich atme tief ein und versuche ruhiger zu werden.

„Ich brauche für eine gelingende Geburt nur eins, und das ist Ruhe. Ich muss mich komplett öffnen, und das kann ich nicht, wenn fremde Menschen um mich herum sind. Ich habe in den letzten Wochen viel über unsere fünf Geburten nachgedacht. Es ist immer gleich gelaufen: Die Geburt hat begonnen, ist gut vorwärts gegangen, wir haben die Hebamme informiert. Und kaum ist sie da gewesen, hat sich alles verzögert. Und das, obwohl wir die Hebamme jeweils gekannt und gemocht haben. Klar, alle Geburten sind gut verlaufen, aber ich bin mir heute sicher, dass sie rascher und weniger anstrengend gewesen wären, wenn mich niemand beobachtet hätte."

Ich blicke auf und forsche in Michaels Gesicht. Er hat aufmerksam zugehört und erwartet offensichtlich eine Fortsetzung.

„Ich habe viel gelesen über den Geburtsvorgang aus biologischer Sicht und viel Neues gelernt, obwohl ich eigentlich gedacht habe, schon alles zu wissen. Vor allem von Michel Odent habe ich gelesen, dem französischen Arzt und Geburtshelfer. Er hat unzählige Geburten auf der ganzen Welt begleitet und dabei festgestellt, dass die Geburten dann am leichtesten und schnellsten gehen, wenn die Frauen allein und unbeobachtet sind. Wenn sie vor den Blicken und der Kontrolle anderer Menschen geschützt sind."

Michael lehnt sich an die Wand. Sein Blick ist offen und interessiert und ermutigt mich weiterzusprechen.

„Während der Geburt muss der Körper in jeder Phase verschiedene Hormone ausschütten, um den jeweils nötigen Prozess in Gang zu setzen. In der Eröffnungsphase sind das andere Hormone als in der Austreibungsphase. Diese Hormone ermöglichen eine komplikationsfreie Geburt, natürlich unter der Voraussetzung, dass keine pathologischen Hindernisse existieren wie vorliegende Plazenta und Ähnliches. Allerdings können sie nur in ausreichendem Maße produziert werden, wenn die Frau entspannt ist. Und ich kann mich nicht entspannen, wenn ich an einem fremden Ort von fremden Menschen beobachtet und kontrolliert werde."

Meine Worte klingen in der Stille nach, die sich über uns legt. Erleichterung breitet sich in mir aus, unabhängig davon, wie Michael reagieren wird. Ich bin froh, dass ich ausgesprochen habe, was mich in den vergangenen Wochen umgetrieben hat.

Ich weiß, dass Corina von unserem letzten Schweizbesuch Nabelschnurschere und sterile Nabelschnurklemmen mitgebracht hat. Dazu genügend Krankenunterlagen, wie sie Hausgeburtshebammen und Spitäler verwenden. Messgeräte für Blutdruck und Urin haben wir sowieso schon an Bord.

Es läuft mir heiß und kalt den Rücken runter. Schweigen. Ich schau Corina in die Augen und werde ruhig. Wie so oft schon in schwierigen, brenzligen, auch gefährlichen Situationen funktioniert mein Kopf erstaunlich klar. Und ich weiß plötzlich, was ich jetzt zu tun habe. Es zählt jetzt nur noch, was Corina fühlt und will. Sie braucht dazu alle Unterstützung und Kraft, die sie bekommen kann.

„Na", sag' ich zu ihr, „dann lass mich jetzt gleich in die Stadt fahren. Kerzen kaufen, damit es schön gemütlich, warm und heimelig wird für die Geburt in unserer Achterkajüte."

Michael lächelt. Ich richte mich auf und umarme ihn, soweit es mein Bauchumfang zulässt, mit aller Kraft. Ein tiefes Gefühl von Liebe erfasst mich. Ich halte ihn fest, drücke mein Gesicht an die weiche Haut seines Halses und atme seinen Duft ein, der mir so sehr vertraut ist. Und plötzlich überkommt mich die Gewissheit, dass es die richtige Entscheidung ist. Hier, in dieser Koje, mit diesem Menschen, den ich liebe, möchte ich unser sechstes Kind zur Welt bringen. Vor einer Mischung aus Erleichterung, Freude, Liebe und Glück laufen mir die Tränen über die Wangen. Michael lacht, seine Augen strahlen und er zerwuselt mir übermütig mein Haar.

„Aber wir sagen nichts den Kindern, ja? Das ist unser Geheimnis." Er zwinkert mir zu und ich bin einverstanden. Es fühlt sich unheimlich gut an.

Neben dem fehlenden HIV-Test, der mir bei einer Verlegung ins Krankenhaus das sofortige Anlegen des Babys an die Brust verunmöglicht hätte, wäre bei einer Geburtshausgeburt eine weitere bürokratische Hürde hinzu gekommen. Die Hebammen dürfen die Geburt nur begleiten, wenn ein Bluttest vorliegt, der den Hämoglobin-Wert bestimmt. Diesen Test habe ich nicht, woher auch. Man kann ihn auf Trinidad nur im Krankenhaus machen lassen, und die Auswertung durch ein unabhängiges Labor dauert 3-5 Tage. Das teilt uns Debbie in einer e-mail mit – einen Tag vor der Geburt. Soviel Bürokratie für eines der natürlichsten Ereignisse der Welt...

Beamtendünkel und Delfine

Mit der Bürokratie werden wir auf unserer Reise bei jeder Ein- und Ausreise konfrontiert. Das Einklarierungsprozedere dauert mal länger, mal kürzer, ist bisher aber immer problemlos vonstatten gegangen. Diesmal auf Tobago aber ist es anders.

Nach fünf Tagen auf See erreichen wir die Store Bay im Südwesten der Insel am Freitagnachmittag kurz vor vier Uhr. Das Ankersetzen gestaltet sich als anspruchsvoll, denn die Bucht ist gut besucht und an drei Stellen liegen Unterwasserstromkabel auf dem Meeresgrund. Wir nehmen drei Anläufe, bis wir weder zu nah an einem der Kabel, noch zu nah an einem anderen Boot liegen. Von noonsite wissen wir, dass die Behörden um 17.00 Uhr schließen. Das Amt für Migration, das wir aufsuchen müssen, ist in der Hauptstadt Scarborough, rund eine Stunde Anfahrtsweg vom Schiff aus. Wir schaffen es heute also nicht mehr. Über eine facebook-Gruppe haben wir die Information bekommen, dass nur von Montag bis Freitag einklariert werden kann. Folglich beschließen wir, das Wochenende zu genießen und uns am Montag auf den Weg nach Scarborough zu machen. Ein Fehler, wie wir später merken werden.

Crown Point, bei dem die Store Bay liegt, lebt vom Tourismus. Überall gibt es Fast Food, von Pizza über Roti und Hamburger bis Pommes. Wenngleich wir nicht viel von diesem Essen halten, so freuen wir uns nach sechs Monaten Südamerika, davon drei Monate Surinam mit beschränktem Lebensmittelangebot, doch sehr über eine echt italienische Pizza. Alleine der Duft nach knusprigem Teig, tatsächlich im Holzofen gebacken, lässt uns das Wasser im Mund zusammenlaufen.

Die Stimmung im Ort ist gemütlich. Entlang der Uferpromenade stehen Souvenirverkäufer mit riesigen Muscheln, aus Kokosnussschalen geschnitzten Vogelhäuschen und lokalen Süßigkeiten. Wir finden auch rasch unseren Lieblingsladen, wobei Laden fast zu viel ist. Es ist ein kleiner Raum mit einer Theke, einem Stuhl in der Ecke und drei Tischen mit Stühlen draußen. Hinter dem Tresen steht ein langer, älterer Mann mit tiefschwarzer Haut und einer bunten Mütze auf dem kurzen Kraushaar. Ein wenig erinnert er mich an Onkel Tom aus *Onkel Toms Hütte*. Er kocht ausgezeichnete Suppen, die jeden Mittag ausverkauft sind, wenn wir zu spät bei ihm ankommen.

„Kinder, alle parat machen, wir müssen zur Immigration!" Es ist Montagmorgen um 9.00 Uhr und wir sind soeben mit dem Frühstück fertig geworden.

„Ach, müssen wir da unbedingt mit? Das wird doch wieder stinklangweilig!"

„Muss das sein?"

„Müssen wir wieder lange Hosen anziehen?"

Die Begeisterung der Kinder hält sich in Grenzen, und auch ich habe keine große Lust auf das Einklarierungsprozedere.

„Was sein muss, muss sein. Ja, es müssen alle mitkommen. Und ja, zieht besser lange Hosen an, dann sind wir auf der sicheren Seite. Und keine schulterfreien T-Shirts." Ich wische Jonas einen Rest Marmelade von der linken Backe und ziehe sein T-Shirt aus der Hose.

Murrend steigt unsere Mannschaft ins Dinghi. Wir fahren zum kleinen Strand, ziehen das Schlauchboot ein Stück den schmalen Strand hinauf und ketten es an einen Baumstamm. Dann gehen wir ins Ortszentrum und warten auf den Bus. Auf Tobago ist es üblich, per Anhalter zu fahren. Wir beobachten fünf verschiedene Menschen, die kurz am Straßenrand warten, vorbeifahrenden Autos ein Zeichen geben und beim ersten, das anhält, einsteigen. Hier nimmt jeder jeden mit, gegen ein kleines Entgelt. Wir haben uns für den Bus entschieden, weil wir so viele sind. Der Bus ist zwar ohne Klimaanlage, aber die Sitze sind bequem und halbwegs gut instand.

Die Immigration befindet sich im ersten Stock des Hafengebäudes. Erwartungsgemäß werden wir mit einem Stapel Formulare eingedeckt, die wir ausfüllen müssen. Bei sieben Personen kommt einiges zusammen, da auch für die Kinder eigene Formulare ausgefüllt werden müssen. Die Tür geht auf und zwei Segler kommen herein, gefolgt von einer Einhandseglerin, welche gestern Abend direkt neben uns vor Anker gegangen ist. Während wir noch ausfüllen höre ich, wie die drei bereits ihre Stempel in die Pässe bekommen.

Als Michael mit unserem Papierberg zum Schalter geht, dauert es keine 30 Sekunden, bis ich den Beamten in scharfem Tonfall fragen höre: „Wann sind Sie angekommen?"

Michael antwortet ruhig: „Am Freitag um 16.00 Uhr."

„Heute ist Montag. Sie haben sich zwei Tage lang illegal in diesem Land aufgehalten."

Ich halte den Atem an und warte auf Michaels Reaktion.

„Wir hatten die Information, dass das Büro nur bis Freitag um 17.00 Uhr geöffnet und am Wochenende geschlossen ist." Seine Stimme klingt noch immer ruhig und tief.

„Das ist falsch. Wir arbeiten bis 20.00 Uhr, jeden Tag." Der Beamte verschwindet in einer Tür. Ich schaue Michael an. Er zieht die linke Augenbraue in die Höhe und zuckt leicht mit den Schultern.

Ich setze mich zu den Kindern. Sie haben ihre E-Reader oder MP3-Player dabei und verhalten sich ruhig. Mein Rücken schmerzt und im Magen macht sich ein flaues Gefühl breit. Obwohl ich weiß, dass ich während der Schwangerschaft ständig essen muss, habe ich vergessen, etwas mitzunehmen. Vielleicht habe ich auch gehofft, dass die Sache rasch erledigt sein würde. Jedenfalls merke ich, dass ich bald etwas zu Essen brauche.

Die Zeit zieht sich in die Länge wie Kaugummi. Andere Leute betreten den Raum, verhandeln am Schalter und gehen wieder. Der Beamte, der unseren Fall behandelt, erscheint nicht wieder. Ich blicke auf die Uhr. 12.10 Uhr. Wir sind bereits seit einer ganzen Stunde hier.

„Mama, ich hab' Hunger." Jonas klettert auf meinen Schoß."

„Ich auch." Ich streiche ihm übers blonde Haar.

„Wie lange dauert das denn noch?"

„Ich weiß es nicht."

„Haben wir nichts zum Essen dabei?" Ich schüttle den Kopf. „Können wir denn was holen? Ich hab' auch Durst."

Ich ärgere mich darüber, dass wir nichts mitgenommen haben. Jonas kann sehr anstrengend werden, wenn er Hunger hat. Ich versuche ihn abzulenken. „Es dauert sicher nicht mehr lang. Magst du mein Handy zum Spielen?" Es kommt äußerst selten vor, dass ich den Kindern mein Handy zum Spielen gebe, aber jetzt spüre ich, dass es sein muss, wenn ich Jonas noch eine Weile still halten will.

„Ja, danke." Er schnappt sich das Smartphone und zieht sich auf seinen Stuhl zurück.

Nach einer weiteren halben Stunde gehe ich zu Michael. „Ich muss was essen. Hier läuft doch eh nichts mehr, die machen doch Mittagspause. Können wir nachher wiederkommen?"

Als hätte er es gehört, erscheint der Beamte hinter dem Schalter. „Sie können etwas Essen gehen. Kommen Sie in einer Stunde wieder."

„Auf Wiedersehen." Michaels Tonfall ist nicht mehr ganz so freundlich wie vorhin, dennoch bewundere ich seine Beherrschung. Er hat sicherlich genau wie ich verstanden, dass sie uns nun zappeln lassen wegen unserer Verspätung.

Wir überqueren die Straße und suchen den Markt. Üblicherweise findet man auf dem Markt immer auch einen Stand mit Roti, Suppe oder sonstigem Essen. Doch dieser Markt ist anders. Sehr klein und ausschließlich mit Gemüse, Früchten, Fleisch und Kleidung bestückt.

„Hier finden wir nichts, lasst uns umkehren."

Mürrisch stapfen die Kinder hinter uns her. Michael steuert aufs Gebäude mit dem großen KFC-Logo zu. Ich frage ihn nicht, ob das sein Ernst ist. Ich bin einfach nur froh, wenn ich was Essbares in den Magen bekomme. Er muss genauso hungrig sein wie ich.

Die Kinder freuen sich über die frittierten Hähnchenschenkel und die Pommes mit viel Mayonnaise und Ketchup. Immerhin. Ich bin erleichtert, als wir den ganzen Müllberg an Verpackung wieder los sind und zurück auf die Straße treten.

Wir warten einen weitere dreiviertel Stunde. Dann erläutert uns der Beamte in strengem Ton, dass wir eigentlich eine Buße von einigen Hundert Trinidad-und-Tobago-Dollar bezahlen müssten. Er schimpft nochmals, dass wir früher hätten kommen müssen. Ich schweige, und Michael sagt gebetsmühlenartig: „Yes, Sir."

Vier Stunden nach unserer Ankunft in Scarborough verlassen wir das Immigrationsbüro – mit den Einreisestempeln in unseren Pässen. Bezahlt haben wir dafür nichts außer kostbarer Lebenszeit.

„Uff. Nun noch der Zoll."

„Müssen wir da auch wieder mit?" Saskia blickt mich entgeistert an.

„Ihr müsst nicht. Aber ganz in der Nähe gibt es ein kleines Café, das uns Davide aus Saint-Laurent empfohlen hat. Dort könnten wir nach dem Zoll was trinken gehen – und ein Eis essen auf diesen Behörden-Marathon hin."

„Ou ja, Eis essen!" rufen Jonas und Ursina gleichzeitig.

„Also, dann lasst uns jetzt zuerst zum Zoll gehen."

Der Besuch beim Zoll ist immer eine rasche Sache, so auch hier. Wir erfahren, dass wir für Guia eine tierärztliche Erlaubnis benötigen, damit sie an Land gehen darf. Bis wir die haben, muss sie auf der PINUT in Quarantäne bleiben. Wir haben darüber gelesen und lassen uns von einem der Zollbeamten die Telefonnummer eines staatlichen Tierarztes geben. Bevor wir dort anrufen, erholen wir uns im Café von den Strapazen des Behördenganges. Das Eis ist köstlich und der Kaffee ebenfalls. Leise Musik, Klimaanlage und der Duft nach frischem Kaffee. Sofort geht es uns wieder besser.

Der Tierarzt klingt am Telefon sehr freundlich und verspricht, gleich am nächsten Tag auf der PINUT vorbeizukommen, um Guia zu sehen. Wir sind beeindruckt und bereits ein wenig mehr ausgesöhnt.

Pünktlich um 10.30 Uhr stehen am nächsten Vormittag drei Männer und eine Frau am Strand. Einer der Männer trägt eine amtliche Uniform und stellt sich als Tierarzt vor.

„Wollen die alle mit auf unser Schiff kommen?" Ungläubig betrachtet Ursina die Menschen.

Doch nur der Arzt steigt ins Dinghi ein und schert sich nicht darum, dass seine hohen, schwarzen Lederstiefel beim

Einstieg nass werden. Bei der PINUT angekommen, bleibt er im Schlauchboot sitzen. Er will lediglich den Hundepass sehen und die Microchipnummer an Guias Hals überprüfen. Das ist innert weniger Minuten erledigt.

„Ich werde euch so rasch wie möglich das nötige Dokument ausstellen, damit der Hund von Bord kann." Er schüttelt uns mit einem sympathischen Lächeln die Hand. „Ich melde mich bei euch."

Michael bringt den Arzt zurück an Land.

„Der hat ja Guia gar nicht untersucht! Warum darf sie denn nun plötzlich an Land gehen? Er weiß ja gar nicht, ob sie eine ansteckende Krankheit oder Läuse oder Flöhe oder sonst was hat, das für die Hunde hier nicht gut ist." Saskia schüttelt den Kopf.

Ich lächle ihr zu. „Das selbe habe ich mir auch überlegt. Ich weiß auch nicht, was das soll. Aber die Hauptsache ist, dass wir diese Bewilligung kriegen, damit Guia an Land gehen kann."

Beflügelt von so viel Freundlichkeit und der unkomplizierten Abwicklung mieten wir ein Auto und erkunden die Insel. Bewaldete Hügel, steil abfallende Küsten, einsame Ankerbuchten, kleine Dörfer und freundliche Menschen begegnen uns. Ganz im Nordwesten gelangen wir nach Charlotteville, einem größeren Dorf mit einer wunderschönen, weitläufigen Bucht. Etwas 15 Segelschiffe liegen darin vor Anker.

„Hier ist es schön! Können wir nicht auch hierher kommen? Ich finde es hier viel schöner als dort, wo die PINUT jetzt ist. Bitte, Mama, können wir hierher kommen?" Ursina zieht an meiner Hand und blickt mich mit ihrem Hundeblick an.

„Doch, das ist unser Ziel. Jetzt, wo wir einklariert haben, können wir hierher segeln."

„Ou cool! Wann segeln wir los?"

„Ich denke, morgen."

Um von Store Bay nach Charlotteville segeln zu können, müssen wir in Scarborough ausklarieren und unseren Segelplan bekannt geben. Michael schüttelt den Kopf. „Ein Spießrutenlauf! Entweder wollen die keine Segler und machen uns darum das Leben so schwer wie möglich, oder sie leiden unter Kontrollwahn."

Ich verstehe den Sinn der An- und Abmelderei innerhalb des selben Landes auch nicht. Da wir nichts bezahlen, fallen finanzielle Gründe weg. Wie auch immer. Wir gehen Anker auf und steuern unser Zwischenziel an, die Englishman-Bay.

Sie ist ein kleines Paradies. Heller Sandstrand, schlanke, hohe Palmen, eine Holzhütte, die gleichzeitig als Restaurant sowie als Souvenirshop dient, und einige Holztische und -stühle. Um die Mittagszeit duftet es nach Fisch, bunte Tücher flattern an einer langen Leine im Wind, die Wellen plätschern an den Strand.

„Schöner geht's nicht mehr!" Begeistert lasse ich meinen Blick über die saftig grünen Hügel schweifen, welche die Bucht einfassen. Wir sind alleine, kein anderes Schiff ist hier. Da der Meeresgrund sehr langsam ansteigt, ankern wir in etwa 200m Abstand zum Strand. Das ist eine relativ weite Dinghistrecke mit unserem alten acht PS-Außenbordmotor, der ganz schön arbeiten muss, wenn wir alle gleichzeitig im Schlauchboot sitzen.

Nach einem ausgelassenen Aufenthalt am Strand mit Wasserball spielen und Roti essen fahren wir mit dem Dinghi in die Nähe zu einer Felsformation. An einer seichteren Stelle lassen wir den Anker fallen. Michael macht den Motor aus.

„Wir treiben, der Anker hält noch nicht!", ruft Ursina aufgeregt.

„Doch, schau mal, wie sich die Ankerleine spannt, wir stehen gleich." Seraina zeigt auf die Leine, die immer mehr unter Zug gerät.

Ich peile einen markanten Baum am Ufer und stelle fest, dass er sich immer langsamer verschiebt, bis er schließlich knapp vor dem Bug unseres Schlauchbootes stehen bleibt.

„Wir halten."

„Juhu!" Mit einem lauten Platschen lässt sich Jonas ins Wasser fallen. Ursina folgt ihm blitzschnell.

„Wer bleibt im Dinghi?" Saskia blickt uns fragend an.

Michael zuckt die Schultern. „Ich kontrolliere zuerst den Anker, und wenn er sich gut eingegraben hat, können wir alle schnorcheln gehen."

Das tun wir auch. Die Flunken des Klappankers sind fast komplett im Sand verschwunden, das Dinghi hält.

An der Stelle, die in der virtuellen Navionics-Seekarte von andern Seglern als gute Schnorchelstelle bezeichnet worden ist, lassen sich entspannt Fische, Korallen und Wasserpflanzen beobachten. Wir lassen uns über hohen Pflanzen hinweg treiben, die sich langsam im Wasser wiegen. Unter uns schwimmt ein Schwarm kleinster, silbern schimmernder Fischchen hindurch, und Jonas zeigt aufgeregt mit der Hand darauf. Plötzlich taucht Rahel neben mir ab, stößt kräftig mit den Armen und Beinen und gleitet hinunter auf den Meeresgrund. Sie greift nach einer weißen Muschel, dreht sich und schwimmt mit einigen kräftigen Zügen wieder hinauf zur Wasseroberfläche. Ursina hat sie beobachtet und macht es ihr nach. An mir vorbei zieht Saskia mit ruhigen, gleichmäßigen Bewegungen, zeigt auf einen Seeigel, der seine spitzen Stacheln weit geöffnet hat und wie eine dunkelbraune Kugel direkt unter uns liegt.

Seraina und Michael befinden sich etwa 30 Meter von uns entfernt in der Nähe eines großen Felsens, der steil abfällt. Ich schlängle mich zwischen zwei Korallen hindurch und berühre vorsichtig mit den Zehen einen Stein unter mir, der aussieht wie ein Gehirn mit unzähligen Windungen. In meinen Ohren rauscht das Blut, sonst ist es still um mich herum. Das Sonnenlicht bricht sich an der Wasseroberfläche und fällt gedämpft auf einen etwa 50cm großen, dunkelgrauen Fisch mit schwarzer Rückenflosse.

Ich liebe das Schnorcheln. Die Stille unter Wasser, die ruhige, fließende Bewegung, das weiche Licht. Und ich freue mich über meine Kinder, die wie selbstverständlich mit großer Anmut durchs Wasser gleiten, hochkonzentriert und aufmerksam alles um sich herum wahrnehmend. Manchmal höre ich einen gedämpften Ruf, wenn jemand etwas Beeindruckendes entdeckt hat. Dann schwimmen wir hin und freuen uns über große Seesterne, dicke Seegurken oder bunte Fischschwärme.

40 Minuten später treffen wir uns alle wieder im Dinghi. Wohin ich blicke, überall entdecke ich ein zufriedenes Lächeln. Schnorcheln ist Eintauchen in eine andere Welt, Abschalten, Entspannen, Erholen. Lächelnd tuckern wir zurück zur PINUT.

Wir bleiben zwei Tage in der Englishman-Bay, dann setzen wir unseren Weg fort zur Pirate-Bay bei Charlotteville. Bereits auf dem zehn Seemeilen langen Törn begegnen uns Meeresgenossen, mit denen wir in der Bucht enge Bekanntschaft schließen werden: Delphine.

„Delphine! Delphine!" Saskia ruft, Guia bellt mindestens so aufgeregt, und innerhalb weniger Sekunden steht die ganze PINUT-Crew an der Reling. Es ist nicht das erste Mal, dass wir Delphine treffen, aber die Begegnung immer wieder äußerst berührend und eindrücklich.

„Schaut, dort, dort schwimmen gleich drei zusammen! Das sind Vater, Mutter und Kind!" Ursina strahlt.

„Lehn' dich nicht so weit über die Reling, sonst fällst du noch über Bord", mahnt Michael.

„Ach, das macht nichts, dann kann ich ja mit den Delphinen schwimmen!", witzelt Ursina.

„Ou ja, können wir nicht langsamer fahren? Dann können wir tatsächlich zu den Delphinen ins Wasser!" Serainas Tonfall klingt bittend.

„Du meinst, du lässt dich dann gleich auf einem Delphinrücken in die Bucht bringen?" Lachend schüttle ich den Kopf. „Nein, solche Experimente machen wir nicht. Wenn wir Glück haben, kommen die Tiere in die Pirate-Bay, dort könnt ihr dann mit ihnen schwimmen."

Ein wenig enttäuscht wirken die Kinder schon, als sie sehnsüchtig der Delphinschule nachblicken, die sich immer weiter vom Schiff entfernt.

Kurz vor drei Uhr nachmittags erreichen wir unser Ziel. Wir lassen den Anker zwischen einer brasilianischen und einer spanischen Yacht nicht allzu weit entfernt von einem kleinen Strand fallen.

„Können wir gleich an Land fahren?" Saskia wiegt ihr Handy in der Hand und ich sehe ihr an, dass sie darauf wartet, endlich wieder Internetzugang zu bekommen. Ich finde ein paar Tage ohne Verbindung nach außen äußerst erholsam, aber sie leidet darunter, keinen Kontakt zu ihren Freunden zu haben.

„Ja. Wir brauchen auch Wasser." Langsam gibt Michael Leine und das Dinghi senkt sich von den Davits, an denen es am Heck während der Fahrt aufgehängt ist, aufs Wasser ab.

„Wenn ihr ohne mich klarkommt, bleibe ich lieber hier." Ich ziehe Jonas' T-Shirt über seinen Kopf und lehne mich an die Rückenlehne der Cockpitbank. Gestern haben sie angefangen, heute sind sie ziemlich intensiv: Ohrenschmerzen. Wahrscheinlich ist nach dem Schnorcheln nicht alles Wasser aus den Ohren herausgelaufen und nun haben sich Bakterien eingenistet. Auch fühlt sich mein Körper zerschlagen an und meine Arme und Beine sind schwer wie Blei.

„Klar. Ruh dich aus." Michael streicht mir übers Haar und seine Lippen berühren meine Stirn.

Müde lächle ich ihn an und steige die Stufen in die Achterkajüte hinab. Selbst hier unten kommt mir das Licht unerträglich hell vor. Ich ziehe das Regenverdeck über die Luke und stelle Bücher vor die Fenster an der Bordwand. Erleichtert sinke ich auf meine Koje.

Die Ohrenschmerzen mausern sich zu einer handfesten Mittelohrentzündung und legen mich flach. Ich verkrieche mich in den kommenden drei Tagen in meiner Koje, bin froh, wenn ich schlafen kann und freue mich über frischen Zitronengrastee und säuerliche Sternfrüchte, welche Ursina und Jonas von einer Wanderung mit Michael und ihrer neuen Freundin Elena vom brasilianischen Schiff mitgebracht haben.

„Tobago ist ein Traum! Hier wächst alles! Wir sind bei einer riesigen Finca vorbeigekommen. Die Besitzer, ein freundliches, älteres Pärchen, hat uns gesehen und uns auf einen Tee eingeladen. Alleine das Haus, das sie dort oben auf dem Hügel aufgestellt haben, ist traumhaft. Alles aus Holz mit hohen Räumen und großen Glasfronten mit herrlicher Aussicht über die ganze Bucht. Ich habe Fotos gemacht, die musst du dir anschauen. Und ihr Garten ist das absolute Paradies! Die meisten der darin wachsenden Früchte kenne ich gar nicht. Sie haben erzählt, dass das alles Früchte sind, die ursprünglich auf Tobago kultiviert wurden. Aber mit Einzug des Tourismus' verkümmert die Landwirtschaft, weil sich mit Touristen leichter Geld verdienen lässt. Das geht soweit, dass das fruchtbare Tobago inzwischen den Großteil seiner Lebensmittel aus Trinidad importiert!" Seinem Unverständnis und seiner Empörung macht Michael durch heftiges Kopfschütteln Luft. Er räuspert sich. Das beobachte ich bei ihm immer nur dann, wenn er sich aufregt, da Räuspern den Stimmbändern schadet und er als Experte für Stimme sehr auf den korrekten Umgang mit diesem wichtigen Organ achtet. „Die Insel ist das perfekte Beispiel für ein total fehlgeleitetes staatliches Anreizsystem. Anstatt die Bewohner durch finanzielle Vorteile dazu zu animieren, sich um den Erhalt der landschaftlichen Vielfalt und hohen Qualität der Nahrungsmittel zu kümmern, wird in touristische Infrastruktur investiert, die die Insel letztlich zerstören wird. Es werden Wälder gerodet und damit wird die Bodenerosion ermöglicht. Ganze Berghänge rutschen ins Meer. Aber Hauptsache, es kommen immer mehr Touristen!"

„Das ist wohl das Los der ganzen Karibik." Tobago ist unsere erste Berührung mit den Karibikinseln, aber die Entwicklung, mit der wir hier konfrontiert werden, lässt uns Ungutes ahnen für den Rest des Urlaubsparadieses.

„Wie geht es dir?" Michaels Hand berührt meine Stirn. „Du hast Fieber."

Ich schließe die Augen und genieße die Berührung. „Die Schmerzen sind so heftig, dass ich ein Schmerzmittel genommen habe. Trotz Schwangerschaft", füge ich mit schlechtem Gewissen hinzu. Zwar soll dieses Schmerzmittel angeblich für unser Baby unbedenklich sein, aber ich stehe chemischen Arzneimitteln im Allgemeinen sehr kritisch gegenüber. „Ich halte meine Nase frei und sorge dafür, dass der ganze Schleim rauskommt, aber ich bin mir nicht sicher, ob es mein Körper diesmal ohne Hilfe schaffen wird. Irgendwie hab' ich das passende homöopathische Mittel noch nicht gefunden."

„Kann ich irgendwie helfen?" Besorgnis liegt in Michaels zärtlichem Blick.

„Kannst du morgen, wenn ihr wieder an Land fahrt, eine Apotheke suchen und nach einem pflanzlichen Mittel gegen die Entzündung fragen?"

„Mach ich. Ich habe allerdings noch keine Apotheke gesehen. Aber ich kümmere mich darum."

Die Apotheke ist in der Arztpraxis untergebracht, die einmal pro Woche, immer Mittwochs, geöffnet ist, wenn nämlich der Arzt aus Scarborough nach Charlotteville kommt. Das erfährt Michael am nächsten Tag im Dorf. Wenn wir vorher Medikamente benötigen, müssen wir in die Hauptstadt fahren. Die Straße dorthin führt über mindestens vier kleinere Berge mit mehreren hundert Metern Höhenunterschied. So jedenfalls habe ich es in Erinnerung. Mit verstopften Ohren, die keinen Druckausgleich machen können, schließe ich diese Möglichkeit aus. Bleibt mir also nichts anderes übrig, als erneut das homöopathische Repertorium durchzuforsten in der Hoffnung auf das richtige Mittel, denn die an Bord vorrätigen Antibiotika nehme ich in der Schwangerschaft erst ein, wenn mein Leben in Gefahr ist. Und davon bin ich noch weit entfernt...

Es gelingt. Nach einer Gabe Apis C200 gehen erst die Schmerzen zurück, dann sinkt das Fieber, und nach und nach nimmt der Druck in den Ohren ab. Ich spüre förmlich, wie sich das Trommelfell entspannt. Noch schwach, aber glücklich und optimistisch setze ich mich an Deck und spüre der Wärme der Sonne auf meinem Gesicht nach. Es riecht nach Seetang, Fisch und Diesel. Kinderstimmen dringen an mein Ohr. Ich bin dankbar für unsere Nachbarn. Elena vom brasilianischen Schiff spricht so gut Englisch, dass sich Ursina und Jonas einigermaßen mit ihm verständigen können. Ihre Eltern freuen sich darüber, dass Elena Spielgefährten gefunden hat und laden unsere beiden Jüngsten täglich zum Spielen, Baden oder Wandern ein. Das tut nicht nur den Kindern gut, sondern fördert auch meine Heilung durch die relative Ruhe auf dem Boot.

„Seraina, komm schnell, Delfine! Sie sind ganz nah, komm rauf!" Rahels Ruf lockt mich aus meiner Koje.

Fünf graue Rücken entdecke ich in etwa 10 Metern Distanz zur PINUT.

„Dort sind noch mehr, schaut!" Seraina kneift die Augen zusammen und deutet mit dem ausgestreckten Arm in Richtung Süden.

„Mama, können wir mit dem Dinghi hinfahren? So nah waren sie noch nie vor Anker!" Die Begeisterung aus Rahels Augen springt mich an. Ich verdränge meine Ohrenschmerzen, die zwar deutlich besser sind, die mich aber noch immer beeinträchtigen, und nicke.

„Zieht eure Badekleider an. Vom Dinghi aus könnt ihr mit den Delfinen schwimmen."

Die Mischung aus Anspannung, Aufregung und Freude knistert spürbar in der Luft, als wir zu dritt ganz langsam im Schlauchboot auf die glänzenden Tierleiber zufahren. Saskia ist in der Bibliothek an Land und Ursina und Jonas machen mit Michael und Elena eine Wanderung.

In etwa fünf Metern Entfernung schalte ich den Motor aus. Das leise Plätschern der Wellen wird von Rahels entzückten Schreien unterbrochen. „Da! Da schwimmt einer direkt auf uns zu!" Elektrisiert fixieren wir die Schwanzflosse, die sich unserem Dinghi nähert. Dann kommt noch eine und noch eine, die Gruppe ist auf uns aufmerksam geworden.

„Sie wollen mit uns spielen!" Seraina flüstert, ihre Wangen glühen.

„Los, geht ins Wasser, das ist die Gelegenheit, auf die ihr so lange gewartet habt!"

Rahel und Seraina blicken sich an.

„Geh du zuerst." Rahel streckt Seraina Taucherbrille und Schnorchel hin.

Zögernd nimmt sie Seraina. „Ich trau mich nicht so recht. Sie sind doch sehr groß." Ehrfürchtig beobachtet sie die Tiere, die unmittelbar neben uns durchs Wasser ziehen. „Von der PINUT aus ist das anders. Mir war nicht bewusst, wie groß Delfine tatsächlich sind."

Sie hat Recht. Obwohl es sich um eine kleinere Delfinart handelt, ist ein einzelnes Tier fast so lange wie unser ganzes Dinghi, also gut zwei Meter.

„Ja, sie sind groß. Aber sie greifen keine Menschen an, das wisst ihr ja selbst. Sie wollen höchstens mit euch spielen, aber sie tun euch nichts."

Plötzlich gibt sich Seraina einen Ruck. Sie stülpt sich die Taucherbrille über, nimmt den Schnorchel in den Mund und lässt sich langsam am Schlauch entlang ins Wasser gleiten. Vorsichtig taucht sie den Kopf unter Wasser und erscheint gleich darauf wieder.

„Ich kann sie hören! Ich kann hören, wie sie sich gegenseitig rufen!" Und schon ist sie wieder abgetaucht.

Nun wird Rahel doch ungeduldig. Aufmerksam beobachtet sie Seraina, die das Dinghi nun losgelassen hat und sich hektisch im Wasser umschaut. Sie macht eine Schwimmbewegung auf einen Delfin zu, dann kehrt sie rasch wieder zurück. Sie klammert sich an den Schlauch und zieht sich rauf.

„Hier, Rahel, du kannst. Ich brauch' eine Pause." Sie zerrt sich die Brille vom Kopf.

„Wie ist es? Hast du einen berührt?" Rahel rüstet sich aus und schwingt die Beine über den Dinghirand.

„Nein, ich hab' mich nicht getraut. Es ist so laut unter Wasser, und die Tiere sind so groß!"

Ich reiche Seraina das Handtuch und sie schlingt es fest um die Schultern. Gemeinsam schauen wir Rahel zu, wie sie sich an die Delfine herantastet. Sie schwimmt ums Schlauchboot herum und einige Meter davon weg, bis ein Delfin auf sie zukommt. Da dreht sie hastig um und kommt zurück. Das Tier taucht unter ihr durch und verschwindet in der Dunkelheit der Tiefe.

„Mann, hat der mich erschreckt!" Rahel zieht sich zu uns herauf. „Die sind riesig! Von oben sieht das gar nicht so aus, aber wenn man auf gleicher Höhe mit ihnen ist, dann schon."

Sie schlottert, wohl weniger wegen der Kälte als mehr wegen der Anspannung.

„Jetzt schwimmen sie weg." In Serainas Stimme klingt leises Bedauern. Unsere Blicke folgen den flinken Gesellen, die in Bogen und Kurven durch die Bucht schwimmen und dann plötzlich verschwunden sind. „Aber schön war es trotzdem, auch wenn ich mich nicht getraut habe, so richtig mit ihnen zu schwimmen."

„Vielleicht begleiten sie uns ja morgen, wenn wir nach Trinidad segeln."

„Wir fahren morgen schon weiter?" Enttäuscht blickt mich Rahel an.

Ich starte den Außenborder und steuere auf die PINUT zu. „Ja. Es wartet soviel Arbeit mit dem Schiff auf uns, dass wir uns auf den Weg aufs Dock machen müssen. Sonst ist es Oktober und wir fliegen in die Schweiz und haben nichts am Boot gemacht."

„Und dann stell dir vor, wir kommen im Dezember zurück und Mama hat einen dicken Babybauch und muss noch Rost klopfen!" Seraina grinst breit.

„Na, danke! Das könnt ihr dann machen", ulke ich zurück.

Trinidad ist unser nächstes Ziel. Noch habe ich keine Ahnung, was uns auf Trinidad erwarten wird. Ob wir bis zum Geburtstermin im Januar wieder im Wasser oder noch auf dem Trockenen sein werden.

Ein mulmiges Gefühl beschleicht mich. Eine Geburt ist immer unberechenbar. Aber bisher kannte ich wenigstens die Geburtsumgebung, die mich betreuende Hebamme und hatte nach der Geburt Unterstützung. Diesmal liegt alles irgendwie im Dunkeln. Ich kenne weder das Land noch das Dock noch die Menschen, die in meiner Nähe sein werden. Ich weiß nur, dass ich den kleinen Menschen in meinem Bauch auf der PINUT zur Welt bringen möchte.

Ein Crewmitglied wird geboren

Trinidad, Januar 18

Montag, 15. Januar 2018. Es ist Abend. Ich stehe in der Kombüse, bin am Kochen. Spaghetti mit Thunfischsauce. Plötzlich steht Corina hinter mir: „Michi, Blasensprung, es geht los." In der Schweiz würde ich jetzt die Hebamme anrufen. Sie wäre in rund einer Stunde bei uns. Sie würde übernehmen, alles organisieren, vorbereiten, begleiten. Ich wär' einfach dabei. Wie bei den letzten fünf Malen. Doch dieses Mal ist alles anders. Wir sind alleine. Mit unseren Kindern. Auf unserem Schiff, das mit dem Heck zum Land vertäut ist und gerade in dieser Nacht ziemlich viel Schwell ausgesetzt ist.

Mein ganzer Körper kribbelt. Warum ausgerechnet ein vorzeitiger Blasensprung? Zwar kenne ich mich damit aus, da zwei der bisherigen Geburten so begonnen haben, aber ich mag diesen Geburtsbeginn trotzdem nicht. Okay, einerseits ist jetzt klar: Die Geburt hat begonnen. Andererseits besteht nun aber auch ein gewisser Druck, dass die Wehen in nützlicher Frist einsetzen müssen.

Ich atme tief durch und verlasse das Schiff. Durch Herumspazieren auf dem Dock hoffe ich, meine Nervosität in den Griff zu bekommen und die Wehentätigkeit anzuregen. Gemeinsam mit Saskia und Ursina laufe ich zur APATIKI. Die Luken sind dunkel, es ist halb neun.

Saskia klopft an einen der Rümpfe. „Alice, seid ihr da?"

Gleich darauf späht Alice aus einer der Luken. „Ja?"

„Die Geburt hat angefangen!" Saskias Stimme ist vor Aufregung ganz rau.

„Ehrlich? Viel Glück, wir drücken euch die Daumen! Das wird super werden!"

Alices Worte fegen die Verunsicherung weg. Mit einem Mal fühle ich mich wieder zentriert und ganz in meiner Kraft. Wir kehren zur PINUT zurück, wo es nach Abendessen duftet. Hunger habe ich aber keinen.

Corina zieht sich in unsere Heckkajüte zurück, bereitet vor: Tücher, Laken, die Krankenunterlagen, vor allem aber die Kerzen, welche unsere Kajüte in ein warmes, weiches Licht tauchen. Ich koche fertig, die Kids essen, ziehen sich dann in ihre eigenen Kojen zurück und das Warten beginnt.

Ich setze mich auf meine Koje, lehne den Rücken an die Wand und schließe die Augen. Aus meinem kleinen Laptop vor mir klingt leise Fagottmusik, Kerzenschein taucht die Kajüte in warmes Licht.

Die ersten Wehen setzen ein. Nun kann ich mich entspannen. Ich sitze und warte, spüre meinen Körper. Als die Wehen stärker werden helfe ich mit meinem Atem mit, das Baby in Richtung Ausgang zu schieben. Ich bin hochkonzentriert und gleichzeitig völlig beeindruckt, wie präzise ich die Veränderungen in meinem Körper wahrnehme. Diesmal brauche ich keine Hebamme, die mir sagt, wie weit der Muttermund geöffnet ist. Ich spüre, wann die Eröffnungsphase abgeschlossen ist.

Ich bin bei Corina in der Kajüte, wir hören leise Musik und warten auf die nächste Wehe. Kurz nach Mitternacht ist es soweit: Mit der dritten Presswehe erscheint das Köpfchen. Ich halte es, während Corina nochmals Kraft sammelt. Mit der nächsten Wehe erscheint der Rest unseres sechsten Kindes. Andri Laurent. Unser zweiter Sohn. Er schreit kräftig, und kaum eine Minute später stehen alle Kinder in der Kajüte und begrüßen Andri.

Das Glücksgefühl, welches mich buchstäblich überflutet, ist das stärkste Gefühl, das ich jemals erlebt habe. Wir haben es geschafft! Ich habe aus eigener Kraft, ohne fremde Hilfe unser Baby geboren, in völliger Selbstbestimmung und Eigenverantwortung gemeinsam mit Michael auf unserer PINUT. Ich bin erschöpft und aufgekratzt zugleich, spüre noch immer die gewaltige Energie der Geburt.

Erst jetzt merke ich, welche Anspannung sich in mir aufgebaut hatte. Jetzt fällt sie ab. Ich zittere am ganzen Körper, die Knie geben nach und ein befreiender Weinkrampf schüttelt mich. Aber nur kurz, denn die Arbeit ist noch nicht zu Ende. Andri liegt auf Corinas Bauch, wir sitzen alle daneben und bestaunen den kleinen Wurm. Wir lassen beiden Zeit, um zur Ruhe zu kommen, lassen die Nabelschnur auspulsieren. Dann setze ich die Klemmen an und durchschneide die Nabelschnur.

Zu diesem Zeitpunkt ahnt noch keiner von uns, welch spannender Behördenweg vor uns liegt. Erklär mal einem Heer von Beamten in Port of Spain auf Trini-

dad, dass du auf deinem Schiff unter Schweizer Flag-
ge ein Kind zur Welt gebracht hast, ohne Spital, ohne
Ärztin, ohne Hebamme. Und dass das tatsächlich
dein Kind ist, das durch die Geburt gemäß Verfas-
sung automatisch Staatsbürger von Trinidad & Toba-
go wird. Aber das ist eine andere Geschichte...

Glossar

abfallen	mit dem Bug weg vom Wind gehen
anluven	mit dem Bug mehr zum Wind gehen
ausreffen	Segelfläche vergrößern
backbord	links
beidrehen	auf See stehenbleiben
Besanmast	der hintere, kürzere Mast auf einer Ketsch
Besansegel	Segel, das am Besanmast gefahren wird
Dinghi	Schlauchboot
Fall	Leine, um ein Segel hinaufzuziehen
Genua	großes Vorsegel
Groß	Hauptsegel, das am Hauptmast gefahren wird
Kajüte	Zimmer im Segelschiff
Ketsch	Segelschiff mit zwei Masten, wovon der kürzere hinten ist
Koje	Bett im Segelschiff
Lee	die dem Wind abgewandte Seite
Luv	die dem Wind zugewandte Seite
Parasailor	Leichtwindsegel für Halbwind-Raumkurs
reffen	Segelfläche verkleinern
Schot	Leine, um ein Segel zu trimmen
steuerbord	rechts
trimmen	optimieren der Segelstellung

Segelkurse:

Im-Wind	Wind von vorne (0°- 30°) → nicht segelbar
Am-Wind	Wind von vorne zwischen 30° und 60°
Halbwind	Wind von der Seite zwischen 60° und 120°
Raumkurs	Wind von hinten zwischen 120° und 150°
Vor-dem-Wind	Wind von hinten (150°-180°) → nicht segelbar

Vorschau

Vor fünf Jahren ist das Schweizer Paar Michael und Corina mit ihren Kindern und Bootshündin Guia in Portugal auf ihre Segelyacht gezogen. Nach der Schiffsgeburt ihres sechsten Kindes in der Karibik lernen sie tauchen in Venezuela, bekommen Hundewelpen in Kolumbien, entdecken archaische Dörfer auf Kuba, begegnen Schweinen auf den Bahamas und machen sich schließlich von den Bermudas aus ein zweites Mal auf den langen Weg über den Atlantik zurück nach Europa.

Die Jahre auf dem Schiff haben die Familie zusammengeschweißt: Die Höhen sind höher und die Tiefen tiefer als im normalen Leben.

Erscheinungstermin: Frühling 2021, Books on Demand

Über die Autorin

Corina Lendfers wurde 1979 in der Schweiz geboren. Sie ist Autorin, Mutter von sechs Kindern und lebt mit ihrer Familie seit 2013 auf ihrem Segelschiff PINUT.
www.lendfers.com

Von Corina Lendfers ist bisher erschienen:

Fremde Länder, idyllische Ankerbuchten, rauschende Segelfahrten, Freiheit und ganz viel Genuss - davon träumen Corina und Michael, als sie 2013 mit ihren fünf Kindern zwischen zwei und neun Jahren auf eine alte Stahlyacht nach Portugal ziehen. Stattdessen erwarten sie eine veraltete Elektrik, undichte Luken, marodes Holz und Löcher im Rumpf. Doch die beiden lassen sich nicht unterkriegen und lernen, dass es Perfektion beim Segelschiff nicht gibt und wie man auch im größten Chaos den Moment genießen kann.

Von Portugal segeln sie los über Madeira zu den Kanaren, meistern ihren ersten Hochseetörn als Familie und erkennen, dass auf Langfahrt die Höhen höher und die Tiefen tiefer sind als im gewöhnlichen Leben.

Von Sternen und Seegurken – Segeln mit fünf Kindern, 2020; BoD: Norderstedt

Bei diesem Buch handelt es sich um die vollständig überarbeitete und erweiterte Neuauflage von *Vierzig Fuss für vierzehn Füsse*, erschienen 2017 bei Delius Klasing.

Für immer ICH selbst

Mutige und inspirierende
Lebensgeschichten von Frauen

Corina Lendfers (Hrsg.)

In diesem Buch treffen sich die Wege von 15 Frauen zwischen 28 und 59 Jahren, die ihre Chance genutzt haben. Es sind Frauen von Nebenan. In ihren Geschichten zeigt sich das Leben in all seinen Facetten: mal hart und düster, mal laut und überschäumend, mal leise und nachdenklich, mal schillernd und bunt.

Diese Frauen haben ihren eigenen Weg gefunden. Sie haben tiefe Täler durchschritten und Stürme überstanden, waren einsam und haben aus der Einsamkeit Kraft geschöpft. Heute stehen sie mit beiden Beinen fest auf der Erde. Sie haben sich selbst und das Leben lieben gelernt.

Ihre Geschichten sollen inspirieren und Mut machen. Mut machen, das eigene Leben zu hinterfragen, sich aus schädlichen Bindungen zu lösen, Krankheiten zu überwinden, Veränderung zuzulassen und die Flügel zu öffnen, um voller Vertrauen der inneren Freiheit entgegen zu fliegen.

Für immer ICH selbst, 2018, BoD: Nordersted.

Jo Heller, Anfang Dreißig, Mittelschullehrerin, schwanger, führt ein bequemes Leben an der Seite des erfolgreichen Rechtsanwaltes Patrick Wilbert.

Bis sie sich eines Morgens in einer Schlägerei für den Obdachlosen Marc einsetzt. Sie findet sich im Krankenhaus wieder, während Marc trotz ernster Verletzungen verschwunden ist. Sie macht sich auf die Suche nach ihm, um ihm zu helfen und weil sein Schweigen sie berührt hat. Dabei gerät sie immer tiefer in die Obdachlosenszene hinein und freundet sich mit Menschen an, die täglich ums Überleben kämpfen.

Als Patrick davon erfährt, fürchtet er um den Ruf seiner Kanzlei und versucht ihr den Kontakt zu den Obdachlosen zu verbieten. Jo trifft eine Entscheidung – und merkt, dass nichts so ist, wie es scheint.

Schlaglöcher; 2018, BoD: Nordersted.

Tabea flieht aus ihrem Leben als Marketingfachfrau und reist in einem Kleinbus durch Europa. In einer abgelegenen Bucht im Süden Portugals bricht nicht nur ihr Abgasrohr und das Gas zum Kochen geht aus, sondern sie schließt auch neue Freundschaften.

Zwischen Meer und Klippen, Sand und Salz, Sturm und brütender Hitze wird ihre Liebe zum Schauspieler Paolo, der in München zurückgeblieben ist, auf eine harte Probe gestellt. Denn das Leben auf der Straße folgt eigenen Gesetzen, und auf die Frau allein im Bus wartet mehr als die erhoffte Freiheit. Und auch die Vergangenheit ist nicht so fern, wie Tabea es gerne hätte.

Ein Roman voller Sehnsucht, Erotik, Nähe und dem unwiderstehlichen Duft nach Freiheit.

Die Frau im Bus; 2018, BoD: Norderstedt.

Tina hat ihr Baby im siebten Schwangerschaftsmonat verloren. Sie flieht vor dem eigenen Schmerz, der Trauer ihres Freundes Alexander und den Selbstvorwürfen in die Almhütte ihrer Großeltern. Sie hofft, in der Abgeschiedenheit den Verlust ihres Kindes überwinden und ein neues Leben beginnen zu können.

Ihr Plan scheint aufzugehen – bis Riccardo auftaucht. Ein extrovertierter Extremsportler, der die friedliche Idylle in der Blockhütte gefährdet.

Barfuss im Schnee; 2017, BoD: Nordersted.

Das stille Lied
des Sturms

Corina Lendfers

Seit ihr Freund sie vor sechs Monaten verlassen hat, sitzt Kim mit
ihrem Segelboot auf den Kapverdischen Inseln in Afrika fest. Über
einsame Stunden tröstet sie sich mit dem Einhandsegler Günter hinweg, der aber nicht bereit ist, sie auf ihrem Weg in die Karibik zu
begleiten. Als Philipp im Hafen auftaucht, schöpft Kim neue Hoffnung auf einen Mitsegler.

Doch der ängstliche Universitätsprofessor hat andere Pläne. Von
seinem Bruder Herbert hat er ein Segelboot geerbt, das er so rasch
wie möglich wieder loswerden will. Er merkt jedoch bald, dass er es
in Afrika nicht verkaufen kann. Zu allem Übel taucht auch noch
Herberts achtzehnjährige Tochter Billy bei ihm auf, die sich fest vorgenommen hat, die Verkaufspläne ihres Onkels zu durchkreuzen.

Als Philipp Kim dazu überredet, die Yacht nach Spanien zu den
Kanaren zu segeln, begeben sie sich auf eine gefährliche Reise, auf
der Wind und Wellen nicht unbedingt die größte Herausforderung
darstellen.

Das stille Lied des Sturms; 2017, BoD: Nordersted.

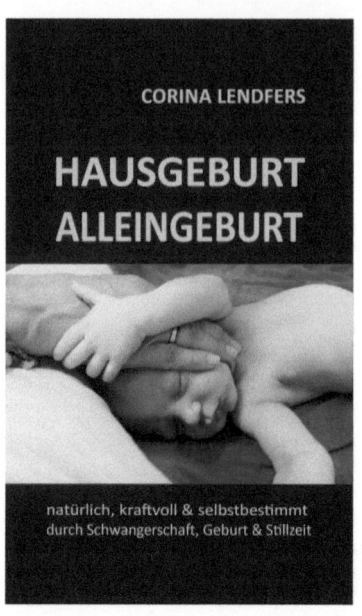

CORINA LENDFERS

HAUSGEBURT
ALLEINGEBURT

natürlich, kraftvoll & selbstbestimmt
durch Schwangerschaft, Geburt & Stillzeit

Schwangerschaft, Geburt und Stillzeit sind Naturwunder, die ihren eigenen, Jahrtausende alten bewährten Gesetzmäßigkeiten folgen. Es gibt nur einen geeigneten Weg, damit richtig umzugehen: loslassen, geschehen lassen, vertrauen. Dieser Ratgeber zeigt den Weg dorthin auf, den Weg durch eine natürliche, selbstbestimmte Schwangerschaft, eine kraftvolle Geburt und eine harmonische Stillzeit.

Corina Lendfers hat sechs Kinder zuhause geboren, eines davon alleine auf ihrem Segelschiff. Im Zentrum ihres Buches steht die Hausgeburt mit der Spezialsituation der Alleingeburt. Entscheidungsgrundlagen für oder gegen eine Hausgeburt/Alleingeburt werden ausführlich erläutert, ebenso die praktische Vorbereitung und Durchführung sowie einige elementare Aspekte im Umgang mit dem Neugeborenen wie Stillen, Schlafen, Tragen, Babymassage.

Hausgeburt-Alleingeburt – natürlich, kraftvoll & selbstbestimmt durch Schwangerschaft, Geburt & Stillzeit; 2014, BoD: Nordersted.